U0673378

"中国出版家丛书"编辑委员会

主 任(兼主编)

柳斌杰

副主任(兼副主编)

邬书林 吴尚之 吴道弘

执行副主任(兼执行副主编)

吴永贵

委 员

袁 亮 周 谊 于国华 李景端

黄书元 郝振省 魏玉山 于 青

王 彤

国家出版基金项目
NATIONAL PUBLICATION FOUNDATION

中国出版家丛书
ZHONGGUO CHUBANJIA CONGSHU

Zhongguo Chubanjia
Wang Boxiang

王伯祥

中国出版家

柳斌杰 主编　张建安 著

人民出版社

.

出版说明

出版不仅仅是一个充满竞争的商业领域，同时，它也深深打上了"文化"和"思想"的印记。在这个文化场域中，交织着多种力量的动态关系，通过出版物的呈现和出版活动的开展，描绘了一个时代的文化风貌；而回旋折冲于其间者，则是那些幕后活跃、台前无闻的各类出版人。他们自喻"为他人做嫁衣裳"，事实上，却是国家文化传承和历史记录的主要担当者，有出版发展的参与人和见证者甚至称他们所起的作用为保存民族记忆的千秋大脑。虽然扼据出版要津之地，却少见自家行当的人物传记出版。本丛书是第一次规模化地为这个群体中的杰出者系列立传，从一个人到一群人的出版事功中，折射出近代以降出版业的俯仰变迁，同时也见证着出版参与时代文化思想缔构及其背后深广的社会历史内容。那些曾经彪炳于时的出版人，一方面安身于这个行业，以其敏锐犀利的时代洞察，在市场、经营与创意中躬行实践，标领乃至规划了这个行业的发展，并使之成为国民经济的一个重要门类；另一方面又在"安身"之外，显现出面向社会的公共性关怀与"立命"的超越性关怀，从职业而志业的追求中，服务于民族解放、思想启蒙与文化进步的社会性经营，书写了出版人生的风采、风骨与风流。

本丛书所传写的 50 余位出版人，均为活跃于 20 世纪并已过世的出版前辈。中国古代也曾涌现了陈起、毛晋等出版大家，只是未纳入本书的传主范围。丛书在体例上，有单人独传与多人合传之分，但这并不必然意味着对传主出版贡献及其历史地位的轻重判别，许多情况下的数人合传，乃困于传主史料的阙如而不得已的选择，某些重要出版人如大东书局总经理沈骏声、儿童书局创办人张一渠等，也囿于同样情形而未能列入本丛书的传主名单，殊觉憾事。虽说隐身不等于泯灭，但这个行业固有的幕后特征多少带来了出版人身份上的隐而不显、显而不彰。本丛书的出版，固然是想通过对前辈出版事迹的阐幽发微、立传入史，能让同样为人做嫁衣者的当今出版人不至于觉得气类太孤，内心获得温暖，并昭示后来者在人生目标上，在家国情怀上，在出版境界上，追步于前贤，自觉立起一面促人警醒自鉴的镜子；同时更希望通过一个个传主微历史的场景呈现，让更多的人认识到出版在产业之外，更是一项薪火相传的社会文化事业，它对时代文化的接引与外度，使其成为一种任何人都不可忽视的"势力"，在百余年来的社会发展进程中，发挥了不可替代的作用。

故此，我们推出这套"中国出版家丛书"，以展示中国文化创造者的风采，弘扬他们的优良传统和崇高的职业精神，发掘出版史史料，丰富出版史研究和编辑史研究。

"中国出版家丛书"编辑委员会

人民出版社编辑部

二〇一六年四月

目 录

前　言

　　王伯祥，原名王钟麒，字伯祥，号碧庄、巽亭、苏亭、容堂、虹翰，晚年以字行。1890 年 2 月 27 日生于苏州城内，1975 年 12 月 29 日病逝于北京协和医院。

　　与其他所有出版家一样，王伯祥与图书有着不解之缘。从读书、背书、购书、藏书、教书到编书、注书、写书，乃至于热衷以毛笔抄书，临终前还特地写文为旧书辨述，王伯祥可谓与书结缘至深。可以说，王伯祥的一生是在书香中度过的，而这样的人生，也促使其成为中国一流的学者和优秀的出版家。

　　王伯祥先后在商务印书馆、开明书店从事编辑出版工作 30 年，既主持出版了《二十五史》、《二十五史补编》等鸿篇巨制，也编纂发行了许多史地教科书、文史类普及读物，是开明书店很多实际事务的重要掌控者和操持者，称得上卓有贡献的资深出版家。不过，本书并不止于写他正式的出版生涯，因为无论在正式进入出版行业之前的读书、教书，还是离开出版工作之后的注书、写书，他的人生经历总与出版有着无法扯清的关系。有前因，有后果，有积累，有发挥，而其处处接引关联者，正是那永存于读书人心灵深处的似淡实浓的绵绵不绝的书香。

一、读书·背书·抄书

"予自识字辨物，便好书册。"这是王伯祥在著作《庋榣偶识》序言中的第一句话。在他 3 岁的时候，他的祖父便在方块红纸上写《千字文》，一边教他识字，一边让他背诵。从 3 岁学童到 86 岁去世，其间 83 年的光阴，王伯祥始终沉浸于书的海洋，在家里读，在学校读，在书肆读，在图书馆读，在出版社读，真正是读无穷尽，乐此不疲。从《千字文》、《三字经》、《百家姓》，到《四书五经》、《诸子百家》，再到《十三经》、《二十四史》、《四库全书》、《古今图书集成》，一生不知读了多少中外典籍，涵养了自己的学问，成就了自己的事业，也造就了丰厚的人生。

博闻强记、擅长背诵，是王伯祥的一个特点。很小的时候，王伯祥就在祖父和父亲的严格要求下背书，这为他打下了扎实的基础。在他的职业生涯中，无论教书育人从事学术研究，还是编辑文史图书从事出版工作，他幼年时背过的那些典籍，均给他无穷的助力，使他在从业之初就很有底气，从容自得。例如，在他刚入私塾不久，他的祖父就让他背诵《爵秩便览》，这本书里有从京师到各省、府、厅、州、县的名称，他不仅背当时的地名，还要背古地名。因他的父亲是幕僚，他的祖父大概有让他承继父业的期许，后来，王伯祥虽然没有从政，但这些幼年时背诵过的地名和历史地理，终身不忘，成为他胜任商务印书馆编译所史地部编辑的基础。

用毛笔抄书，也是王伯祥小时候就养成的习惯。祖父不仅让他抄《爵秩便览》，而且让他抄其他很多书。"好记性不如烂笔头"，一边抄一边记，记得就更牢靠了。这个办法看似笨，看似苦，但养成习惯就知其乐了，而且终身受用无穷。后来，王伯祥在他早年抄本《清季二十二省府厅州县录》上写道："盖先大父望予切，恐稍纵即荒于嬉也。予初以为苦，久之亦渐甘。予得少稔我国舆地沿革者，实植基于此。"① 谁能说，王伯祥后来成为编写地理教材的高手，与他幼时的抄书没有关系？

二、购书·藏书·编辑报刊

"有书真富贵，无事小神仙。"王伯祥一生购买了很多图书，并以购书为乐。这一乐趣是从中学时期开始的。

"幼时学侣，又多耽玩图籍者，故弱冠前后，每偕同学过坊肆，必徘徊探求，购置一二帙。归以展阅，颇废寝食。"② 这是王伯祥自己的回顾。此时购书，王伯祥往往与他的好友顾颉刚、叶圣陶一起，购书之后，还要互相浏览、评论，非常快乐。顾颉刚后来也回顾这段经历："当逊清末叶，苏州公立中学有三生焉，每日课毕，恒联袂步趋于玄妙观中，进各书肆，选其力所能得者，购之以出，茗于雅聚茶

---

① 王伯祥、王湜华：《庋榢偶识　旧学辨笺述》，华艺出版社2014年版，第48页。
② 王伯祥、王湜华：《庋榢偶识　旧学辨笺述》，华艺出版社2014年版，第3页。

园，交互浏览而评论之，自以为至乐。此三生者，以年齿叙之，曰王钟麒伯祥，曰顾诵坤颉刚，曰叶绍钧圣陶，友谊之笃逾于亲昆季。虽嗜好有别，要不出义史一科。"[1]叶圣陶则这样回忆："伯祥嗜积书，始于弱岁。方就学草桥[2]，课毕入市，经书肆辄徘徊不忍去，以少资贸二三，欢如得宝。"[3]从这段文字我们了解到，王伯祥很早就不满足于简单的购书，还要积书、藏书。

王伯祥大量购书、藏书是在1922年担任商务印书馆编辑以后。除了自己嗜书如命外，为配合繁重的编辑工作，以便编书时随时查找方便，王伯祥也认为需要大量购书，而且必须购置几部大部头的套书。在他眼中，《十三经注疏》、《二十四史》都只能算是初步的，他的目光瞄准了《四部丛刊》、《四部备要》、《古今图书集成》这样卷帙浩繁的大部头。王伯祥选藏图书，基本上以实用为目的。例如，在购买《四部丛刊》还是《四部备要》上，如果单纯以收藏为目的，商务印书馆出版的版本精良的《四部丛刊》应为首选。《四部丛刊》分经史子集四大类，从1922年起分三编陆续出版，共收入古籍中的必备书、必读书502种，3000多册，称得上我国20世纪最为宏大的一套图书，在学界负有盛名。但王伯祥最终选购了中华书局出版的《四部备要》。《四部备要》也是按照经史子集分类编排的大型套书，共收书336种，其中不少书是与《四部丛刊》相同的。不过，与《四部丛刊》重点选择宋元明珍本影印不同，《四部备要》侧重于实用，选印较有代表性的校本和注本，而不侧重珍本。根据实用原则，王伯祥购买了

---

[1]　王湜华：《玄妙观中三年少》，华艺出版社2013年版，第137页。

[2]　草桥，即草桥中学，苏州公立中学的别称。

[3]　王湜华：《王伯祥传》，中华书局2008年版，第89页。

《四部备要》，不过他并没有满足于此，而是把《四部备用》中没有、而《四部丛刊》中有的图书一一购买，这样，他等于用最经济的方式购买了《四部备要》和《四部丛刊》，查找起来非常方便。王伯祥子女众多，家累不小，但他硬是省吃俭用，不断购书、藏书，到1932年时，他的藏书已超一万册。然而很不幸的是，这万册图书在1932年的"一·二八"事变中毁于日军的战火。这一打击是巨大的，很多藏书者因此心灰意冷，但王伯祥购书、藏书之好并未消减，尤其是自己仍从事出版工作，需要用书时常感不便，于是，他就像喜鹊筑巢一般，又一本一本地购买起来，其中，为购买中华书局影缩孔氏岳雪楼藏铜版印本《古今图书集成》（收有800册图书），王伯祥省吃俭用10年，方最终成功。① 到1949年新中国成立时，王伯祥的藏书已达两万册。② 他日日与书相亲，又博闻强记，这样的积累和素养，使他具有了非凡的识见和能力，也使他无论在编辑校对具体书刊，还是在大型选题的策划上，都能胜任。

王伯祥编辑刊物最早可追溯到中学时代。1909年，在苏州公立第一中学堂的王伯祥，与同学叶圣陶、顾颉刚等人创办《学艺日刊》，设置论说、翻译、诗文、图画等栏目，与学生诗社"放社"互相促进，充实了学生时期的生活，提高了个人素质。1919年，担任甪直第五高等小学教员的王伯祥与叶圣陶创办《直声》文艺周刊。同一年，王伯祥、叶圣陶在北大《新潮》月刊创刊号上发表《对于小学作文教授之意见》。王伯祥的《拟编高等小学史地教材大纲》也由叶圣陶题跋，

---

① 参见王伯祥：《重购〈古今图书集成〉记》，载《追思集》，王伯祥家人2000年自印，第243页。

② 参见王伯祥、王湜华：《庋榢偶识　旧学辨笺述》，华艺出版社2014年版，第3页。

在《新潮》8月号上作了评介。1921年，王伯祥担任北京大学预科国文讲师时，课余参与文学研究会的研究及编辑工作。所有这些，都为他日后进入出版社从事正式的编辑出版工作打下了基础。

进入出版社以后，王伯祥于1923年开始，与沈雁冰、周予同、俞平伯、胡愈之、叶圣陶、郑振铎、谢六逸、顾颉刚等轮流主编文学研究会刊物《文学旬刊》。1925年"五卅惨案"之后，郑振铎、胡愈之、叶圣陶等倡议创办《公理日报》，王伯祥参与办报。他还于1940年出任学术刊物《学林》的编辑委员会常务委员。总之，王伯祥曾参与编辑了不少报刊，这些都成为他出版事业的组成部分。不过，作为一位出版家，王伯祥的主要成绩还是体现在编写和编辑图书方面。

三、教书 · 编书 · 写书

王伯祥曾先后在小学、中学、大学任教，有丰富的教学经验。28岁时，王伯祥与吴若宾、叶圣陶一起，任教于苏州角直镇吴县县立第五高等小学，受新思想影响，他们决心从本校做起，自编课本，进行教育改革。32岁时，王伯祥应厦门集美学校聘请，前往福建任教。一年后，王伯祥北上，担任北京大学预科国文讲师，他知识渊博、讲解深入浅出，很受学生们的敬重与喜爱。

1922年9月，33岁的王伯祥正式从事出版工作，担任上海商务印书馆编译馆史地组编辑。他的主要工作是编写中学本国史教科书、本国地理教科书。在这个过程中，王伯祥幼年时背诵过的历史地理读本、多年的任教经验以及断断续续业余的编辑活动，都给他的工作带来很大帮助。他所编写的《现代初中教科书·本国史》（与顾颉刚合编）、《新时代初中本国史》、《现代初中教科书·本国史参考书》、《现代初中教科书·本国地理》、《现代初中教科书·世界地理》等，都在出版界和教育界产生了很好的影响。1932 年，43 岁的王伯祥受聘开明书店，并迎来了他最主要的收获期。在开明书店，他不仅从事编辑、研究工作，还兼管经理室的文翰事务，参与整个书店的出版规划。他提出并主持出版了 3516 卷的《二十五史》，这套书以殿版《二十四史》为基础，并增加了柯劭忞编纂的《新元史》①，最终以影印的方式，缩印为精装 9 册出版发行。不仅如此，王伯祥还在《二十五史》中每一史的后面编一"参考书目"，单是《史记》版本就列入 60 种，并分"本书之异本"、"关于本书之注释训诂者"、"关于本书之考证质疑者"、"关于本书之增补整理者"、"关于本书之赏析评论者"、"关于本书之博闻广征者"，引导读者从版本学、训诂学、考证学、史学、文学等角度进一步研究。郑振铎称《二十五史》为"扛鼎之作"。

更有意义和价值的《二十五史补编》也在 1947 年正式出版。这套书是王伯祥在年轻助手周振甫、卢芷芬协助下，并邀约同好四出访求而成，共搜集汇编 240 多种稿本，其中包括很难搜求的多种珍稀家藏稿本，其搜集之广、用力之勤、贡献之大，为史学界所盛赞。顾颉刚知王伯祥主持的《二十五史补编》将要出版，"为之喜而不寐"，赞誉："此真无量之功德，所当为史林永颂者。""近年史学界中一绝大快举，夫使我辈眼福可夸耀于前人者，开明书店之力也"。②

为便于读者、学者阅读和研究《二十五史》，王伯祥还让周振甫、

---

①　当时《清史稿》尚未解禁，所以未能收入。
②　顾颉刚：《二十五史补编·序》，开明书店 1937 年版，第 2、3 页。

卢芷芬在《史姓编韵》的基础上增补改编为《二十五史人名索引》。此外，吕思勉的《中国通史》、《先秦史》、《秦汉史》，钱穆的《史记地名考》，容肇祖的《明代思想史》，郭绍虞的《学文示例》、《语文通论》等著作在开明书店出版发行，王伯祥均参与审定、校阅。所有这些，都是王伯祥对出版界、学术界和现当代教育的重大贡献。

无论在商务印书馆还是在开明书店，编辑工作之余，王伯祥一直坚持研究和写作。商务印书馆曾编辑出版"万有文库"、"百科小丛书"、"新时代史地丛书"等多种丛书，作者多由社会名流担任，同时鼓励馆内能胜任此事的同人利用业余时间写作。王伯祥先后完成《三国史略》、《太平天国革命史》、《中日战争》、《郑成功》、《晋初史略》、《我国三千年来地方制度的演变》、《古史辨与经今文学》、《四库全书述略》、《辛弃疾的生平》等论著，材料翔实、见解独到，获得学界的认可。王伯祥还选注了《三国志》、《文心雕龙》等古典名著，成为颇有实力和影响的学者型编辑。在开明书店时，王伯祥花两年时间编著的《春秋左传读本》，是继《二十五史补编》之后，对史学研究和史学教育的又一贡献。他与宋云彬一起编写的《开明中国历史讲义》，则将学术研究与普及教育很好地结合起来，80 年后的 2015 年，此书重新面世，印数很快就达到 3 万册，成为历史类畅销书。从这个意义上讲，王伯祥也是一位很好的历史类普及作家。

1949 年后，开明书店的日常事务由王伯祥、顾均正、唐锡光处理。在开明书店的公私合营和中国青年出版社的合并工作中，王伯祥态度积极，起了很好的作用。1953 年，王伯祥应郑振铎邀请，到北京大学文学研究所担任研究员，从此离开出版行业。不过，他一直在做文史研究与古籍整理工作，与出版机构的缘分也一直延续。

《史记选》是王伯祥一生研究文史、研究《史记》的重要成果，直到现在，仍是教育部全国高等学校中文学科教学指导委员会指定的大学生必读图书。此外，王伯祥还完成了《增订李太白年谱》，参加了《唐诗选》的选注工作，校点了清朝王夫之的《黄书》、《噩梦》、《思问录》、《俟解》，复点了严衍的《资治通鉴补》，为《四库全书总目》断句，这些书多数是与中华书局的合作项目。在完成过程中，他所熟知的编辑工作和训练有素的编辑素质，显然为他加了很多分，也为中华书局编辑出版工作的顺利完成提供了不小的帮助，提高了工作效率，也提高了成书的质量。出版界人士常爱说一句老话："为他人做嫁衣裳"。其实，编辑出版工作往往也可以与写作、研究相辅相成，互相促进，成就更大的事业。王伯祥就是典型的代表。这也是本书要着重介绍的内容。

四、为旧书辨述

王伯祥临终前写了一篇文章，叫《旧学辨》，这篇文章是为旧书作辨。那时的"破四旧"使中国传统文化遭受空前的打击，无数"旧书"被焚毁。很多人家害怕受到旧书的牵连，不惜将数代珍藏的图书烧毁。在当时，年过八旬的王伯祥其实还是幸运的，他仍旧可以安静地坐在他的四合院中，守着万卷藏书度日。可是，他对"破四旧"之风痛恨至极，很多话堵在心头，不吐不快。在他目已近盲、老迈体虚的 83 岁高龄，不仅私下里对儿女们说："什么事物最旧？吃饭最旧。他们能废止吃饭吗？"而且自己口述，由儿子王湜华笔录，完成了生平最后一篇文章《旧学辨》。文章虽仅千余字，但包罗万象，不仅讲"什么是旧学"、"怎样治旧学"、"旧学分类之源流"，而且，凡文字、训诂、历象、声韵、历代章制因革、地理沿变，以至学术流别、艺林掌故、图籍聚散、金石存佚、目录版本之属，均粗举要略，并触类旁通。该文尤其针对性地对"破四旧"予以否定，最后以"旧云何哉！旧云何哉！"质问何以因其旧而被全部毁掉。《旧学辨》于1975年中秋完成，3个多月后，王伯祥病逝。

这就是王伯祥的一生。从3岁到86岁，83年的岁月，始终与书为伴，临终前还不忘表达对书的痴情。这样的痴情，即便在一流的出版家当中也是非常突出的。让我们记住王伯祥！

第一章

在文化中熏陶

——学习与教书时期（1890—1922）

一、文史编辑的"童子功"

1922 年 9 月，33 岁的王伯祥前往上海商务印书馆，担任编译馆史地部编辑。这是他人生历程中的一次重大转变。按照他的说法就是："从此结束了正式的教书生活，转而过编辑生活了。"此后，他在出版行业中干了 30 年，成为中国最优秀的出版家之一，为中国出版事业作出了杰出贡献。

商务印书馆是中国第一家现代出版机构，也是当时最具实力和影响力的出版社乃至文化教育基地，而编译所又是商务印书馆最重要的部门，王伯祥最高学历不过为中学，以前并没有从事过正式的编辑工作，他能够胜任吗？

这样的事情如果放到现在，很多人必定会抱怀疑的态度，但在当时，无论是王伯祥的朋友们还是商务印书馆的负责人都认为：他肯定能行！

为什么？

这既与当时商务印书馆编译所的主要任务为编写教科书有关，也因为，作为一名历史、地理部的文字编辑，最基本的素质就是要熟悉历史、地理方面的知识，具备扎实的文史功底，能够娴熟地处理和驾驭文字。而王伯祥在长期的文化熏染中，早已具备了这些基本素质。而且，这样的文化熏陶，王伯祥接受得很早，有非常厚实的"童子功"。

1890年2月27日（农历二月初九），王伯祥生于苏州城内一个诗书之家。1892年，王伯祥三虚岁的时候，便开始接受中国传统文化教育。他祖父子芳公将红纸裁成方块，上面写上《千字文》中的每一个字，教王伯祥读写。一年后，王伯祥不仅完全记熟了完全不同的1000个字，而且背熟了这篇文章，在心里播下了文史地理的种子。

《千字文》虽然只有250句，而且每一句只有四个字，但内容的涵盖面非常广博，从"天地玄黄，宇宙洪荒。日月盈昃，辰宿列张"，到"九州禹迹，百郡秦并。岳宗泰岱，禅主云亭"，最后到"束带矜庄，徘徊瞻眺。孤陋寡闻，愚蒙等诮。谓语助者，焉哉乎也。"宇宙人生、历史地理、农工园艺、饮食起居、内在修为等，无不予以精练的概括，可谓集文化启蒙与知识百科为一体的最好的"幼儿教科书"之一。童年时这样的经历，似乎对王伯祥后来的出版事业都有一定影响。

在教《千字文》的时候，子芳公还写了几百个日用杂字，一起教孩子学习。王伯祥很是好学，不仅对祖父教的字感兴趣，而且对书籍产生了兴趣，所谓"予自识字辨物，便好书册"①。祖父望孙成龙，自然是不亦乐乎。见孩子日有所进，马上又准备好纸墨笔砚，把孩子抱在膝上，让孩子握住毛笔，自己则把着孩子的手腕，教孩子怎样一笔一画地写字……在这样的学习和熏陶中，王伯祥在未入学之前，就已经有了很好的基本功。

五六岁的时候，王伯祥进入私塾，开始学习《三字经》、《百家姓》、《千家诗》、《增广贤文》、《朱子家训》等。他祖父则继续自己独特的教育，开始传授"王家的家学"，教孩子读《爵秩便览》。《爵秩便览》是一本成年人为了进阶升官所用的"专业书"，俗称《缙绅录》，记的都是当时京城、省府、厅、州、县的名称，似乎很不适合孩子学习，但子芳公不管这些，不仅执着地教，而且要求孩子按照书中的顺序抄录，边抄录边背诵。孩子的记忆力好，过了一段时间，这些一点都不懂的知识，竟然被他熟背如流。子芳公又是大喜，遇到书中的地名，乃至地名的古代称呼，也让孩子一边抄一边背。72 岁时，王伯祥回顾这段往事，充满了对祖父的感激之情。王伯祥的祖父没有料到，他种豆得瓜，没培养出一位官员，却培养出一位了不起的出版家和史学家。

青少年时代，对王伯祥影响深远的老师主要有程凯笙先生、程仰苏先生、孙伯南先生。三位老师都是苏州本地人，博学多识，古文底子深厚，教学方法则各有特色。

王伯祥执笔学文，由程凯笙教导。对于所讲古文，程凯笙必定穷

---

① 王伯祥、王湜华：《庋榇偶识　旧学辨笺述》，华艺出版社 2014 年版，第 3 页。

源究委，彻解明白而后已。对于一些常用的虚词，如之乎者也，更是一处也不放过，着力剖析，并翻译为白话文，为学生讲述清楚。当时并没有语法、词类、标点等等，但经过程凯笙的讲述，王伯祥感到怡然理顺，而且容易成诵。晚年时，王伯祥十分感恩地写："数十年来，（我）捉笔不致不达意者，凯师之遗泽也。"

程仰苏先生、孙伯南先生，则对王伯祥涉猎典籍、知其门径，起到了很好的启蒙作用。程仰苏有学者气质，让王伯祥读《段注说文解字》和《四库全书简明目录》；孙伯南有经师风范，让王伯祥读《经典释文叙录》及《书目答问》。这些书，对中国的文字和中国古代的书籍，都有全面而广泛的介绍。

王伯祥很早就涉猎这些图书，产生了日益增强的向学之心，以至于小小年龄，便把所有的零花钱都用在买书上。买书回家后，还要废寝忘食地谛读把玩，他的母亲不得不总是督促他早点睡觉，以便保护好眼睛。这些都使王伯祥在少年时期便打下了学问家、出版家的好底子。

还有一事值得记述。1904 年 7 月，刚刚 15 岁的王伯祥承担了一项非常特别的事情。他的祖父在暑天去世，而父亲不能及时赶回家，以至于办丧事的种种事务都落在了他的身上。当时的丧葬礼节非常烦琐，从拟讣告、选棺材、搭灵堂，到定日子、告亲朋、买纸扎，诸如此类，都有一定的程序，即便一个成年人，都必须依靠周围人的帮助才能较好地完成。而王伯祥从小就是有心人，不仅喜欢读书，而且对各种礼仪、婚丧嫁娶之事也很留意，居然把祖父的丧事办得周到妥帖，令亲友们交口称赞，他也因此在当地小有名气。

知礼则可立身。王伯祥这样的经历及办事能力，也为他日后所做的管理、秘书等工作打下了很好的基础。

二、中学时代的风华

忆从丁未始，草桥忝随肩。

讲舍纵谈笑，书林恣流连。

城西丘壑美，时时陟翠巅。

五岁倏尔逝，小成颇欣然。

这是叶圣陶在王伯祥 50 岁生日时所写贺诗的一部分，回忆了他们一起在草桥中学读书的美好经历。诗中的"丁未"年，是指 1907 年（清光绪三十三年）。

王伯祥的中学时代，出现了两位相交一生的好朋友，他们就是日后在文化界、出版界留有大名的顾颉刚和叶圣陶。

他们三人都有很好的旧学底子，也接受了新式教育，有浓厚而广泛的学习兴趣。考取草桥中学的时候，王伯祥已经 18 岁了，而顾颉刚 15 岁，叶圣陶 14 岁。以年龄看，王伯祥显然是同学中的老大哥，而他本人又很是厚道、好学，所以在同学中的人缘极好。与他相处很好的，还有吴宾若、汪应千、章君畴等人。

王伯祥原本在苏州中西学堂上学，但不久之后便考入草桥中学。草桥中学就是当时的苏州公立第一中学，即如今的苏州第一中学的前身。王伯祥入学那年，正是草桥中学创办的第一年。叶圣陶曾记载：

一九零七年春，苏州公立中学（即以后共称为草桥中学）创办招生，宾若、伯祥与余皆考取入学。入学之后又加甄别，其学业较优者为二年级，二兄与焉。迄一九一零年终，二兄毕五年之业，而以实际修业未足五年，不能取得"举人"资格，须留校补修一年乃可。故二兄与余同于一九一一年终毕业，其时清廷已覆，自无所谓"举人"资格矣。[①]

看来，王伯祥学业颇佳，一开始读的就是二年级，但为获取毕业资格，还是在草桥中学扎扎实实地读了五年书。

"讲舍纵谈笑，书林恣流连。"在学校里，同学间友好共学，纵横谈论，笑语盈盈，颇有自得之乐。不仅如此，王伯祥和他的同窗好友还常常一起到苏州的书肆、书摊，读书购书，乐此不疲。

玄妙观旧书店是他们常去淘书的地方，王伯祥喜史地书，叶圣陶爱好诗词集，顾颉刚兴趣更广，四部书无所不收。买书给了他们太多的乐趣，叶圣陶晚年有"玄妙观中三年少"的诗句，就是指书店给他们留下的美好回忆。

写到这里，就不能不讲苏州当时的文化环境。有一文章开篇就说："吴中文风，素称极盛，俊士荟萃于兹，鸿儒硕彦，代不乏人。以故吴下旧家，每多经史子集四部书之储藏，虽寒俭之家，亦往往有数百册；至于富裕之室，更连楹充栋，琳琅满目。故大江以南，藏书之富，首推吾吴。溯自宋元明以迄清季末叶，藏书之家，指不

---

① 王湜华：《玄妙观中三年少》，华艺出版社2013年版，第4页。

胜屈。"① 这样的文化环境非常重要，很多有成就的出版家、学问家都受此熏陶，受益终身。王伯祥便是其中一员。

苏州的文化大环境好，学校里的小环境也好，同学之间都有共同的读书、买书、藏书的嗜好，互相影响，互相促进，产生了很好的效果。

1907 年，王伯祥与叶圣陶、顾颉刚等同学组织了国学研究会，还开始了学生时期的"出版工作"：创办《学艺日刊》，油印出版，每日印数页，曾刊登过《艺兰要诀》等文稿。

1908 年，王伯祥与叶圣陶、顾颉刚、吴宾若等人一起组织诗社，并取名"放社"。他们经常组织社友，一起吟诗、联诗、填词、嵌字……不仅活跃在校园里，而且一起远足郊游，寓学于乐，在大好风光中陶冶情操，砥砺精神，增进友情。"中学时期三人行，石湖来去脚边程。桥头塔畔留珍忆，山色波光证友情。"② 叶圣陶这首怀旧诗，正是回忆他与王伯祥、顾颉刚一起外出，在山色波光中行走的情形。

学生们组织诗社，外出郊游，均得到学校的支持，也与学校的办学思想紧密相连。

草桥中学的第一任校长蔡俊镛是一位具有现代眼光的教育家，他曾经考察日本的中学教育，回国后便开办了这所学校。学校的课程基本按照现代教育的要求开设，除经学课继续教学生四书五经外，其他诸如国文、算学、历史、地理、体操、唱歌、图画等正课，都开风气之先。正课之外，还有球类、国术、军乐、音韵学、照相、日语、法

---

① 潘圣一：《苏州的藏书家》，载江苏省政协文史资料委员会编：《江苏文史资料集粹·文化卷》，第 14 页。
② 王湜华：《玄妙观中三年少》，华艺出版社 2013 年版，第 3 页。

语等选修课，而在课外，则鼓励学生多方面发展自己的兴趣，积极吸收一切新知识。如此一来，已具备很好国文底子的王伯祥，也与同学们一起阅读严复翻译的《天演论》、林琴南翻译的外国小说等等，这些新知识开阔了他的眼界，充实了他的思想，激荡着他的情怀。

1911 年 11 月 5 日，苏州光复。草桥中学停课，王伯祥与他的同学们身穿校服，手臂上围着白布，肩背着枪，腰上带着刀与子弹，与高等巡警学堂的学生们一起巡行，维护地方治安。11 月中旬，时任草桥中学监督（校长）的袁希洛作为江苏省代表，去武昌商议组织中央政府，同学们一起为袁校长送行。1912 年（民国元年）元月初，袁希洛归来，早已剪去辫子的王伯祥穿上西装，与同学们一起迎接袁监督。

那时的他们激情燃烧，却又对复杂的社会不很了解。1912 年 1 月 21 日，王伯祥与顾颉刚、叶圣陶、王彦龙一起加入中国社会党，一度非常认同该党为"求最真最美之境地"的政党，常常讨论社会党"无政府、无家庭、无金钱，各尽所能，各取所需"的理念。可是，这显然会受到家庭的制约。1911 年王伯祥与贤惠的女子秦珏人结婚，1912 年又接连遭遇严峻的家庭困难，渐渐地不再参加社会党的活动。顾颉刚、叶圣陶则继续从事社会党的活动，试图通过这一渠道救国救民，不过，经过一年多的磨砺，他们最终改变了想法，各自开始新的职业和学习。

此时，同学们都各谋前程了，多数同学开始找工作，王伯祥、叶圣陶、吴宾若均在其列；也有少数，例如顾颉刚，怀着父亲寄予他的厚望，考取了北京大学，进一步深造。不过，无论做什么或在哪儿，王伯祥和他的几位好友一直互相联系，互相鼓励，互相促进，他们的命运也与中国的文化、教育、出版息息相关。

三、任教于甪直五高

美丽的甪直水乡，有小桥流水、千年古刹，古老的银杏树见证了历史的阴晴圆缺。中学刚毕业时的王伯祥并不曾料到，这里的一所学校正默默地等待着他与朋友们的到来。

离开草桥中学后的数年岁月，王伯祥遭受了太多的苦难。先是父亲在清朝灭亡后失业，心情郁闷，不久得了伤寒病去世。接着他的母亲也因为悲伤，突然双目失明。他和秦珏人几年间有了三个女儿，可是二女儿、三女儿相继在三四岁时夭折；他的岳父也失业了，而且得了难治的"鼓胀病"，家里没钱，秦珏人只好翻箱倒柜，找点值钱的东西典当，请医生为父亲治病，但没过多久他便病逝了……重重压力与打击接踵而来，让王伯祥喘不过气来，这种情形也令他的朋友们感到难过。

1912 年 6 月 15 日，已在学校任教的叶圣陶在日记中写道："阴。晨到校甚早。上课竟日，无感触，无心得，无可记焉。唯接得颉刚书，谓近过伯祥，状至窘急。同是寒苦人，止能作惋叹，无以作臂助。特我尚有一席地，补助一家衣食，差是相安。伯祥则全家担负，寄栖无枝，为尤可悲也。"

22 日又记："课毕至桂芳，遇伯祥、硕民，因同座。伯祥告余以近状至窘，谋食无地，待食有口，经大故后虽债台未可言百级，然亦颇巍巍。一切商家固犹适用阴历，是以午节以前，常晨出暮归，避债友家。呜呼，衣食之靳人竟至如是，推原厥由，则以金钱为绍介物之可恶耳。如伯祥者，即论其才其识，亦非宜困苦者流。我悲伯祥，我悲世界，岂人人快乐之黄金世界，真只应悬诸理想者耶!"①

实在无法生存的时候，王伯祥含泪将祖传的住宅卖掉，租房子住。这是他极无奈极伤心的事，以至于每次路过祖宅时都要绕着走，唯恐睹物伤情。

这段时间，王伯祥主要以读书度日。他也曾在苏州某宪兵营担任秘书一类的工作，但残暴自私的营长动不动就给部下吃军棍，让王伯祥很是气愤。有一天，厨师把红烧肉炖得很烂，王伯祥吃得津津有味，可营长偏偏认为炖得太烂了，便又以军棍打厨师。王伯祥感到这样的营长不可理喻，宁可受穷，也不愿受这样的军阀管制，于是愤而离开军营。1914年9月20日，王伯祥给叶圣陶写信:"已去记室之职，伏处嗟贫，途穷兴叹，此后之日月正将与君同其况味耳。"②9月27日，王伯祥见叶圣陶，称:"此后岁月唯是暇闲，而穷愁困顿，尔我正同，真云同病相怜矣。"隔一会儿，又说:"今之当路得志之徒，其人必工于谄媚。察言观色，度势审情，在上者而喜谀，则媚之，在上者而恶谀，则不以媚媚之。用是术而行，而富贵利达无弗遂矣。"对此，叶圣陶保留意见，并在当天的日记中写:"余谓伯祥之阅历，之才干，皆足以致通达，第犹顾惜两块颜面，坐是一端，便足以憔悴终身而有余，是可叹也。"③

1914年11月14日，王伯祥与叶圣陶、张剑秋一起成立读书会，

---

① 朱永新编:《叶圣陶教育名篇选》，人民出版社2014年版，第67、69页。

② 商金林:《叶圣陶年谱长编》(第一卷)，人民教育出版社2005年版，第167页。

③ 商金林:《叶圣陶年谱长编》(第一卷)，人民教育出版社2005年版，第168、169页。

并邀请远在北京的顾颉刚参与。叶圣陶当日给顾颉刚写信："今日见伯祥，彼谓今定每日之课为《诗经》、《说文》、《史记》、《庄子》、《文选》五书，有获有疑，务书于册，晤面时便以相证。剑秋君颇赞同其说，因即成约。三人外更有所加入否，则不可知矣。吾思如有一事为三人所共疑，莫从请教，最为难过之事，故于此际当即作书询君。君所知较我为多，又有名师在前，嘉慰吾侪甚易事也。此约君需必守，至要至要。"①

读书是王伯祥的心灵寄托，但他已有子女，家庭重压下，怎能不希望尽快找到合适的工作。1916年的时候，机会终于来了，中学时期的同班同学吴宾若担任了设在甪直镇的吴县第五高等小学（简称五高）校长，邀请王伯祥去担任教员。王伯祥从此开始一段很有意义的从教生涯。

吴宾若，与王伯祥同岁，13岁时便读完《十三经》，18岁时插班到草桥中学，与王伯祥、叶圣陶、顾颉刚等都很要好。中学毕业后，先去远离市区的虎丘丁公祠任教。1914年积劳成疾，担心无法胜任教学工作，离职辞去。临行前，学童们都哭着留他。经过一年左右的调养，吴宾若身体转好，正好甪直五高刚刚建立，首任校长管城聘请吴宾若襄助他的工作。而刚刚任教不久，管城便离职，将繁杂的校务一股脑地推给吴宾若。吴宾若不畏艰难，努力整顿校务。他也急需志同道合的人与他一起办学，于是想到了王伯祥。王伯祥本来就熟读诗书，又有诲人不倦的精神，所以到校后很快成为一名好老师。他又很有思想，与吴宾若一起进行新教育改革，而且尽可能地从出版物中汲

---

① 商金林：《叶圣陶年谱长编》（第一卷），人民教育出版社2005年版，第178页。

取新营养。当时的报刊、图书，称得上传播新思想的最重要的工具。

有一天，王伯祥与吴宾若收到叶圣陶从上海寄来的《尚公记》，上面刊登了一篇名为《国文教授之商榷》的文章，作者署名为陈文仲、叶绍钧。此时，叶圣陶已到上海商务印书馆办的尚公小学任教了，他虽然是教师，但同样怀有浓厚的编辑出版情怀。《尚公记》便是由他和同事们共同编撰而成，以纪念尚公小学建校十周年的。王伯祥认真阅读了叶圣陶的文章，很是高兴，于是便与吴宾若商量，请叶圣陶回来和他们一起办学。吴宾若自然同意，二人马上写信，共同邀请叶圣陶到角直。叶圣陶也希望与好友共事，所以一见来信，马上爽快地答应了。

在后来的文章中，叶圣陶一再回忆角直五高的美好时光，称"当了几年教师，只感到这一途的滋味是淡的，又甚至是苦的；但自到角直以后，乃恍然有悟，原来这里头也有甜津津的味道"，有些场合他甚至说："我的教学生涯，实际上是从角直开的头。"

为什么会这样？最主要的原因还是这里有王伯祥、吴宾若两位好友。就像叶圣陶在《心是分不开的》一文中所写："本来是同学，犹如亲兄弟一样，复为同事，真个手足似的无分彼此，只觉各是全体的一部分。"他们决心一起实现共同的理想，从本校做起，自编课本，开办新书店，进行教育改革。

晚年时，叶圣陶还在王伯祥幼子王湜华珍藏的《角直闲吟图卷》上作长跋，这样回忆：

> 每日散学之后，家居本镇之教员各归其家。外来之五人则为共同生活，业务工作，业余闲遣，三餐一宿，皆聚处而不分。今

姑回忆而杂记所谓业余闲遣者。夜谈多在室内，值月朗风清，则各携椅坐庭院中。晚餐时偶亦沽酒共酌，发起者作东，佐饮必闲谈。宾若清谈娓娓，体贴人情入细。凤以善唱歌称，兴到则曼声低唱。伯祥最健谈，多说轶闻掌故，能以扬州方音唱郑板桥"渔樵耕读"道情，又能唱京戏若干折之片段，他人促之不休，则慷慨应承，引吭而歌。由今思之，二兄当时之声容犹宛在耳目间也。①

这个时期，王伯祥还与叶圣陶一起研究印章。对此，叶圣陶曾告诉王湜华："课余没事做，我就刻图章。……尊翁所有的图章石特多，刻了一些名和字的印章之外，还想出或找出一些辞句来，让我给他刻闲章。他常作我的参谋，怎么样布局，怎么样作篆，他爱出主意。刻成以后就共同商量，哪儿坏了，哪儿还可以，谈个不休。"②

由此可见，王伯祥很爱出主意、擅长与人合作，兴趣又广博，这自然也是好的出版家所应具备的素质。

他们还与在北京大学读书的顾颉刚经常联系，互通信息、互相帮助。通过信件，顾颉刚了解到王伯祥和叶圣陶的教学、生活情况：有几课不用书本，用语体文教学；自己编写国文、史地教材，因材施教；设博览室，让学生们开阔眼界；创办"生生农场"，师生一起开荒种地，让学生锻炼筋骨，体会劳动的甘苦；开办"商店"、"银行"，让学生自己管理，培养经营管理能力……这些鲜活的教学实践，让顾颉刚很感兴趣。

---

① 王湜华：《王伯祥传》，中华书局2008年版，第18页。
② 王湜华：《音谷谈往录》，中华书局2007年版，第10页。

　　1918 年，顾颉刚的原配夫人吴征兰去世，心情悲痛，王伯祥特邀顾颉刚到甪直一游，陪同他去看保圣寺面临全毁的古代塑像。顾颉刚见到保圣寺殿上悬挂一联："梵宫敕建梁朝，推甪里禅林第一；罗汉溯源惠子，为江南佛像无双"，始知这是唐代名家所塑。各罗汉参差坐立，各有姿态，栩栩如生，为他处所未见，尤其是罗汉中有一握管题壁者，神态轩昂，令顾颉刚印象十分深刻。不过，二人徘徊殿中时，见壁间屋顶有裂纹漏迹，不免为之担心。1922 年，顾颉刚因祖母病重返回乡里，又到保圣寺时，发现寺庙因没采取任何措施，屋顶大塌，而他最钟情的题壁罗汉竟已倒坠，心痛不已，"骇极而呼"。为此，他专门写信向蔡元培等名流求援，建立唐塑委员会，这样才最终将这些古塑保存下来，而且出版了《甪直保圣寺唐塑一览》。1961 年，顾颉刚特地将一本《甪直保圣寺唐塑一览》赠送给王伯祥，里面有这样的题记："若无伯祥兄之导游，则寂寞乡村，更有何人注意？一鳞片爪，讵有留遗耶！"[①]显然，王伯祥对保护保圣寺文物颇有功劳，对顾颉刚也很有帮助。1918 年时，王伯祥见好友形单影孤，心中不忍，遂将自己的高才生——甪直的大家闺秀殷履安介绍给顾颉刚，促成了一段美好姻缘。王伯祥与顾颉刚的友情自然更加深厚了。

　　早在 1912 年，王伯祥、顾颉刚还为叶圣陶当媒人，促成了叶圣陶、胡墨林的美好婚姻。他们三人亲如兄弟，一生始终相互帮助，这自然对他们共同促进中国的出版事业、教育事业和文化事业大有好处。

---

　　①　王伯祥：《庋榢偶识》，中华书局 2008 年版，第 95 页。

四、在《新潮》创刊号发表文章

在当时，身处中国新思想、新学术策源地的顾颉刚，不忘将北京最新的教育、出版信息及时地告诉王伯祥、叶圣陶，并介绍他们担任北京大学国学门研究所通讯研究员。

1916年，蔡元培出任北京大学校长，提倡兼容并包、学术自由，聘请《新青年》主编陈独秀为文科学长，聘请李大钊、鲁迅、胡适、钱玄同等名流到北大执教，一时间，北京大学成为新文化运动的重镇。这些教授们高举民主、科学和文学革命的旗帜，影响了很多青年学生。1917年，顾颉刚、傅斯年、徐彦之开始酝酿出版学生杂志，以便与《新青年》相呼应，宣扬北大的新精神，鼓动学者研究学术的兴趣。之后，罗家伦、潘家洵、俞平伯等同学也纷纷加入这一队伍，最终在1919年五四运动前夕成立了学生社团新潮社，请胡适为顾问，并创办了《新潮》杂志。

《新潮》创刊号一发行，便在学术界、教育界一炮打响，影响迅速扩大。在宣传新思潮、新学术、新文学的同时，还刊载了大量文学创作和翻译作品，作者队伍不仅有鲁迅、李大钊、胡适、周作人等名师，还有傅斯年、罗家伦、顾颉刚、叶圣陶、俞平伯等青年为主要力量，他们发表了很多文章，在中国的新文化、新文学建设中作出了重要贡献。《新潮》在当时的影响力究竟有多大？按照史学家邓广铭的说法就是："《新潮》杂志（主要作者是学生）得到了鲁迅和周作人等人的支持，与陈独秀主编的《新青年》（主要作者是当时的教师）成为五四时期传播新思潮的最风行的刊物。"①

值得一提的是，王伯祥、叶圣陶虽然不是北大学生，但得风气之先。擅长文言文的他们，却对新思潮、新文化、新文学充满了激情，并纳入自己的教学实践当中。不仅如此，他们还将一线的教学经验与中国正在兴起的教学改革相结合，提出自己独特的创见。《新潮》创刊号上发表的重要文章《对于小学作文教授之意见》，正是叶绍钧（叶圣陶）、王钟麒（王伯祥）的文章。这也是现今所见，在全国性刊物上，王伯祥署名发表的第一篇文章。

在这篇长文中，叶圣陶和王伯祥首先阐述了小学作文教授之目的："在令学生能以文字直抒情感，了无隔阂；朴实说理，不生谬误。至于修词之工，谋篇之巧，初非必要之需求。能之固佳，不能亦不为病。"然后层层深入，针对当时小学作文教学普遍存在的问题，发表独特的见解：对于"小学生的读物"，应"力避艰古，求近口说"；对于"命题作文"，则"随顺其推理之能力而渐使改进"；对于"小学生的作文方法"，则"不拘程式，务求达意；只须文字与情意，贴合无间，即以毕事"；对于"教师的作文批改"，则"教者居客观地位，但为词意之修正，不为主张之增损"。总之，应避免与小学生隔阂的教学，而"必须注意训练学生思维，激发学生情感"。既要关注作文的精神方面，"当视其推理能否正确，抒情能否绵美。果日积月累，理想益正确而完善，情感益恳挚而缜密，即可断定其为确有进步"；同时还要注重作文的形式，提出"学生作文时，须令逐一分段"等观点，这些现在大家都普遍实施的方法，在当时却是十分新鲜的。

---

① 邓广铭：《胡适在北京大学》，载欧阳哲生选编：《追忆胡适》，社会科学文献出版社2000年版，第40页。

还应注意的是，此文中所提"小学生读物"的内容，可视为叶圣陶、王伯祥二人日后在出版社编写国文教材的早期思考：

选择读物，殊为必要；盖必与以先样，始得有所着手耳。然则"不能学"及"不必学"之读物，亟当屏选；而选读古文自呈不可能之趋势。何则？因"古文"与"现时代小学生"有许多扞格之处。请胪举之：

（一）陈义过高，所关至大，或学问之所事，或谋国者之所究，与小学生现时处境，绝不相关。

（二）时代不同，即思想互异；诵而习之，非徒无益，或且为推究事理之障碍。境遇不同，即思想各殊，在彼以为真切有味者，在此未必一一领略，若强令诵习，难免嚼蜡之感。（按此二端犹指古文之无谬点者。）

（三）古人持论，喜为联想，少事归纳。究其结果，瞀词累幅。效此推理论事，谬误必多。

（四）牢愁写恨，避地鸣高，实占抒情的古文之大部分。此于学生孟晋之气，殊生障碍。

（五）古文中每有不落边际，不可捉摸者，读之终篇，只觉文字缴绕，绝无所得。效法此种，其弊为好为虚词，语无实质。

或谓"诵习古文，盖欲辨别历代文学之变迁，推究各种体制之沿革，反今人于古人，而体其著作之旨趣耳。"殊不知此乃专门文学家事，而非小学生事。且专门文学家下此工夫，亦不过证古察变，决无是处。

现在小学作文教授，殊无把握。毕业而去者，或已臻通顺，则由于学生之努力，之天赋，未必果为教授之奏效；或尚未通顺，则教者学者，俱已竭精殚力，咎亦均非原任。其实根本解决此问题，还当改换选择读物之方针。著者前已言"小学作文教授目的"及"古文之不宜选读"矣；总之"小学生之文，初不欲求其高雅典丽……肖于古文"。然则但避古不读，遽即收效耶？此殊未必。因国人根性，酷好摹古，今人讲文，于结体琢句，亦颇喜力追古人。小学生得此种读物，自好者便力思仿效；不知功力未到，转成牵强不通。自弃者惮仿效之多艰，径自舍去，任意挥洒；但独立既无此能力，类乎自身思想之文字，又无从得而仿效，其结果亦成浅陋不通。是盖我国文字之难习，言文异致，实为大原因。当执笔为文之际，初则搜索材料，编次先后。其所思考，固与口说一致；然欲笔之于纸，则须译为文言。于是心之所思，非即手之所写；其间迻译之手续，殊为苦辛。（求胜摹古之心弥炽，则费力弥甚。）颇有一种人，亦尝识字，亦能运思，亦富情感，而不能下笔成文者，即此手续为之障碍。今欲去此障碍，直书口说成文，固尚难能；（将来终当期其达到。）而使之较近口说，俾易练习，则未始不可。试思口之所说，其"故为雕琢，几经烹练"者，几何？即凤擅文学之人，吾知其寥寥也。然则小学生之读物，亦只求其为"较近口说"之文字耳。至文字之实质，固不因此而有所改换也。（或且易于十分领受。）教者果能随处留意，于学生之读物，或自编，或修改，务使"十分平易，有类口说"，则学生得其先样，即易着手，临文之际，但就情意所至，举笔开锋，不必迻译，便成文字矣。或谓"若此为教，则学生为文，必无典丽崇皇峭拔奇突……之观"，则回之曰："从言似是而实非。盖理想正确，情感真挚，实质上未始不堂皇正则，初不关文字间之峭拔奇突也。由著者之说，持之勿懈，则限程收效，达所悬之目的，固颇敢自信也。"①

综上所述，叶圣陶、王伯祥当时的意见，就是小学读物不要像以往那样选古文，而要用"有类口说"之文，实际上就是提倡用白话文写文章。当然，这样的意见是否完全正确，值得商榷。但这篇文章发别人之未发，见别人所未见，看到文言文的局限以及小学生学习文言作文的弊端，从而提倡写文章应与自己平常说的话相吻合的原则，这在那个时代是非常有创见的，所以反响很大，也为二人后来的出版、教学工作带来有利的影响。

1918 年 12 月 11 日，顾颉刚给叶圣陶写信："前天京校同学徐君彦之来信：说《新潮》杂志社已经正式成立了。寄来《日刊》一份，内有该社的详章，嘱寄与叶、王二先生，甚是要约你们做社员。我想千里之外，有个同声相应的机关，也很是乐事。惟依章须投稿三次；请你们再投二次，由孟真②同我作介绍，正式函约入社，未识可否？宾若诸兄有无兴致？亦极盼望。"③1919 年 6 月 14 日，顾颉刚又给叶圣陶写信："你同伯祥选择的题目是很好，我那天到旧皇宫听演说，都是些浮末枝节——上海罢市怎样，北京学生受苦怎样——对于所以有此风潮之故反而搁置一边，这样的收效只有鼓动一时的感情，仍是虚伪而非真实。你们选择的题目——独立与互助，社会的国家和官

---

①　北京大学新潮社编辑：《新潮》第一卷第一号，1919 年 1 月 1 日出版，第 93、94、95 页。

②　孟真，即傅斯年。

③　顾颉刚：《顾颉刚书信集》（第一册），中华书局 2011 年版，第 45 页。

僚的国家什么分别——都是在根本上说话，所得效果定自不同。……伯祥允做'此次风潮为的什么'，快慰之甚！"[1] 如此，由于顾颉刚的推动，王伯祥、叶圣陶在《新潮》又发表了新的文章。

五、编写新史地教材的先声

《对于小学作文教授之意见》是叶圣陶与王伯祥的合作，且以叶圣陶为第一作者，而在《新潮》第二卷第一号发表的署名"王钟麒"的《拟编高等小学史地教材大纲》，则完全以王伯祥的文字为正文。这篇文章称得上中国关于现代高等小学史地教材改革的最早文章，也是王伯祥后来进入出版社编写新史地教材的先声。

该文显然由顾颉刚向王伯祥约稿，并由顾颉刚在正文前鼎力介绍：

> 吾友王君钟麒有极强的记忆力和推理力。吾屡次邀他为《新潮》作文，他总以牵于学校教科，没有闲空。今天看见他这篇教材大纲，主张废去教科书，自己编成合理的教材去讲给学生听；虽则没有详细发挥，确非没有思想、没有研究的教师所能说出。可惜他不做教育总长和教育界的有名人物，可以提议改制，只让他的学校里的学生得益罢了。
>
> 现在通行的中国历史教科书，那一种不是以皇帝做本位的？

---

① 顾颉刚：《顾颉刚书信集》（第一册），中华书局 2011 年版，第 63 页。

皇帝的统系便是历史的统系。前二十年，早已有人说，二十四史是皇帝的家谱。那知到了今天，民国学校里，授给孩子的功课依然是一部大家谱收缩而成的小家谱。怎样能除掉了崇拜皇帝的坏思想？那些兴国之君，不少文臣武将，教师讲得津津有味，学生心里，或者也希望做各开国元勋，说不定再演出"复辟"的趣剧呢。王君的历史教材，注意于民族的演化，文化的演进，社会的推嬗，教学生心里有真确的历史观念。历史观念准了，自然为学立行，也能照着进化的轨道上走去，不会倒行逆施，梦想复古了。

地理教材，王君虽没有详细说，我看着"我国在世界之位置"一项，实在是极紧要的。现在的人因为不知本国在世界的位置，所以妄自尊大的，以为中国文化是世界第一；到了这般时候，尽可闭关自守，一切不见不闻，我尊我的礼教。不晓得中国在世界上的位置，要给你们越沉越下了。

我们的宗旨，要协助各处学生脱离旧社会恶思想的感化，这话已经在旨趣书上说的详明了。但是中学以上的学生，可以由我们用文字去鼓吹；中学以下的学生，他们还只能听信教师的说话，倘使教师坏，便是我们要救他，也无从救起。唉！那里能够各处的小学教师，都像了王君呢！

八、八、一 诚吾

顾颉刚的"编前语"之后，便是王伯祥所写的高小史地教材大纲。全大纲分为四个部分。第一部分是"废书理由"，即总结出废除旧教科书的三个理由：（一）免强记；（二）引注意；（三）重推理。归结为："务求活用"。

第二部分为"注意事项"。

对于历史教科书，王伯祥提出积极的两点注意事项：（一）明时代；（二）重进化。又提出消极的两点注意事项：（一）轻政治；（二）薄武力。

对于地理教科书，他提出五点注意事项：（一）洞知地面现状；（二）说明产业分配；（三）注重水陆交通；（四）区划名称，务力今制。（力避古名。如商埠、会城等，仍沿旧称者，并附注旧称，以资对照。）（五）外国地名，用英文原名。（附注最通行之译名，以资对照。）

最后，他把史地教材注意事项用"切合人生"加以归纳。就是说，所有的史地教材要与人生相联系、相切合，而不是死板的、没有活力的。

第三部分为三项"方法大要"：（一）预定教材，编为略说；（二）教授之际，不用书本；（三）每一段落，详列表解，以资统整；并发略说，以备遗忘。

第四部分为教材分配，设置历史、地理两部分：

（甲）历史

第一学年

第一学期

以公历配史期。（有史至周末为"上古"；秦至唐为"中古"；五代至明为"近古"；清为"近世"；民国成立起，为"现代"。）略述易代因果，及分合大势。

第二学期

民国演进之大势。

第三学期

　　承前。

第二学年

　第一学期

　　有影响于学术、宗教、政治之人物。

　第二学期

　　承前。

　第三学期

　　承前。

第三学年

　第一学期

　　文化之演进。

　　（a）学制沿革。

　　（b）学术源流。

　第二学期

　　社会之推嬗。

　　（a）事务发明。

　　（b）风俗影响。

　　（c）宗教传播。

　第三学期

　　疆域之变迁。

（乙）地理

　第一学年

第一学期

说明地面之自然现状，及本国自然区分之大略。

第二学期

本国地方志（依行政区分）。（各地概说，用统类叙拟编高等小学史地教材的大纲。）

第三学期

承前。

第二学年

第一学期

承前。

第二学期

承前。

第三学期

承前。

第三学年

第一学期

亚洲。大洋洲。

第二学期

欧洲。非洲。

第三学期

美洲。我国在世界之位置。①

---

① 北京大学新潮社编辑：《新潮》第二卷第一号，1919 年 10 月出版，第 173—175 页。

对于王伯祥的史地教材改革，叶圣陶也非常重视。虽然顾颉刚在正文前作了推荐，叶圣陶仍然在正文后用三段文字加以阐述和发挥，并借此抨击当时没有任何教学经验的编辑编出来的旧教科书，阐明他和王伯祥正在甪直进行的与人生连在一起的教学：

　　这是王君编辑教材的大纲。他的教授细目，正在那里详细订定哩。下半年我们校里的史地科，就把王君所编的来教授。试验出来，成绩如何，我不能预言。然而我敢说，比采用坊间教科书，一定能较有成绩。因为替书坊编教科书的，并不是教师。学生所要得的是什么？教师所能帮助学生的是什么？他们都不知道。他们趁高兴的时候，磨的墨浓，蘸的笔饱，便是一段骈文。也有不高兴的时候，便把前朝后代，原因结果，括成十来个大字！我常想：我们做教师的，从良心的觉悟，也想叫学生认识人生真价的工具——教科用具——的制造，都是凭几位编辑先生高兴或不高兴的时候随意杂凑的。这究竟是适用的工具吗？譬如我们想劈木头，拿的却是一支绣花针。木头劈得成吗？编辑先生编出来的教科书，不是绣花针吗？倘若我们拿着的，确是绣花针，那么，因为他不能劈木头，就当丢掉了他，别去铸一柄合用的斧头。

　　书籍这东西，除了行远贻后，免除遗忘，更没别的用处。学生要读书，就因为要晓得已往的种种事物，来做自己经验的材料。现在学校里——较好的——有一种弊病，就是学生在校里，只知道读书，仿佛说"读书者，读书也"。他们只知读书，忘却把读书得来的经验，去体验四围的事物，来创造自己的新经验。

换一句说，便是偏重读书，忘了人生。这是何等的恶结果！所以王君主张，既不用编辑先生编的教科书，也不将自己编的教材印成书本，教给学生。单单把许多事物，讲给他们听，引起他们的推理力；指给他们看，引起他们的观察力。使他们连历史地理的科目都忘掉，只觉得这是人生必要研究的事实。

我们校里，对于别的科目，也有改革的地方，将来也要发表出来。我们发表的意思，并不是说这一定是真理，不过想引起和我们同业的教师的注意，请大家一同来讨究这大问题。倘若不吝赐教，便是无上的荣幸！①

这篇教材大纲以及顾、叶的推荐文字在《新潮》发表后，王伯祥受到了国内文化出版界与教育界一些人士的重视。这使得王伯祥有了更大的发展空间，也为他后来真正进入出版界奠定了基础。

此时，王伯祥和他的朋友们充满了对新教育的热爱，希望将人生与教育紧密地联系在一起。1919 年 5 月，王伯祥、叶圣陶、吴宾若在甪直创办《直声》文艺周刊，希望唤起更多的人加入新文化队伍。然而不幸的是，当年 9 月，吴宾若突然遭遇车祸死去，《直声》杂志因此夭折。

吴宾若的英年早逝，令王伯祥、叶圣陶非常难过，二人均挥泪写文章悼念好友。

不久，福建集美学校向全国招收优秀教师，王伯祥收到邀请后离开甪直。

---

① 北京大学新潮社编辑：《新潮》第二卷第一号，1919 年 10 月出版，第 176 页。

六、任教于厦门、北京

1921 年，王伯祥应聘到集美学校任教。集美学校由爱国华侨陈嘉庚出资创办，教学环境与教学质量在全国都是有名的。陈嘉庚主张"没有好教师，就没有好学校"，因此在全国范围内广招优秀教师。王伯祥到集美学校后，教中学国文、史地课程，颇受学生欢迎，也使他在原有的小学教学经验的基础上，具备了中学的教学实践。

这段时间，王伯祥还加入了著名的文学研究会。文学研究会是郑振铎、沈雁冰、叶圣陶、许地山、王统照等人于 1921 年 1 月 4 日在北京发起成立的，后被誉为"中国新文学运动史一个最早且亦最大最光荣的文学团体"，在中国现代文学史上占据了十分重要的位置。大概是由于叶圣陶的缘故，文学研究会成立不久，王伯祥便申请成为该会会员。此后，他始终不忘初心，与研究会的许多会员保持着长期的友谊，共同办成了不少文化出版事业。

王伯祥还与顾颉刚保持着密切的联系。我们可以从顾颉刚给他的信件中得知，他本来要去厦门大学或者已经在那儿工作了一段时间，而且还想邀请顾颉刚前往。

1921 年 3 月 20 日，顾颉刚在给王伯祥的信中写道："厦门大学的章程，已在《晨报》上见过，内容大略模仿北京大学。中国要凑成一大学的教职员，已经困难，何况另立。不知现在进行怎样，请来的教职员何如？我很希望你能进厦门大学的图书馆。我前旬寄上此间西文书分类表一册，想收到。你拟的图书部属大纲，我实在不能悬断。"

同年 6 月 9 日的信中则说："我所以宁可在欠薪的北京而不愿到

按月支薪的厦门的缘故，只因北京适合于我的学问。我既要研究中国的史，便不得不向旧书最多的地方走，而北京的确是中国旧书最多的地方：（1）京师图书馆藏书四十万册，几乎没有别国文字的书；（2）北大图书馆藏书十八万册，外国文书不到二万册；（3）藏书家甚多，可商借；（4）琉璃厂、隆福寺等处书店百余家，旧书易于寻觅。这都是别地方所寻不到者。至于我的职业，尤是与旧书相接近：（1）北大图书馆的编目书籍既易借取，新到的又先看；（2）掌管国学门研究所，四间屋子的书任我支配，要向图书馆提书便去提，图书馆没有的便去买（若是有钱），事务又简省，可以自己读书。这种的职业使我十分快乐，我想，这仿佛出了钱请我来读书。现在的所以忙，因为从前的目录太坏，必得重编。等到新目录编好了，我便可以尽量读书了。现在风潮扩大，下半年能否开学固不可知。若能够维持下去，我决以北京为终老之地。"①

顾颉刚的回信必定使嗜书如命的王伯祥大受刺激，很想到旧书最多的北京去。因此，他很快便接受了北京大学的聘请，担任北大预科国文讲师。从顾颉刚 1921 年 12 月 12 日写的一封信看，顾颉刚还希望王伯祥接手他在国学门研究所的职务。信中称："我还要恳求你代我到研究所走走。你便不办事，何妨常到所里去自己看书？我本来的意思，确是要你接管下去，但一则因为你初来不熟，二则因为第一年预备功课的时间费得多，所以想请你明年春假做下去。学校如果不关门，这研究所确是可以大有作为的地方。你如果现在便不去，将来我正式荐你自代时，也有困难。"② 对此，王伯祥是如何回复的，已无法查知。

① 顾颉刚：《顾颉刚书信集》（第一册），中华书局 2011 年版，第 119 页。
② 顾颉刚：《顾颉刚书信集》（第一册），中华书局 2011 年版，第 121 页。

不过，我们可以肯定，1922年初，王伯祥来到了北京。他本担心北京寒冷，自己作为南方人受不了这儿的气候，但没想到外面冷，屋子里却温暖如春，不像南方在冬季也不生火炉，屋内不免常感阴冷。北京的风光也是说不出的好，北大附近的北海公园和故宫，天安门附近的中央公园（今中山公园）以及南城的陶然亭，还有王府井以及前门附近的戏园子，都给王伯祥留下了美好的印象。更不用说北京浓厚的文化氛围，北京大学图书馆、京师大学堂图书馆、琉璃厂与隆福寺的书店，都使王伯祥流连忘返，产生强烈的归属感。

2月，叶圣陶也应聘来到北京大学。两位好友又在一起了，而且同住在大石作胡同的一个屋子里，同睡在一个砖炕上。他们和顾颉刚、潘介泉、吴缉熙一起，将曾当过宣统皇帝师傅的伊克坦的故居租了下来。五人中，只有吴缉熙有夫人相伴，其他四人都是孤身，于是大家共推吴缉熙为"主持"，一切兴居饮食之需，都依赖其夫妇。在这儿，王伯祥过了一段颇为愉悦的生活，后来曾在《拾画偶赏》的题记中写："课暇辄联袂出游，或郊扃访古，或阅市听戏，一琐屑自婴，出入任便，怿如也。"①

王伯祥在学校多上大课，由于他博学多识，有丰富的教学经验，讲课时循循善诱，生动活泼，所以很受学生喜欢。冯至、游国恩、陈翔鹤、季羡林等人都曾受到过王伯祥的感染。

课余时间，王伯祥也参与文研会的研究编辑工作，与叶圣陶一起接待作者和文化名流，像泰戈尔、俞平伯、何炳松等人都曾是他们的座上客。他还与叶圣陶一起，靠着大酒缸，喝过几回烫得飞热的莲花

① 王湜华：《王伯祥传》，中华书局2008年版，第25页。

白，那时光真是说不出的惬意。

只是，叶圣陶刚在北大任教一个多月，便因夫人要分娩而赶回苏州。王伯祥慨然接下了叶圣陶的作文课，给学生们讲如何布局，如何作文。课程虽然增多了，但也是一种锻炼，这些教学经验都为他后来编辑教科书提供了丰富的资源。

不好的地方是，这段时期，王伯祥承受的家庭压力越来越大了。主要原因是北洋政府克扣教育经费，导致教育部及国立各校财务枯竭，长期欠薪。据担任过北京大学总务长的蒋梦麟称："北大以及其他七个国立大专学校的教员，一直不能按时领到薪水。他们常常两三个月才能领到半个月的薪俸。他们一罢课，通常可以从教育部挤出半个月至一个月的薪水。"[1] 为此，北大校长蔡元培于 1922 年 3 月初，呈文代八所国立院校索薪，但没有多大成效。1923 年 1 月，蔡元培因强烈抗议教育总长彭允彝克扣教育经费等事，提出辞职。

对于北大时期的经历，王伯祥虽在日记中有所记载，但这部分日记后来毁于日寇兵火。倒是他的女儿王湣华有这样的回忆："……父亲又去了北京大学教书，家仍安在苏州。母亲那时家务担子十分沉重，上有双目失明的婆婆，下有女儿三人，都在孩提时期，再加上北大老是欠薪，父亲无法按月寄薪回家，生活非常拮据。"[2] 尽管王伯祥非常喜欢北京的环境和生活，家庭的压力却迫使他不能不谋求新的出路。

正好，出版界的大门向他敞开了。

---

[1] 陈明远：《文化人的经济生活》，文汇出版社 2005 年版，第 102 页。

[2] 王湣华：《怀念母亲》，载《追思集》，王伯祥家人 2000 年自印，第 261 页。

第二章

最勤奋的编辑

——商务印书馆编译所工作时期（1922—1932）

一、出版事业的第一站——商务印书馆

"中国现代出版从这里开始"，这是商务印书馆历来引以为豪的。而王伯祥的出版事业也是从这里开始的。

1922 年暑假，王伯祥接到上海商务印书馆编译所所长高梦旦的聘书，9 月份便举家南迁，到商务印书馆工作。

当时商务印书馆的总部位于上海闸北宝山路，占地 80 余亩，总务处、编译所、印刷所、尚公小学都在那里。如果乘飞机从低空鸟瞰，可以感受到它规模的宏大、格局的不凡。在众多建筑当中，编辑大楼是一座颇为显眼的三层

大楼，这儿正是王伯祥的工作地点。从楼外草地旁的大道走入一层楼门，然后拾阶而上；到二楼后，会发现那里有一个很大的屋子被隔扇隔成若干间，每一间便是一个编辑部门。当时的编译所分为国文部、史地部、哲学教育部、法制经济部、数学部、博物生理部、物理化学部和英文部，王伯祥所在的部门是史地部。

这是王伯祥首次正式进入出版行业。他一起步就在中国现代最早、最大、最顶尖的出版机构，而且是在这家出版机构最重要的编译所工作。

商务印书馆创办于1897年2月，最初只是一个小小的印刷工场，之所以迅速崛起，与其编译教科书有很大的关系。

"昌明教育平生愿，故向书林努力来"。1903年，曾为晚清翰林并参与过维新运动的张元济主持商务印书馆编译所之后，决心借商务继续实现"启迪民智"、"振新吾国民之精神"的"维新大业"。在蔡元培帮助下，张元济广招人才，将高梦旦、蒋维乔、杜亚泉、夏曾佑、邝富灼、庄俞等人请到商务，建立起一支国内第一流的编辑队伍，最初的主要任务，就是在毫无成例的情况下，编写适合当时新旧交替时期的"最新教科书"。

首先编印的是小学"最新教科书"。在张元济、高梦旦的带领下，编译所的编辑们怀揣着救国救民的理想和热情，以严谨创新的精神，争分夺秒地编写起初等小学堂和高等小学堂的修身、国文、算术、历史、地理、格致等教科书。他们既有分工，又有合作，常常为了书中的一些内容共同讨论，互相辩难，不厌其烦地修改，最终形成了内容新颖、彰显现代性启蒙色彩的新式教材，满足了无数学生对合乎时代、引领时代的新教材的渴求。

1904 年 4 月 8 日，初等小学堂《最新国文教科书》第一册正式出版，不到两周，销售五千余册，仅仅数月，十余万册全部销出。这样的成功激励着张元济和编译所的同人，他们进行合理而高效的分工，到 1907 年夏，"最新教科书"已出版初等小学堂用教科书 16 种 54 册，高等小学堂用教科书 19 种 41 册，中学堂用教科书 40 种 54 册，这些教科书发行全国，连南洋华侨的子弟学校也予以采用。这是"中国历史上第一套依据现代学制、学年、学期、学科分门别类编写和出版的现代意义教科书。同时也是第一套附有彩色插图、第一套每册都印有英文书名、第一套有与之配套的教授书的教科书。'最新教科书'奠定了商务印书馆在中国现代教科书发展进程中的领先与权威地位。"①

与此同时，商务印书馆还持之以恒地翻译出版大量政治、经济、哲学、史学、文学等方面的西方名著，编纂出版了《辞源》、《中国人名大辞典》、《中国古今地名大辞典》等大量新式辞书，整理出版了《四部丛刊》、《百衲本二十四史》、《涵芬楼秘笈》等中国古代典籍，创办了《绣像小说》、《东方杂志》等影响广泛的期刊，使商务不只是一个出版机构，而且成为中国出版、教育、文化之重镇。

编印教科书是商务印书馆真正发展壮大的开始，海量的销售赢得了巨大的利润，从而可以带动其他图书（哪怕是亏本学术图书）的出版，所以从此以后，编印教科书及其参考书一直是商务印书馆的支柱产业，中学、师范等各类教科书和参考书先后编印成功，被全国各地普遍使用。据周谷城回忆："我于 1913 到 1917 年在长沙读书，进的

---

① 吴小鸥：《文化拯救：近现代名人与教科书》，商务印书馆 2015 年版，第 98 页。

是第一中学"，"其中教材，只要是教科书，无一不是商务印书馆编的或译的。"①

不过，编写教科书也存在着严峻而激烈的挑战。在那个风云不断变幻的时代，涉及价值观并影响全国教育的教科书也必然需要不断调整，要求编写者有相当丰富的经验和很强的驾驭及应变能力。同时，在巨大利润的吸引下，其他出版社也必然想方设法予以竞争。1911年，在商务印书馆担任编辑的陆费逵决心出去自己干。当时正值辛亥革命时期，商务印书馆出现资金周转不灵、暂时萎缩的状况，陆费逵料定清廷必定垮台，于是暗中筹资，高价聘请编辑，秘密拉拢从商务离开以及还在商务工作的编辑人员编辑中小学教科书。1912年陆费逵所办的中华书局开张了。在春季开学之际，商务原来印成的教科书因时代大变而无法使用，而中华书局一下子推出了新编的《中华新教科书》，并在初小国文首页印上民国临时政府制定的五色国旗，让商务教科书的黄龙旗黯然失色。1912年春天，中华书局一举夺去了商务全部的教科书市场，从此成为商务的最大对手。虽然半年后，商务按照民国临时政府教育部颁布的新学制赶成《共和国教科书》，在秋季开学前出版，但此时中华的教科书已在全国各校有了一定的基础，商务的营业大为减退。此后，商务与中华展开激烈的竞争，三四年之后，中华失败，好不容易才渡过难关；商务也伤了很多元气。

1919年五四运动前后，商务印书馆再次遇到难关，这一次，攻击他们的是在北京大学高举新文化运动旗帜的刊物。"先是陈独秀在《新青年》上抨击《东方杂志》的反对西方文明、提倡东方文明。接

---

① 商务印书馆编：《商务印书馆一百年》，商务印书馆1998年版，第553、554页。

着北大学生组织新潮社的《新潮》发表了罗家伦《今日中国之杂志界》一文，把商务各种杂志骂得体无完肤。北京大学被称为全国最高学府，新文化运动的中心，《新青年》的撰述者多是北大著名教授，校长又是与商务素有关系的蔡孑民。商务受到这样严重的攻击，在文化教育界多年的声誉顿时一落千丈。为了迎合潮流，挽救声誉，不得不进行改革；因为杂志最先受到攻击，就从撤换各杂志的编辑人入手。"① 另一方面，在白话文运动与新思潮的强大冲击下，商务所出的各类教科书也必须进行彻底的改革。

这种改革需要众多具有新思想的编辑人才。这些人才不仅应有扎实的文化功底，熟悉编辑业务，而且更应熟悉新文化新思潮、有长期的教学经验。按照这一标准，在新文化运动发源地北京大学任教并参与编辑过新文化方面杂志的中青年教师当是最佳人选。由此，王伯祥很自然地成为商务印书馆编译所急需的人才。他们给了王伯祥不低的待遇，按照馆里的规定，每半个月发一次工资，而且对其子女上学、疾病治疗、人寿保险、储蓄等等都有配套的保障，彻底解决了王伯祥亟须解决的家庭困难。正因如此，王伯祥舍弃了北大的职务，而转入商务。王伯祥女儿王湝华后来回忆："父亲受商务印书馆之聘，任史地部编辑，从此薪水绝不拖欠，且每月分两次发放，家庭生活才有了保障。"②

从1922年到1932年，王伯祥在商务印书馆工作了十年多时间，主要工作是编历史、地理教科书及参考书。在此期间，王伯祥还出版了《三国史略》、《太平天国革命史》、《中日战争》、《郑成功》、《晋初

---

① 章锡琛：《漫谈商务印书馆》，出自《文史资料选辑》。

② 王湝华：《怀念母亲》，载《追思集》，王伯祥家人2000年自印，第261页。

史略》、《我国三千年来地方制度的演变》、《古史辩与经今文学》、《四库全书述略》、《辛弃疾的生平》等论著，获得出版界和学界的普遍认可。他还选注了《三国志》、《文心雕龙》等古典名著，成为颇有实力和影响的学者型编辑。此外，他还编辑发行过《公理日报》、《文学周报》，尽心竭力地帮助自己的朋友们，成为大家极其信赖的"伯翁"。

而他的同事周振甫则从另一个角度评价："王伯祥先生对于史学有极深研究，他本在商务印书馆编历史书。王云五主持时，主张对编辑用科学管理法，即规定每一编辑每月编写多少字，算计下来，只有王先生每月所编字数，超过王云五所规定的字数，可见王先生不仅深于史学，还勤于工作。"[1]

二、编写地理、历史教材

王伯祥是收到高梦旦的聘书来到商务印书馆的。在他正式入馆前后，高梦旦已改任出版部主任，编译所所长由王云五担任。

王云五（1888—1979），号岫庐，曾担任北京英文《民主报》主编等职，创办过公民书局；到商务印书馆后，逐步成为中国出版界叱咤风云但又毁誉参半的人物。他是胡适在中国公学读书时的老师，商务印书馆本打算请胡适主持编译所，胡适却推荐了王云五。

王寿南所写《王云五先生与商务印书馆》一文提到："云五先生接任编译所所长后，立即实施整顿与编辑计划，该计划分为三部分，

---

[1] 周振甫：《王伯祥先生刊行开明版〈二十五史〉》，见《追思集》第 174 页。

一为改组编译所，延聘著名学者专家主持该所各部；二为创编各科小
丛书，以作为后日编印万有文库之准备；三为将编译所原附设之英
文函授科扩充为函授学社，除原有的英文科外，增设算学科与商业
专科。经过云五先生一年的整顿，商务印书馆出版新书的数量大增，
1921 年商务印书馆共出新书 230 种，773 册，1923 年则出新书 667 种，
2454 册，其中最具代表性的出版物是各种词典和汉译科学名著。"这
样的概括是较为全面的，只是没有提到教科书。商务印书馆之所以请
王云五，其直接动力主要来自教科书的改革；而从商务印书馆日后主
要的社会效益和经济效益来看，新版教科书的编写出版仍是重中之
重，是王云五无法不重视的。这项事业也关系到王伯祥出版生涯中最
重要的一部分。

在商务印书馆，王伯祥的第一项重要工作，是编写《现代初中教
科书·本国地理》。

1923 年 7 月，王伯祥所编的《现代初中教科书·本国地理》（二册）
首次出版发行，上册版权页中英文信息如下：

现代初中教科书

本国地理二册

此书有著作权　翻印必究

中华民国十二年七月初版

上册定价　大洋陆角

外埠酌加运费汇费

编辑者　王钟麒

校订者　王云五　朱经农

发行兼印刷者　上海宝山路商务印书馆

发行所　上海及各埠商务印书馆

Modern Textbook Series

GEOGRAPHY OF CHINA

For Junior Middle Schools

By

WANG CHUNG CHI

Edited by

Y. W. WONG and KING CHU M. A.

1st ed., July 1923

Price：$ 0.60 postage extra

THE COMMERCIAL PRESS. LTD., SHANGHAI

All Rights Reserved

由此可见，此时商务印书馆的出版发行已相当成熟和国际化，对知识产权也有较高的重视。

在本书扉页后的"编辑大意"中，王伯祥阐述了此书的编辑出版思路：

本书共分两册，上册述"人与地理"和本国地理概论；下册述本国地理分论。材料匀称，适合初中分科之用。

本书主文为讲演体，章节的长短，概视内容而定，并不划齐字数。有必需特别说明处，另辑附文，分附在每节之后。

概论用横断的叙述，每一事项，都作整块的说明，俾明了实地分配的情形决不是几块切断了的地域拼合拢来的。所以自然形势与政治状况并重，尤其注意于山川的脉络和交通的现状。

分论用纵断的叙述，但分割的单位却不拘人为的界限，只就自然形势的联络关系，酌量分开——如江浙平原、康卫高原等——俾由原有的概念中扩大一部，为较细的领会。所以分头叙述的时候，只以能够代表该地的精神为主，或举都市——足以牵动一地或竟影响到某一地带的，——或举名胜——足以表现某地的文化的，——或举风俗——足以代表某地的社会状况的，——或举特产——足以表示某地的特色的，——随地酌定，并不板板地把定某项为叙述的中心。

本书所用的度量衡制，关于本国的，用华度……；关于世界共同的，用公度……或英度……。

书中有引用年载的地方，概用公元，把中国的历朝纪元附在下面，俾便推算。

本书的应用，不重讲解。内容的讨论，可由用者变化伸缩，自由活用，或先提问题，促起注意；或段落结束，令为统整的练习。

到 1929 年 4 月，此教科书已印到第 58 版，可见其畅销。每次重印，王伯祥都要进行必要的修改。此次再版，更是如此，但即便如此，书末仍加了"勘误表"，并以"附注"的形式加以说明："现值训政伊始，地名每多更张。虽随手改正，而排校需时，往往不及。兹就印成后不及修改处特为勘误如上，俟重版时再行订正。"由此可见王伯祥的责任心，也可看出在当时的乱世，编辑教科书是何等的不易，需要何等的功力！

令人佩服的是，王伯祥讲中国地理，并非就地理而讲地理，那样未免会让读者感觉这些内容与自己没有多少关系，便也产生不了多大的兴趣。王伯祥讲地理，先从人与地理的关系讲起，第一编便是"人与地理"。第一编的第一章是"人的位置"，讲"在自然界的位置"和"在社会组织下的位置"；第二章讲"人与地的关系"，讲"气候与人"、"天产与人"、"山岳与人"、"川泽与人"、"海洋与人"、"人与政治"。如此层层深入，便把地理和人这个主体连在一起，起到了循循善诱的作用，使学生们慢慢便把自己和身处的环境联系在一起了。

更令人惊叹的是，在当时那个年代，王伯祥在讲了人与地理的关系后，接下来讲的竟是地球的概述与太阳系的概述，如此便无形中把学生的视野拓宽了很多。当时没有什么"大历史"、"大地理"的概念，但王伯祥实际上已有了这种理念。而且，他也擅长讲这些天体。例如他这样讲地球：

> 人们接触的环境是自然界，然比较的容易踏实一点的事物，还是这茫茫大地。所谓"茫茫"，并非漫无边际，不可思议。其实这大地乃一浮游天空的大星球罢了。他被太阳吸摄，不住地运行，正与别的星球一样。栖止在他面上的人，只就目力所及的地方来推断他，往往总认为方平如砥的无边大块。实在早经种种的证明，已决定他是一个球体了。所以我们对他的通常称呼，便叫做"地球"。①

---

① 王钟麒：《现代初中教科书·本国地理》（上册），商务印书馆 1923 年版，第 13 页。

这本地理教科书图文并茂，配图水平很高，不仅有"世界气压及其风向图"、"太阳系"、"黄河水系图"、"东海沿岸"、"长城景色"等随处可见的配文黑白图、表，而且单是在上册中便夹了一幅彩色的"中华民国全国地图"和一幅彩色的"两汉时代图"，这也使得这本教科书成为当时一流的教科书，更容易读懂、更容易普及。

另外，据相关资料记载，王伯祥还于1923年编写过《新学制初级中学用·地理教科书》，到1930年时已是第12版，可见影响之大之广。

有更大影响的则是王伯祥与顾颉刚合编的中国历史教材《现代初中教科书·本国史》（上、中、下册），这套书由商务印书馆在1923年9月、1924年2月、6月陆续出版，此后一再印刷达50次，被称为"民国时代最有影响力的历史教科书"。

对于此书的编写情况，顾颉刚的女婿张振声曾作如下说明：

1922年春，顾颉刚向北京大学请长假回到苏州家中陪侍病重的祖母。由胡适介绍他为商务印书馆编辑初中本国史教科书。后因祖母去世受大刺激，失眠症大发作，无心编书，遂交于好友王伯祥续编。同年12月初顾颉刚到商务印书馆任专任编辑员，与王伯祥合作编成了这套分上中下三册的初中本国史教科书。[1]

顾颉刚的女儿顾潮则对此书的最初编写作过较为详细的阐述：

---

[1]　龚鹏程：《中国史读本·推荐序》，载于顾颉刚、王钟麒：《中国史读本》，中国工人出版社2007年版。

由于他（顾颉刚）祖母的病渐渐沉重，他不能留在北京了，便于 1922 年 3 月请长假归家。研究所和图书馆的职务均请人代理。当时教育部颁布新学制，将中学五年改为初中及高中各三年，于是经胡适介绍，他为商务印书馆编纂初中本国史教科书，预支酬金每月五十元，以解决生计。

父亲（顾颉刚）的生性是"不能为他人作事的"，就是编教科书也要使之成为一家著述，他想了很多法子，欲打破以往只重政治社会的习惯，而要从向来沉埋于正史以外的记载与实物中寻出各种社会事实和心理，把各时代的生活及文化钩稽出来，如"才子与山人"、"残余的宗教"等等，将此书"做成一部活的历史"；另外在编辑体例上欲分为主文和附文，如殷代历史，主文是用《尚书·盘庚》中篇来讲盘庚迁殷，附文就依主文推论当时的神权政治、君与民及贵族的地位、屡次迁都之故、刑罚的严酷等等，使读者能得到真实的历史观念和研究的兴趣。

为此他聚集的材料已很可观，见到的新境界也不少，觉得此时研究中国史实犹如种植一块未曾开发的沃土，要得到一个较美满的成绩是容易的；只是匆匆编纂，不能细细领略滋味，总感到是一个缺憾。那时他曾与友人说道："我日来为编教科书，正是又悲又喜。悲的是一着手就随处觉得有极大的范围，不容易去领略一过。喜的是随时见到新境界，屡屡感受着'柳暗花明又一村'的乐趣。假使现在有容我读书的环境，照这个样子做下去，到我学问成熟时再把教科一挥而就，真是无上的快乐。现在没有进货充足，已经逼着出卖，虽是勉强开起来，终不过一家小杂货店罢了。思至此实在怅惘万分！"（致俞平伯信，1922.6）

为编写上古史，父亲久经思索，认为三皇五帝的系统当然要推翻，只有把《诗经》、《尚书》、《论语》中的上古史传说整理出来，作成一篇"最早的上古史的传说"为宜。他把这三部书里的古史观念细细比较，忽然发现了一个大疑窦——尧舜禹的地位问题！他一向以为《尧典》和《皋陶谟》不是西周而是春秋时所作，哪知与《论语》里的古史观念一比较，竟觉得还在《论语》之后。他把这三部书里有关尧舜禹的语句抄出来比较，觉得禹是西周时就有的，尧舜是到春秋末年才起来的。越是起的晚，越是排在前面。等到有了伏羲神农之后，尧舜又成了晚辈，更不必说禹了。于是他就建立了一个假设"古史是层累地造成的，发生的次序和排列的系统恰是一个反背"。

他立了这个假设而尚未作文之时，不料 7 月中旬，他的祖母去世了，使他无限悲痛。

……

1922 年 12 月初，父亲到商务印书馆编译所任专任编辑，与叶圣陶一起编初中国语教科书，又助王伯祥编初中本国史教科。他与王氏（王伯祥）同住永兴路华英公学弄堂内，两人都喜欢历史，谈论间常常说到古史，颇有商榷之乐。①

综合分析上述文字，基本可以推测，本书最初的思路，以及上古部分多半是顾颉刚在 1922 年 3 月到 7 月所想所写，尤其是不提盘古、对三皇五帝略叙其事，并加上"所谓"二字表示并不真实，这些叙述

---

① 顾潮：《我的父亲顾颉刚》，人民文学出版社 2010 年版，第 67、68、73 页。

明显地与顾颉刚日后在《古史辨》中提出的疑古学说一脉相承。这些观点也被当时的王伯祥所认同。而书中文字则基本由王伯祥所写，至于如何写法，两人会交换一些意见。1922年10月14日，顾颉刚写信给王伯祥：

> 我想：我前拟的办法，课文为故事，附文为论文，未尝不好。不过在短时间内确是难于下手，一则适当的故事不易找，二则材料没有整理就要做论文，恐不胜其错误。所以我这办法尽不妨悬在将来。兄这回着手，似可仿地理教科，不分正附，夹叙夹议的做去。兄谓如何？我意，只要比赵玉森君的好一点，就过意得去了。
>
> 兄如有需要材料，或发生问题，请即示知，我自当详细查答。我如见到有何材料，当亦奉览。
>
> "宗法"课用周公居东材料，似不切。我意之用王静安先生《殷周制度论》及《殷卜辞中所见先王先公续考》二书作根据即好。此二书如商务馆不便看，下星期日晤面时奉交，我已将有关系的标点好了。
>
> 我对于家族制度的意见，以为古代有宗而无族，自范仲淹立义庄后，有族而无宗。所以有宗，为的是做官；所以有族，为的是过活。所以宗偏于贵族方面，族普及于平民方面。
>
> "民族的迷信"，原用西门豹做课文，也不对。因为这事的范围太狭小了。我已将《汉书·郊祀志》钞出标点好，只须将此文作根据。
>
> 殷、周两民族的族性根本不同处，殷族重田猎，欢喜喝酒，

任情纵欲，与六朝时差不多。周族重耕稼，因为稼穑之艰难，使得看重社会的组织，故有礼教。

汉代的选举，与造成家庭道德大有关系。他们标榜了孝弟，使得不孝不弟的人不能在社会上存身，于是有虚矫的孝弟，有盲目的孝弟。结果，如第五伦的兄子生了病，他一夜起来十次，但每次回房即便酣睡，自己儿子生了病，他不起来看，却是睡不着；如王祥受了继母的虐待，犹是不顾性命的去孝她。到唐朝以后用了科举，于是乡里的评论占不到力量，而孝弟的故事渐渐的稀少，到今几乎绝迹了。

以上所说的意见，兄谓如何？我在材料册上札记的话也请审定。材料册上，我或随笔直书，或写了没有看，恐怕错的很多。希望不要给人看。……

经农先生对于我的请愿意见如何？我总愿你在馆里做，否则你的身体也并不很好，为了我把你带累了，决不是我心之所安。①

这可能是顾颉刚与王伯祥关于《现代初中教科书·本国史》很多讨论中，唯一一份存留下来的第一手资料。

而对于这项工作，还可从王伯祥的日记中了解一些情况。因1922、1923 年的日记已经丢失，我们只能从1924 年的日记中看到诸多细节。翻开《王伯祥日记》第一册正文第二页，我们便可以看到，他在1924 年1 月2 日"将《本国史》第四编稿交经农，俾寄适之校阅"。

---

① 顾颉刚：《顾颉刚书信集》（第一册），中华书局 2011 年版，第 122、123 页。

"经农"，即朱经农，史地部主任。"适之"，即胡适，虽不在商务印书馆工作，但担任了《本国史》的审稿与校订。

2月12日写着："依时入馆编史。第三批稿，今天适之亦已送还。全稿已定，分三册出。今第四编将独立一册，已发排了。第五第六编则并印为下册。因此，手内可以略松些，倒也好的。"①

2月13日："依时入馆编史。把第六编第二稿编完。"②

2月16日："依时入馆编史。颇望校稿而排印房不送来，催之久，始将样子——未经校对房校过之毛坯——送核。我不愿经手多而时间慢，只索叫他们排好了径送。下星期起，或者有得校订乎？"③

2月18日："依时入馆编史。校毛样之十五页。"④

2月21日："依时入馆校印稿八十页。全书的中册已排完，下星期当可出版。虽不见怎样有趣，究竟拙劳的蛛网上多了一条丝，总该快活的。所以颇望早些出版。"⑤

2月22日："依时入馆编史，中册的清样已签好，目录亦编讫交出，应插地图，也开单交由出版部注意了。"⑥

3月3日，白天天气晴朗，夜晚有雨，温度适宜，王伯祥心情愉悦，在日记中写道："依时入馆编史，全部告成。明日将交稿给经农，俾转适之。一部全书毕工矣。工挫得失固弗论，要之已为馆中成书六册也。"他也不作什么调整和休息，第二天便开始新的工作，该天日

---

① 王伯祥：《王伯祥日记》（第一册），国家图书馆出版社2011年版，第55页。
② 王伯祥：《王伯祥日记》（第一册），国家图书馆出版社2011年版，第56页。
③ 王伯祥：《王伯祥日记》（第一册），国家图书馆出版社2011年版，第59页。
④ 王伯祥：《王伯祥日记》（第一册），国家图书馆出版社2011年版，第61页。
⑤ 王伯祥：《王伯祥日记》（第一册），国家图书馆出版社2011年版，第64页。
⑥ 王伯祥：《王伯祥日记》（第一册），国家图书馆出版社2011年版，第65页。

记中又记："依时入馆工作。将《本国史》第六编交经农，全部已完。"①

由此可见，王伯祥为此书花费了多少功夫和心血！

全书完成后，要写"编辑大意"时，顾颉刚已离开商务印书馆，故也由王伯祥书写如下：

一、本书共分六编：第一编总说，第二编上古史，第三编中古史，第四编近古史，第五编近世史，第六编现代史。适合初级中学分科教学之用。

二、历史应当注意事实的因果，不能拘于朝家的更迭。所以本书的编次虽分史期，而叙述的单位却自为起讫，不依从前那样的断代。

三、时代精神是历史的主眼，如民族的分合，政治的设施，社会的风尚，学术的嬗递，凡足以表现当时的特征而影响及于后世的，本书便取材于此，都为简单的系统的介绍。——有详述或指证的必要时，并另辑附文来说明它。所以并不把定什么中心，胶执着教学的对象。

四、本书用公元纪年，并分附当时当地的年号——如三国时吴事用吴年号，南北朝时北齐事用北齐年号等——俾时间的距离较易捉摸，而历来的正统观念可以借此打破。——不附帝王的世系表，正因此故。

五、教学历史最要的条件，在唤起一般的想象。所以本书于政治活动牵涉到的人名，大多系以当时的职位，称谓便也随时改

---

① 王伯祥：《王伯祥日记》（第一册），国家图书馆出版社 2011 年版，第 75 页。

变——如刘邦的递变为沛公、汉王、汉高帝等，——一以见当时的政治组织是怎样；一以见那人在当时的政治社会究占怎样一个地位。所有当时称引到的地名，则就不甚习见的，附注今称，以资比照。如有必需大体说明的地方，并插入历史地图，略见沿革的一斑。①

1926 年，商务印书馆出版的《现代初中教科书·本国史参考书》，其封面所署的编纂者也是王钟麒。

在叙例中，王伯祥首先声明："本书的编辑旨趣悉本原纂教科书的精神，专注意在历史事实的因果转变，而不复执着朝家的更迭为断代。所以内容虽较原教科书扩大至四五倍，而线索分明，仍本一贯。"

由于"专注意在历史事实的因果转变"，王伯祥的《本国史参考书》充满了问题意识，并以此探究各种各样的史实是如何产生的，其起因何在，又对后来的史实造成什么影响。如此一来，它就不是简单地陈述了，而具有了探索的精神和探索的乐趣，并兼顾了历史与地理等多个方面。

例如他讲春秋战国时期的诸侯兼并时这样陈述："诸侯的兼并，实在是顺着这部落式的自然发展而逐渐形成的。我们只须看春秋时的强国如齐、秦、楚、吴、越都起自偏方，便可证明强者的出头都从近旁入手，然后各挟他们的新势力以向中央争霸的局面乃得成立。今就当时诸强国势力消长的形势作一个概括的叙述，以见他们所以强盛的理由。原来他们的克自振拔，全出地势的帮助：晋在北，楚在南，齐

---

① 顾颉刚、王伯祥：《中国史读本》，中国工人出版社 2007 年版，第 1、2 页。

在东，秦在西，吴与越在东南，都僻处一隅，与中央相遥隔。那时中原诸侯方从事于会盟朝聘的把戏，不敢骤逞野心；晋楚诸国都因有了这样的'缓冲'势力替他们遮护着，便得肆力于近旁，无所顾忌。吞并的地方渐多，豪强的声威渐大，于是分向中原争霸，而自家早没有后顾之忧了。"① 这样的陈述显然是以往的教科书没有的，是新颖的，又是独到而令人信服的。

在叙例中，王伯祥还介绍了本书的另一个特点，即："参考文的撰集，什八九采自据为典则的书本，（有删节处，仍用……号表明），且都注明出处，俾便教学时比照求详，引起查书的兴味。间或自下己意以解纠纷，也必融会前后才得着笔，不轻加搭截，致有支离灭裂之憾。"然后，他从便于读者检索阅读的角度，介绍本书排印的特点："凡重要所在，特为撰辑参考文的，都于教科本文的字句右旁附加◎号以资识别。并将参考文分别标题，列印目录。俾条分件系，易于检索。""全书用三种字模排印，教科本文用小四号字，原注附文用六号字，参考文用五号字。所有的原注和参考文都提附在本文每段的后面。如此，则联络呼应，较为便捷；而正文与附文也可一目了然，不致互相牵混。"

叙例的最后部分介绍了编写此书的目的："一般参考书的本旨，实含有两大愿望：一是供给教员的预备，一是指导学生的自修。所以本书的撰集，便多方注意到这两面。为预备计，必需节省时间，便把国史上应有的要点罗列在一起；使教员得此，可以不劳他求而于教科本的内容已得尽情地发挥。为自修计，必需开示门径，则征引书本以

---

① 王伯祥编纂：《现代初中教科书·本国史参考书》（上册），商务印书馆1926年版，第95页。

示别裁；使学生得此，也得触类引伸，而为精进的阶梯。"

翻阅此书，会发现，与正文相辅相成的知识要点的罗列，以及对要点的阐述，也是本书的一大特色。这些要点如星星一般不时出现在书页上，随时都可能给读者以阅读的欣喜与愉悦。

比如有一要点为"地理历史的连锁"，其名称颇新颖。再看书中对这一要点的阐述，也颇启人心智：

　　杜威说："历史是把人类经验显明出来，地理是把自然界种种关系显明出来；二者虽然不同，实际不过是人类生活全体的两方面，因为人在自然界的互动，自然界的事物并不是偶然的，乃是发展人类的一种媒介物。"可知历史与地理的关系是何等的密切了。原来历史的事实多受地理的支配，而地理的影响之大也需由历史来证明，它们自然成了连锁之势，正如车之有两轮，鸟之有两翼呢。但在历史方面，需要地理学的帮助尤为急切，如果历史离了地理，空间观念就不确定。事实的真相就不易明白。譬如同是一样的国家，为什么埃及、美速不达米亚、印度、中国的文明要比旁的兴盛呢？同是在一块的希腊、雅典、斯巴达怎么会有尚文尚武重商重农的各各不同呢？秘鲁和墨西哥陆地相接，为什么在上古不相交通呢？波斯和希腊明隔一道海水，为什么能够互相交换文明呢？这等问题，试问离了地理学如何解答！我们要知道，组成历史有三要素，便是人物、时间和空间（地理）；要是缺少某一原素，就不成其为历史了。①

---

① 王伯祥编纂：《现代初中教科书·本国史参考书》（上册），商务印书馆 1926 年版，第 5、6 页。

再便是，此书的注释部分也是极准确而详略得当的。

总之，王伯祥以新的理念作统领，从内容到形式，从文字到版式，每一个细节都予斟酌考虑，力求为全国初中教师的教学与学生的自修提供最好的读本。

除编写中国地理、中国历史教材外，王伯祥还编写了世界历史、世界地理教材。

1924 年 4 月 8 日日记："依时入馆工作。经农来催稿，我已许他六月十五日交地理下册稿。他又要我接编纬平所编的世界史下册，我也许他七月底交稿，声明在馆外编，另行计酬。于是我又须忙于搜集材料了。""我今后须预备两种工作，一搜讨西洋史及近东史，二搜寻说文之转注议。所苦者书不够用，殊恳！"①

1925 年 1 月 5 日日记开头便写："依时入馆工作。起编苏联章，明日便可交出上册全稿矣，思之甚快。"愉快之余，马上思考："但究竟价值如何，则须待社会之评定也。惟先有一设想，虽不正当而言之十中其九者，即一般人之眼光亦未必怎么清明耳。"

王伯祥是一位非常勤奋的编辑，除了白天在馆中工作外，夜间还常常在家里加班，1 月 5 日的日记可见一斑："夜编《世界史》，毕'法国革命的屡起'一章。以后拟日毕一章，乃可如期交卷，否则将愆约矣。"不过，当时的王伯祥仍然受到外界的干扰，同一天的日记中还记有这样的话："我想，如无别事牵扯，或不难按日成功。如时局摇摇，后现秋中奔避生活，则难言之矣。漱儿中夜忽惊醒，眼不能睁，大声哭。我与珏人颇惶急，但一时无策，听之而已。及平明，乃入

---

① 王伯祥:《王伯祥日记》（第一册），国家图书馆出版社 2011 年版，第 111 页。

睡，而我已欠睡不舒矣。"① 王伯祥生活在一个动荡的年代，子女又众多，但他仍编写出很多的教科书，这既和他的学识、勤奋有关，也与他贤惠的夫人秦珏人很有关系。

秦珏人既贤惠又勤俭，总是将家里安排得妥妥当当，将照顾儿女的事情都包揽下来，而且在生活和精神上体贴照顾丈夫，全力支持丈夫的工作。他们的女儿王澄华后来回忆："我父亲是一位读书人，一生好书，经常要买书，一买书总得要花钱。有时听她嘀咕几句，但最后还是被父亲说服了。有时需要买一部大部头的书，钱不够，我母亲卖了陪嫁时的首饰支持我父亲。我父亲爱好喝酒，母亲总是要做一两样比较可口的下酒菜。对父亲的衣着等必需品总是照顾周全，体贴入微。父亲事业上的成就，和我母亲的全力支持、精心照料是有密切关系的。母亲真是一位了不起的贤妻良母。"②

编写《世界史》时，《世界地理》教材的编写工作也在进行。有段时间，王伯祥白天入馆编写《世界地理》，晚上回家则续编《世界史》。1925 年 1 月 6 日的日记记载："依时入馆工作，将《地理》的上册稿写完，即交经农看过，便着手配图预备发排。……夜编《世界史》'拿破仑第三与克里米战争'章。"③ 次日日记写："依时入馆工作。配插图及接洽制彩色地图事。……晚续编《世界史》，毕'美国南北战争'章。"④ 1 月 9 日的日记写："依时入馆工作，将《世界地理》上册插图配齐，即当发排，以经农不在，未得签发。"⑤ 这里所提到的配插图及

① 王伯祥：《王伯祥日记》（第二册），国家图书馆出版社 2011 年版，第 17 页。
② 王澄华：《我的母亲》，载《追思集》，王伯祥家人 2000 年自印，第 282 页。
③ 王伯祥：《王伯祥日记》（第二册），国家图书馆出版社 2011 年版，第 18 页。
④ 王伯祥：《王伯祥日记》（第二册），国家图书馆出版社 2011 年版，第 19 页。
⑤ 王伯祥：《王伯祥日记》（第二册），国家图书馆出版社 2011 年版，第 21 页。

接洽制作彩色地图等事，都是在为《现代初中教科书·世界地理》的出版做工作。

王伯祥编写的《现代初中教科书·世界地理》（二册）于 1925 年首次出版。该书在具备知识性、准确性的基础上，还注重趣味性和可读性。为此，王伯祥特以旅行的方式带动学生学习，并特地在"编辑大意"的第二条介绍："本书叙述的次序，略按旅程为先后；于各地的都会情形，更借旅行为线索。联络引伸，于一定的区域中仍极活动。"

全书内容分六个部分，上册两编，下册四编。

第一编亚细亚，共八章，分别是自然形势的大概、东亚、日本和朝鲜、苏联领土的一部、伊兰诸邦、土耳其和西亚诸邦、印度和不丹尼泊尔、印度支那与南洋；

第二编是欧罗巴，共九章，分别为自然形势的大概、英吉利和法兰西、比利时荷兰和卢森堡、西班牙和葡萄牙、意大利与巴尔干诸邦、奥匈捷克和波兰、瑞士和德意志、丹麦瑞典挪威和芬兰、苏维埃联邦和其他；

第三编阿非利加，共八章，分别为自然形势的大概、埃及与英埃苏丹、巴巴利地方、西部非洲、中央非洲、南部非洲、东部非洲、非洲的岛屿；

第四编亚美利加，共十章，分别为自然形势的大概、美利坚合众国、加拿大与格陵兰、古巴海地与西印度、墨西哥和中美诸邦、巴西阿根廷和智利、巴拉圭和乌拉乖、秘鲁和玻利非亚、可伦比亚和厄瓜多尔、委内瑞拉与圭亚那；

第五编大洋洲，共五章，分别为自然形势的大概、澳斯大剌拉西亚、美拉尼西亚、密克罗内西亚、玻里内西亚；

最后部分为附编地球的两极，分别为：第一章两极的今昔观，第二章北极地方，第三章南极地方。

出此可见，王伯祥所编的世界地理，虽一些名称与现在并不相同，但其视野确实已涵盖全球，且有自己生动鲜活的叙述特色，颇能吸引读者。例如他如此介绍南极：

> 南极地方，大部为冰雪所掩，形成台地。南维多利亚兰与戈赖罕兰之间，有罗斯海（Ross Sea）弯入，恰成一蹄铁形的海湾。陆上的冰河便自湾流出，结成冰堤。此外又有浮游海面的冰岛极多，随流飘荡，大为航行之患。
>
> 那边气温极低，常有暴风四起，挟雪飞掷，势甚猛烈，非但不宜于人类的生存，便是托根地上的植物也很是少见呢。惟近海每多海豹和鸟群等栖止，探险的人遇到绝粮的当儿，往往得以猎取充饥罢了。①

这本书同样配了大量的黑白照片，例如讲"大洋洲的自然形势"时，配了"袋鼠和鸭嘴兽"照片；讲"北美洲"时，配了"鸟瞰下的北美地势"、"阶梯式的五大湖"以及"尼阿加拉大瀑布"照片；讲"北极地方"的时候，配了一张帆船在冰海中航行的照片，还配了一张"北冰洋四周"的地图以及"北极的白熊和冰山"的照片；而讲"南极地区"的时候，配了"南极陆的衣而伯斯火山"照片、"南极大陆"地图，还配了一张"极地的探险情形"照片。可以说，在那个年代，能

---

① 王钟麒：《现代初中教科书·世界地理》（下册），商务印书馆1925年版，第175、176页。

如此尽心尽力地为读者配这些地图与图片，称得上是领时代风气的。不仅如此，两本书中还有"亚细亚洲"、"欧罗巴洲"、"阿非利加洲"、"北亚美利加洲"、"南亚美利加洲"、"大洋洲"6张折页的16开彩图，这便更增加了整本教科书的可读性和价值。一想到这是民国初期所编的地理教材，便觉得真是了不起。

据笔者手头的《现代初中教科书·世界地理》看，此书是在1925年2月初版，到1929年10月，已是第17版，可见其畅销。再对比当时王伯祥的日记，可以看到王伯祥1月初还在进行编辑工作，而2月份此书已公开发行，可见其效率之高。

《世界史》的编写工作在1925年1月16日发生变化。由于王云五催稿，王伯祥开始克服种种困难，日夜编写这一教材，以期尽快交稿。对此，王伯祥日记中屡有记载。

1月16日记："依时入馆工作。岫庐来催《世界史》，嘱每日暂停《地理》，且带入馆中赶完之。"①

1月17日："日夜编史，颇感兴趣，乃因意外事忽来愤恚，竟搁笔，顷与仲弟说妥，将此恚恨去而后安耳。否则将一事不办，将何所缴卷完此工作耶！"②

1月18日星期天："竟日未出，不休假赶编《世界史》，自晨至晚十一时，得一节有半，凡二千言。意绪甚劣，不耐思索，殊延缓且甚不自惬也。明日已许岫庐先发排若干，将以六十页应此问耳。"③

1月19日："依时入馆工作，夜间又继续编史，直至中宵二时才

① 王伯祥：《王伯祥日记》（第二册），国家图书馆出版社2011年版，第28页。
② 王伯祥：《王伯祥日记》（第二册），国家图书馆出版社2011年版，第29页。
③ 王伯祥：《王伯祥日记》（第二册），国家图书馆出版社2011年版，第30页。

睡，凡得书二节半，计三千言。"①

1月20日："依时入馆工作。将近世世界史七十二页粘图发排。……夜续作《世界史》，至十二时半方寝。"②

1月21日："依时入馆工作。是日国文史地部迁出，重拦室隔于校对部原址，作为新办公地。四人一组，我乃与雁冰、晓先、圣陶在一起。惟搬动与安顿，均费多时，竟未能写一字，仅校稿二十八页而已。"③

1月23日，商务印书馆休假，王伯祥"竟日未出，赶编《世界史》"。

这段时间，就中国大局而言，正是第二次直奉大战期间；就南方而言，上海、江苏也是战云密布，山雨欲来风满楼。这紧迫的形势令王伯祥深为忧虑，编史间隙也不能不关注外界动态。1月22日日记中，王伯祥提到："报载常、锡间仍无战争，大约今明必有剧斗。惟下午在馆忽传火车站兵变，颇惊讶。"④1月23日日记中又提到："报载孙传芳忽撤军，不识何故？"1月24日则写道："早起阅《时事新报》，知常、锡之间仍不免一战，各地逃来沪上者络绎不绝。我的真正故乡民社镇竟沦入炮火中，痛甚！"

军阀混战，民不聊生，这样的外部环境直接影响着他与亲人的生活。他的母亲当时和他弟弟住在一起，但在形势的逼迫下，不得不搬往租界居住。王伯祥因此在1月22日的日记中记载："仲弟于下午三

---

① 王伯祥：《王伯祥日记》（第二册），国家图书馆出版社2011年版，第31页。
② 王伯祥：《王伯祥日记》（第二册），国家图书馆出版社2011年版，第32页。
③ 王伯祥：《王伯祥日记》（第二册），国家图书馆出版社2011年版，第33页。
④ 王伯祥：《王伯祥日记》（第二册），国家图书馆出版社2011年版，第34页。

时许搬去，并奉母同往。世乱靡已，能暂避租界以安老人亦大佳也。盖事实如斯，不得不挫志降心，托庇外人宇下耳。思之愤发，弥不叹息。"1月23日的日记又写："夜，仲弟来，称新居甚窄陋，老母颇感不舒。我闻之，殊念，嘱他及早送归。"①

好在，王伯祥终于克服了诸多困难，最终于1925年1月25日写完了《世界史》。该天日记中记载："是日未出，将《世界史》赶完。虽诸多未惬，而心事已了，甚快！"②

1925年1月28日，农历正月初五，王伯祥第一天上班处理的就是《世界史》的发排工作。该天日记中写："旧历开岁，今日第一天入馆工作。将《世界史》全稿发出，如释重负矣。"③

到1925年2月21日，《世界史》一书终于正式出版，王伯祥又在日记中写道："依时入馆工作。《世界史》已出版。"④

三、商务时期的朋友圈

进入商务印书馆以后，叶圣陶、顾颉刚仍是王伯祥最重要的朋友。他们三人中，到商务印书馆工作的先后顺序为叶圣陶、王伯祥、顾颉刚。叶圣陶主要在国文部工作，后来曾转到《妇女杂志》、《小说月报》；王伯祥则一直在史地部工作；顾颉刚既在史地部工作过，也在

---

① 王伯祥：《王伯祥日记》（第二册），国家图书馆出版社2011年版，第35页。
② 王伯祥：《王伯祥日记》（第二册），国家图书馆出版社2011年版，第37页。
③ 王伯祥：《王伯祥日记》（第二册），国家图书馆出版社2011年版，第40页。
④ 王伯祥：《王伯祥日记》（第二册），国家图书馆出版社2011年版，第64页。本书引用《王伯祥日记》文字处非常多。此后涉及其引用内容处，不再一一注明。

国文部工作过，他去得最晚，工作的时间最短。

对于商务时期朋友间的交往，《王伯祥日记》从 1924 年 1 月 1 日就开始记了："三时与圣陶至阿普鲁看《逃犯》电影。本日游人甚多，挤极。坐第一排头上，抬眼伸头，殊吃力。五时散出，由北四川路至河南路商务发行所，以闭门故，即乘电车回北站。""振铎夫人高君箴女士今夜发柬邀珏人往宴。预宴者为圣陶夫人、平伯夫人、雁冰夫人。"①

从以上日记可以看出，这一天王伯祥和叶圣陶在一起，而郑振铎夫人高君箴晚上发请柬，邀请王伯祥夫人、叶圣陶夫人、俞平伯夫人、沈雁冰夫人一起赴宴。可见，这一时期，王伯祥已有了新的好朋友郑振铎、俞平伯、沈雁冰等人，他们往来密切，他们的夫人们也是如此。这次做东的郑振铎夫人高君箴，是高梦旦的女儿，毕业于上海神州女学。曾担任商务印书馆编辑的谢六逸 1922 年底到上海神州女学当教务长，王伯祥、叶圣陶、郑振铎、胡愈之、沈雁冰等好友纷纷前往义务教学，以支持谢六逸。这些好友中，除王伯祥、叶圣陶之外，大多是未婚的青年俊秀，而且与神州女学的学生年龄相仿，于是便有一些师生喜结良缘，成为佳话。除郑振铎、高君箴夫妇外，沈雁冰的夫人孔德沚、胡愈之的夫人沈兹九都曾是神州女学的学生。

1924 年 1 月 2 日，王伯祥日记又有记载："散馆后，平伯来谈。他说今晚须送亲戚回杭州，不能赴文学编辑会聚餐矣。他去后，我与圣陶便到振铎所赴会。"

这个时期，王伯祥的朋友圈主要以商务印书馆的编辑以及文学

---

① 王伯祥：《王伯祥日记》(第一册)，国家图书馆出版社 2011 年版，第 13 页。

研究会的朋友们为主。他们轮流做东，隔一两天便聚餐一次，共饮绍兴黄酒，地点常在四马路中段的言茂源、高长兴，有时也去晋隆、王宝和等饭店，成员有王伯祥、叶圣陶、顾颉刚、郑振铎、俞平伯、周予同、沈雁冰、胡愈之、徐调孚、谢六逸、李石岑、傅东华等，有时人数更多，还包括章锡琛、夏丏尊、郁达夫、朱自清、瞿秋白、丰子恺、范洗人、丁晓先、郭绍虞、陈乃乾、耿济之、谢刚主等。比如1924 年 1 月 5 日的王伯祥日记便写着："夜，文学会聚餐，到者十九人，饮甚畅，乐极！"①

　　这个朋友圈中，王伯祥是值得信赖的"伯翁"，令人信服的军师与顾问。正如郑振铎所描述："伯祥，圆脸而老成的军师，永远是我们的顾问，他那谈话与手势曾迷惑了我们全体与无数的学生，只有我是常向他取笑的，往往的'伯翁这样'、'伯翁那样'的说着，笑着，他总是淡然的说道：'伯翁就是那样好了。'"②叶圣陶则是意志坚强、很受大家敬重的人，郑振铎如此描述："圣陶，别一个美秀的男性；那长到耳边的胡子如不剃去，却活是一个林长民——当然较他漂亮——剃了，却回复了他的少年，湖色的夹绸衫：漂亮——青缎马褂，毕恭毕敬的举止，唯唯讷讷若无成见的谦抑态度，每个人见了都要疑心他是一个'老学究'。谁也料不到他是意志极坚强的人。这使他老年了不少，这使他受了许多人的敬重。"③

　　郑振铎，1898 年生于浙江温州，比王伯祥小 8 岁，但进入商务印书馆比王伯祥早一年。1919 年，郑振铎曾作为北京铁路管理学校

---

　　①　王伯祥：《王伯祥日记》（第一册），国家图书馆出版社 2011 年版，第 17 页。

　　②　郑振铎著，陈福康整理：《郑振铎日记》，商务印书馆 2017 年版，第 22、23 页。

　　③　郑振铎著，陈福康整理：《郑振铎日记》，商务印书馆 2017 年版，第 22、23 页。

的学生领袖之一，充满激情地投入到五四爱国运动当中。他还和瞿秋白、耿济之、瞿世英等人创办宣传人道主义思想的《新社会》、《人道》等刊物，开始了编辑出版生涯。他更是文学研究会最重要的发起人，叶圣陶写道："文学研究会的成立，可以说主要是振铎兄的功绩。我参加文学研究会，为发起人之一，完全是受他的鼓动；好几位其他成员也跟我相同。"①

1922 年到商务印书馆之后，郑振铎创办了中国第一个儿童文学刊物《儿童世界》，不仅担任该刊主编，而且每期都有他自己的童话与诗歌，被后人誉为中国儿童文学的先驱。1923 年，郑振铎接替沈雁冰主编《小说月报》，继续批判"鸳鸯蝴蝶派"文学，刊登新文学作品，而且非常融通地将革新与保守、"整理国故"与"放眼看世界"相调和，使《小说月报》进入持续稳定的发展期。郑振铎有着强烈的新思想，但对古书也是情有独钟，与王伯祥尤其投缘，喜欢称王伯祥为"伯翁"，并经常一起购书。对此，《王伯祥日记》中多有记载。例如 1924 年 2 月 18 日日记："傍晚与振铎到来青阁，晤乃乾，购得石印本直行《学海经解》八函及石印横行《佩文韵府》二函，计价十二元，暂欠。"郑振铎对社会问题的观察十分尖锐，而且有极强的社会活动能力。他与王伯祥互相影响，共同进步，有过很多美好的闲适时光。

郑振铎曾兴致盎然地回忆他与王伯祥、叶圣陶、胡愈之、周予同一起喝酒的情形：

除了喝酒，别的似乎不能打动圣陶和伯祥破例到"上海"去

---

① 叶圣陶：《〈郑振铎文集〉序》，载上海鲁迅纪念馆编：《郑振铎纪念集》，上海社会科学院出版社 2008 年版，第 343—344 页。

一次。

"今天喝酒去么？"

他们迟疑着。

"伯翁，去吧。去吧。"我半恳求的说。

"好的，先回家去告诉一声，"伯祥微笑的说，"大约你夫人又出去打牌了，所以你又来拉我们了。"我没有话好说，只是笑着。

"那么，走好了，愈之去不去？去问一声看。"圣陶说。

愈之虽不喝酒——他真是滴酒不入口的，他自己说，有一次在吃某亲春的喜酒时，因为被人强灌了两杯酒，竟至昏倒地上，不省人事了半天。我们怕他昏倒，所以不敢勉强他喝酒——然而我们却很高兴邀他去，他也很高兴同去。有时，予同也加入。于是我们便成了很热闹的一群了。

那酒店——不是言茂源便是高长兴——总是在四马路的中段，那一段路也便是旧书铺的集中地。未入酒店之前，我总要在这些书铺里张张望望好一会；这是圣陶所最不高兴而伯祥、愈之所淡然的；我不愿意以一人而牵累了大家的行动，只得怅然的匆匆的出了铺门，有时竟至于望门不入。

我们要了几壶"本色"或"京庄"，大约是"本色"为多。每人面前一壶。这酒店是以卖酒为主的，下酒的菜并不多。我们一边吃，一边要菜。即平常不大肯入口的蚕豆、毛豆在这时也觉得很有味。那琥珀色的"京庄"，那象牙色的"本色"，倾注在白磁的茶杯中，如一道金水；那微涩而适口的味儿，每使人沉醉而不自觉。圣陶伯祥是保守着他们日常领酒的习惯，一小口一小口，从容的喝着。但偶然也肯被迫的一口喝下了一大杯。我起初总喜欢豪饮，后来见了他们的一小口一小口的可以喝多量而不醉，使也渐渐的跟从了他们。每人大约不过二三壶，便陶然有些酒意了。我们的闲谈源源不绝；那真是闲谈，一点也没有目的，一点也无顾忌。尽有说了好几次的话了，还不以为陈旧而无妨再说一次。我却总以愈之为目的而打趣他；他无法可以抵抗；"随他去说好了，就是这样也不要紧。"他往往的这样说。呵，我真思念他。假定他也同行，我们的这次旅游，便没有这样枯寂了！我说话往往得罪人，在生人堆里总强制着不敢多开口，只有在我们的群里是无话不谈，是尽心尽意而倾谈着，说错了不要紧，谁也不会见怪的，谁也不会肆以讥弹的。①

这个圈里的朋友，往往既是商务印书馆的编辑，也同是文学研究会的会员。郑振铎、沈雁冰、胡愈之、谢六逸、徐调孚、周予同等人都是这种情况。

沈雁冰（1896—1981），即作家茅盾，被郑振铎描述为"镇静而多计谋"。他也是文学研究会的创办人之一，而且早在中共一大召开前的 1920 年即加入了共产主义小组。他后来以文学创作特别是小说创作闻名于世，但在商务印书馆担任《小说月报》主编以及国文部编辑的时候，还没有开始创作小说，而以文学评论、文学研究和翻译为主。王伯祥 1925 年 2 月 19 日的日记称："夜饮，看沈雁冰《中国神话研究》。此文登《小说月报》十六卷第一号，今日始送到，因得翻

---

① 郑振铎：《回过头去——献给上海的诸友》，载《郑振铎日记》，商务印书馆 2017 年版，第 24、25 页。

看。"同年 2 月 27 日的日记称："夜与振铎、雁冰、圣陶、石岑、予同公饯达夫伉俪于振铎所。以达夫将之粤佐教生物学于广州大学也。席后纵谈良久，此乐久不作，谈来别有兴会，殊快。"这里的石岑，为李石岑；达夫，即郁达夫，均是他们共同的朋友。

李石岑（1892—1934），湖南醴陵人，中国现代出版家、哲学家。曾留学日本东京高等学校，反对袁世凯复辟称帝，创办学术研究会并编发《民铎》杂志。1919 年回国后担任商务印书馆编辑，并继续主办《民铎》杂志。郑振铎曾将商务印书馆时期的李石岑与王伯祥对比着介绍，称："他的谈话，是伯翁的对手。他曾将他的恋爱故事，由上海直说到镇江，由夜间十一时直说到第二天天色微明；这是一个不能忘记的一夜，圣陶、伯翁他们感到深切的趣味。"[1]

胡愈之（1896—1986），浙江上虞人，出生于书香门第，上过私塾，但很早就受到民主思想的影响，既学国文，又懂英文。18 岁时因家境不佳，由父亲的一位朋友介绍到商务印书馆当练习生，此后刻苦自学，除工作之外，大部分业余时间都在商务印书馆的图书馆里度过，阅读了许多外国报刊，写作水平也逐步提高，开始为商务印书馆主办的《东方杂志》撰写国际问题的文章。1917 年到 1926 年，胡愈之是《东方杂志》的主要编辑。作为文学研究会的会员，胡愈之曾协助郑振铎编辑《文学旬刊》，并发表过《文艺界的联合战线》一文。1923 年，胡愈之的兴趣开始转向新闻工作和国际问题研究，并且是世界语运动的积极推动者。在朋友圈中，郑振铎最喜欢和他打趣，而他则呈现出"无抵抗的态度"。

---

[1]　郑振铎：《回过头去——献给上海的诸友》，载《郑振铎日记》，商务印书馆 2017 年版，第 23 页。

　　"六逸，一个胖子，不大说话的，乃是我最早的邻居之一；看他肌肉那么盛满，却是常常的伤风。自从他结婚以后，却不大和我们在一处了。找他出来一次，是好不容易呀。"这是郑振铎笔下的又一位朋友。谢六逸（1898—1945），祖籍江西，生于贵阳，曾以官费生的身份赴日本早稻田大学读书，1922年4月进入商务印书馆编译所，在"实用字典部"参加修订《综合英汉大辞典》，与王伯祥、郑振铎等人一起编辑过《文学》。王伯祥后来在《自传》中回忆那段经历："业务聚谈，多在郑（振铎）家，差不多每期总有聚餐畅谈的机会。在我们欢谈中间，也往往偶然兴发，举办了些小刊物，如仅出一期的《星海》和出过多期的《文学周报》、《鉴赏》，大都在这些谈话时间决定的。"[①]1922年12月，谢六逸离开商务印书馆，到神州女学担任教务长，但他与这些朋友们的交往反而更密切了，无意中还成全了郑振铎等人的婚姻。1923年，他每周用两三个晚上教王伯祥、叶圣陶、张梓生、徐调孚等一二十人学日语，很是认真。对此，《王伯祥日记》中屡屡提及。徐调孚则称："但结果，都没有学成功，后来也停止散学了。谢先生很负责，见到我们半途而废，似乎歉然的样子。"[②]因为这些朋友，谢六逸仍与商务印书馆有着千丝万缕的联系，继续在《小说月报》、《文学》等刊物发表文章；其《西洋小说发达史》、《文坛忆旧》、《近代文学与社会改造》也由商务印书馆出版。他还和王伯祥一样，写过学术文化类普及读物，是世界书局"ABC丛书"[③]的作者

---

① 陈江、陈达文：《谢六逸年谱》，商务印书馆2009年版，第25、26页。
② 陈江、陈达文：《谢六逸年谱》，商务印书馆2009年版，第26页。
③ "ABC丛书"，徐蔚南主编的一套普及性学术文化丛书，从1928年到1933年，共发行154种164册，王伯祥的很多熟人如夏丏尊、茅盾、丰子恺等都是丛书的作者。

之一。

徐调孚（1901—1981），浙江平湖人，浙江省立第二中学毕业，1921 年考入商务印书馆，在英文函授学校部工作，担任过《文学周报》编辑，后转入《小说月报》社，是主编郑振铎的得力助手，与当时的进步作家有着广泛联系。他还喜欢儿童文学，是中国最早翻译《木偶奇遇记》的作者。与王伯祥一样，他也热爱编辑事业，喜好阅读和整理古籍，后来曾撰写出版《现存元人杂剧书录》。郑振铎描述当时的徐调孚："他的矮身材，一见了便使人不会忘记。他向不放纵，酒也不喝，一放工便回家；他总是有条有理的工作着，也不诉苦也不夸扬。"

周予同（1898—1981），被郑振铎称为这个圈子中的"翩翩少年"。他是浙江瑞安人，少年时代就读于晚清经学大师孙诒让创办的蒙学堂，18 岁时以第一名的成绩考取了北京高等师范学校（北师大前身）国文部，新文化运动期间深受"科学"与"民主"的影响。五四运动时，作为高师的代表之一，周予同参加了影响重大的火烧赵家楼事件。毕业后他便到达上海，不久成为王伯祥在商务印书馆的同事。

对于这个朋友圈的事情，周予同后来回忆："馆中熟友很多，我们一班年纪相近的，在工作余暇，每每奋臂论世，抵掌谈学。我们都赁居馆外，在闸北永兴路一条小胡同里，他（郑振铎）和我还有谢六逸先生住在一幢房子的楼上，叶圣陶先生、顾颉刚先生和王伯祥先生另住在后面一幢。中、下午散工，我们六人每每从宝山路慢步回家。在回家的路途上，世事的评斥，学术的争论，时常可以搞得面红耳赤，好像永不知疲劳和休息似的。那时，争辩最厉害的对手，似乎是颉刚和伯祥先生；但在史料学方面，两人的见地却又一致的较多。这情景颇像暴雨之后继以微风，另有一种诗感或画意。那时，振铎兄醉心文学，但对史学的论争也喜用特殊的见解插进一段，或故意用'激将'的手腕引起顾、王的争辩。"①

看来，王伯祥与顾颉刚对史学的见解大致相似，但两人都喜欢进行学术争辩，争辩激烈时便如暴风骤雨，可是，又完全不伤感情，总会以风轻云淡的方式结束。此种争辩，非至交好友难以做到。

四、朴社往事

王伯祥和他的朋友们曾办过一个小型出版社——上海朴社，到1925年的时候予以解散。这段历史颇值得回顾。

1923年1月，在一次文学研究会朋友的聚会中，郑振铎愤愤地说："我们替商务印书馆编教科书和各种刊物，出一本书，他们可以赚几十万，我们替资本家赚钱太多了，还不如自己办一个书社的好。"②他这么一说，王伯祥、叶圣陶、顾颉刚、周予同等人积极响应，大家说干就干，一个小型出版社迅速诞生。

周予同推崇清代的"朴学"，故提议给这个小型出版社取名为"朴社"。王伯祥等人都很赞同，于是正式定名。

社员成员最初为十人，有郑振铎、顾颉刚、叶圣陶、王伯祥、沈雁冰、周予同、胡愈之、谢六逸、陈达夫、常燕生，每人每月集资十

---

① 周予同：《〈汤祷篇〉序》，《郑振铎全集(3)》，花山文艺出版社1998年版，第574页。
② 顾颉刚：《我是怎样编写〈古史辨〉的?》，载《古史辨（一）》，上海古籍出版社1982年版，第20页。

元，顾颉刚为会计，王伯祥为书记，集资出版图书。之后，俞平伯、吴维清、潘家洵、郭绍虞、陈乃乾、朱自清、陈万里、耿济之、吴颂皋等人也加入进来。

对于朴社，顾颉刚在 1923 年 2 月 20 日的一封信件中说："只希望著述上可以立足的人得终身于著述，不受资本家的压制、社会上的摧残。我们的生活，靠政府也靠不上、靠资本家也靠不上，非得自己打出一个可靠的境遇就终身没有乐趣了！"陈明远评价这封信"说出了他们（以及中国新兴知识阶层）的'一不靠官，二不靠商，自食其力，自行其是'的理想，是'经济独立'的觉醒"。[①] 这样的评价应该是恰当的。

关于朴社的事务，王伯祥曾在 1924 年 2 月 15 日的日记中记载："散馆后，去振铎所开会讨论朴社事。雁冰、愈之、乃乾俱到，决先把《浮生六记》刊行。又拟就重要古籍中选注辑印为《中国文学选本》陆续刊行，作中等学校教本或补充课本。当时商定《史记》、《左传》、《国策》、《庄子》、《荀子》、《韩非子》、《论衡》、《孟子》、《诗经》、《乐府诗集》、《唐五代宋词选》、《唐诗选》、《元曲选》、《古诗选》等十四种。先出《史记》（圣陶任）、《孟子》（我任）、《论衡》（乃乾任）、《词选》（振铎任）四种，希望于暑假前交稿，则开学时当得一大批销路也。"2 月 22 日记："应标点《孟子》梁惠王章。参考焦循《孟子正义》。"2 月 24 日星期日又记："竟日未出，在家标点《孟子》。"看来，王伯祥花费过不少时间选注标点过《孟子》。不过，这样的事情只能在商务印书馆的工作结束以后才能进行，而且由于商务印书馆当局要

---

① 陈明远：《文化人的经济生活》，文汇出版社 2005 年版，第 44、45 页。

求编辑"不能在书馆外做与在书馆内同一样的工作",所以王伯祥既没有在朴社的宣言上署名,也没有在选注的书上署名。在商务工作的郑振铎、叶圣陶、顾颉刚、章锡琛、胡愈之等人也是如此。对此,他们内部曾讨论过,王伯祥也曾在1924年3月3日的日记中写:"散馆后,愈之、颂皋俱来谈。……大谈朴社事,愈之很顾虑资本家的压迫,而我以为既不列名宣之,且著作并不署名,未必有碍盛情,且即今破裂,我辈正复当力图自辟畦町耳。"由此可见,王伯祥对朴社寄予了很大的希望。

1924年3月7日,王伯祥日记:"今日文学会聚餐,我与既澄当值,而既澄久不见,不识他在何所也。发柬后,来者当多。夜七时在振铎处设席,计到席者有振铎、切生、雁冰、玉诺、愈之、圣陶、仲云、乃乾、志摩、予同及我十一人;六逸与既澄始终未来,不识何因也?""今日圣陶把昨议的情形草就公函,由列席的七人署名寄出,专致颉刚、介泉、缉熙。"

当时顾颉刚已经在北京大学研究所工作。他是1923年12月5日离开上海商务印书馆的。为什么离开?他这样解释:"我是一个生性倔强的人,只能做自己愿意的事情而不能听从任何人的指挥的。商务印书馆中固然待我并不苛刻,但我总觉得一天的主要的时间为馆务牺牲掉了未免可惜。我不是教育家,便不应编教科书;馆中未尝许我作专门的研究,又如何教我作无本的著述:精神上既有这般苦痛,所以在这年的冬间又辞了出来。"[1]

为什么到北京?他回答:"我所以一定要到北京的缘故,只因北

---

[1]　顾颉刚:《古史辨(一)·自序》,上海古籍出版社1982年版,第55页。

京的学问空气较为浓厚，旧书和古物荟萃于此，要研究中国历史上的问题，这确是最适宜的居住地；并且各方面的专家惟有北京还能找到，要质疑请益也是方便。"①

这一年，朴社出版了王伯祥、叶圣陶校阅的《戴氏三种》，书前有二人合写的引言，并以胡适所写一文作为序，称："书册序言，旨在提摄，强为者病。《努力周报读书杂志》第十七期载胡适《戴东原在中国哲学史上的位置》一文，扼要钩隐，足助理解，为本书序文，尤称其职，因移录焉。"他们本意是让当时声名正盛的顾颉刚作一篇序，没想到被拒绝了。

对此，顾颉刚在 1924 年 3 月 3 日的日记中写道："昨得圣陶、伯祥来信，要我为他们标点的戴东原《孟子字义疏证》等三种作序。我近日为学正想把范围缩小，而他们责望我放大，这是不能徇人的，因作函辞之。"②

因所处环境和各自情况不同，朴社同人间渐渐出现了不小的分歧。

1924 年 3 月 26 日，王伯祥日记中写："接颉刚、介泉、缉熙信，对于自办发行所事有异议。谨慎原自不错，然既欲向前进行，却不能再顾及别的麻烦；如多顾虑，不如不作之为愈也。吾意，与其徘徊却顾，则徒积金钱无名甚矣，反不若速行散伙，各从所愿。夜六时许，乃乾来，因谈此事历三小时，毫无结果。明日拟集此间同人一议，或将就此收场耳。"

---

① 顾颉刚：《古史辨（一）·自序》，上海古籍出版社 1982 年版，第 56 页。
② 顾颉刚：《顾颉刚日记》（第 1 卷），（台北）联经出版事业股份有限公司 2007 年版，第 460 页。

4月3日，"晴不甚畅"，王伯祥的内心则十分烦闷，日记中写："依时入馆工作。接北京同人函多不赞成第一路办法，且对于我所提出之三路办法颇多不谅，愤极！业将原函交给雁冰，声明以后一切不问，如大家都走第二路，我决退出。""据我观测，朴社前途决无良果，因（一）大家涣散，不负切实责任；（二）支用款项则多半捏着冷汗不敢放手；（三）意见屯集，莫衷一是。我以为与其苟容隐忍，徒害进行，不如直截了当，一哄而散之为犹愈也。于此，我又得一教训，凡事之成初非易，聚群旨而求明，亦謦说也。"这一日记中，没有写北京同人是哪位，是否有顾颉刚，则不好说。

不过，王伯祥仍与顾颉刚保持着密切的联系。1924年3月18日的日记中写："我心上最负的文债为《小说月报》之《中国文学史上的七大倾向》，《北京大学国学季刊》之《转注说》，《星海》之《辛弃疾》。越想赶紧作成，越不能下笔，越想抽空作去，越没有工夫可用。真正着急。"其中，《转注说》是应顾颉刚所请要写的稿子，可见他对顾颉刚约稿的事情非常重视。

只是，朴社的事越来越让王伯祥灰心了。4月12日记："平伯与佩弦的意见已寄到，佩弦完全与雁冰同，平伯则又写了一大篇，然归结仍在不开店上。我对此事已灰心，不愿闻问，然恐于短时间内不能摆脱也。"

那段时间，顾颉刚还决意把朴社移到北京，由他经理，并在北京大肆宣传，联络俞平伯以及吴维清、范文澜、潘家洵、冯友兰等人，广招社员，集资印书。上海朴社同人无法劝阻，又深恐被商务印书馆察觉后视为"不忠"，只好解散。

北京朴社于1925年3月间成立，上海朴社也在这一时期解散。

王伯祥于 3 月 5 日的日记中提到："朴社社章已有平伯起草讫，大约须照此矣。今日此间同人曾略计之，或者为责任专一计，应请取消沪部，专设总部于北京乎！"

4 月，北京朴社第二次社约议毕；6 月，顾颉刚被选举为总干事。虽有分歧，但他与王伯祥、叶圣陶二人的深厚友谊没有因此受到影响。北京选举各类职务之时，王、叶二人虽在上海，但仍为朴社成员。顾颉刚寄来选举名单，王伯祥当即便选顾颉刚为总干事。而郑振铎也仍然支持朴社，还将自己的书稿在那里出版。

不过，1925 年，郑振铎、王伯祥等人与北京的朴社成员俞平伯打过一场笔墨官司。

俞平伯（1900—1990），王伯祥的苏州老乡，出生于书香世家，曾祖父俞樾曾为翰林院编修，是晚清著名学者。父亲俞陛云在光绪年间考中进士，并在殿试时以一甲第三名探花而名闻天下，官至翰林院编修。他的母亲许之仙则是松江知府许祐身的女儿，精通经书诗文。这样的家庭，俞平伯所受的教育可想而知。他 4 岁时便读《大学》，5 岁时除读经书外，还学习外语，16 岁时考入北京大学文科国文门，18 岁时与同学们一起筹办新潮社，并被推选为该社干事部书记。

《新潮》杂志创刊后，俞平伯在上面发表了很多诗文。《新潮》第二卷第一号上，王伯祥《拟编高等小学史地教材的大纲》的前一篇文章便是俞平伯的《社会上对于新诗的各种心理观》，这期杂志还同时发表俞平伯的新诗《"他们又来了"》以及小说《炉景》。也许，俞平伯与王伯祥就是在这个时候彼此知道对方的。

俞平伯与顾颉刚是北大的同学与至交，因此认识更早。1918 年，俞平伯开始和任教于角直吴县第五高等小学的叶圣陶书信往来，二人也成为好朋友。与王伯祥见面应该在 1922 年王伯祥担任北大教师以后。他们四个苏州人就这样成为终生的朋友。

不过，朋友之间也不是不可以进行激烈的辩论。

1925 年 6 月 22 日，俞平伯在《语丝》周刊第 32 期发表杂感《雪耻与御侮——这是一番闲话而已》，认为年来国耻大于外辱，"被侮在人，我之耻小；自侮之责在我，我之耻大"，所以必先"克己"，"先扫灭自己身上作寒作热的霉菌，然后去驱逐室内的鼬鼠，门外的豺狼"。郑振铎、王伯祥等人看到此文后，深感此文立论错误，应予批评。于是，由郑振铎执笔，代表王伯祥、叶圣陶、沈雁冰等人，连续发表数篇文章批评俞文的观点。

数十年后，俞平伯回忆这段经历，说："我和振铎曾打过一场笔墨官司，……我那时的看法，认为必先自强，然后能御侮；振铎之意恰相反，他认为以群众的武力来抵抗强暴才是当务之急，切要之图。现在想起来，当然，他是对的。他已认清了中国的敌人是帝国主义，而我其时正在逐渐地沉没在资产阶级学者们的迷魂阵里。"①

郑振铎、王伯祥等人之所以与俞平伯打这场笔墨官司，实与当时的形势有密切的关系。那时正是"五卅惨案"发生之后。

五、编辑发行《公理日报》、《文学周报》

"五卅惨案"发生于 1925 年 5 月 30 日。1925 年春，由于上海的

---

① 孙玉蓉编纂：《俞平伯年谱》，天津人民出版社 2001 年版，第 91 页。

一些日本纺织厂残酷剥削中国工人，工人不断以罢工斗争等方式，要求改善待遇。许多工厂成立了工会，与日本资本家展开针锋相对的斗争。与此同时，由于日、英、美等国在中国境内有恃无恐地进行经济掠夺，压榨中国人的血汗，大规模反抗帝国主义列强的运动在全国境内此起彼伏。1925 年 4 月到 5 月，中国境内陆续发生了日、英、美等国驻军及警察残杀中国人的福州惨案、青岛事件，这使得中国民众的反帝情绪更加强烈。1925 年 5 月 15 日，上海日本纱厂厂主枪杀罢工工人代表顾正红，迅速在上海激起愤怒的狂潮，一万多纱厂工人全部罢工，许多大中学校学生罢课。5 月 30 日上午，大批工人和学生涌入租界内进行游行示威，演讲宣传，声援纱厂工人罢工，结果约百余人被租界巡捕逮捕；下午，万余中国民众聚集到南京路老闸捕房门前，要求放人，不料，捕房不仅不放人，英国巡捕还向人群开枪，13 人中弹身亡，数十人重伤，150 余人被捕，这便是震惊中外的"五卅惨案"。

"五卅惨案"激起了中国人民更加强烈的反帝热潮。6 月 1 日，上海全市实行工人罢工、商人罢市、学生罢课，"上海是中国人的上海"这句口号充斥于上海的大街小巷，参与运动、维护民族利益也成为大家的共识。英国为防止上海租界发生意外，先后派 26 艘军舰抵沪，并派海军陆战队进入租界，实行戒严。租界工部局则向上海各报发出警告，封锁所有反帝运动的消息。工部局还出版《诚言报》，专门造谣，挑拨劳资之间的团结。

在这种情况下，中国共产党在 1925 年 6 月 4 日出版了《热血日报》，主编是瞿秋白。爱国知识分子比较集中的商务印书馆职工则在 6 月 3 日办了《公理日报》，名义上由上海学术团体对外联合会主编，实际上主要负责人是郑振铎、王伯祥、叶圣陶和胡愈之，他们勇敢地站在了最前线，不仅揭露"五卅惨案"的真相，揭露上海各报不敢报道惨案的真相，还直接驳斥租界工部局向外界宣称的"此乃误伤"，并提出六项要求、三种办法。

六项要求为："一、收回全国英租界；二、英政府向中国道歉；三、立刻释放被捕学生；四、要求英政府惩办肇事捕头及巡捕，西捕头爱伏生及其他凶手一律抵偿生命；五、要求优恤死者；六、要求赔偿伤者损失。"

三种办法是："一、全国实行排斥英货；二、凡在英国私人或机关中服务者，一律退出；三、全国不售任何物品与英国人。"

由于《公理日报》代表着正义，敢发出中国人应该发出的声音，所以迅速得到了群众的拥护，每日印一万五千份到两万份，由报童们迅速传到上海各个角落，市民们争相传读。对此，胡愈之后来回忆："郑振铎同志就用他的住所宝兴西里作为批发报纸的地方，每天一早就有许多报贩围着他的住宅，抢着买报。有一次连他家窗上的玻璃都给挤破了，这可见当时该报是如何为群众所热烈欢迎。"[①]

沈雁冰的回忆录中明确记载："《公理日报》是六月三日创刊，上海学术团体对外联合会主编。……虽然名义上是一个学术团体联合主办，实际的编辑工作却落在商务印书馆编译所中的文学研究会会员身上。编辑部就在宝山路宝兴西里九号郑振铎的家里。王伯祥管发行，就在郑家门前同蜂拥而来的报童打交道。"[②]

---

① 胡愈之：《回忆商务印书馆》，载《文史资料选辑》（第 61 辑），中国文史出版社 1999 年版，第 183 页。

② 茅盾、韦韬：《茅盾回忆录》（上），华文出版社 2013 年版，第 238、239 页。

关于当时的情况，《王伯祥日记》中每天都有记载。

1925 年 6 月 2 日的日记写着：

上午入馆工作，下午再往。因中华工人正在运动，本馆同人罢工，大门紧闭，遂不能入。因往振铎家帮圣陶办《公理日报》发稿事。五时许，至尚公挈两儿及至善回。

夜未上课，帮做《公理》事。至十二时始归寝。圣陶、振铎则犹未行也。大约今晚必至平明才罢乎！

据本报派出代表调查之报告，小沙渡、大马路、东新桥、虹口等处又被英捕开枪打死十余人，而西藏路竟开机关枪，被杀者据云有百余人，惟大家不能前往视察。（因英捕、印捕、万国商团阻止交通故）确数未详。英人如此无理，简直非人类矣。奈何犹听其横行，不加惩创乎！然而返观本国政府，今日尚未有表示也。痛哉！

6 月 3 日日记中写道：

今日下午馆中出通告停止办公，明日并继续休业，以致哀悼。五日仍照常工作。

晨与圣陶到车站看情势，并购报而归。旋至振铎所，经商务门口，见有保卫团马步队荷械围守，并及馆之四周。愤极，这必是商务当局邀之来驱散中华工人者。到馆后，即由圣陶起草质问总务处书，将连署多人发出，而振铎谓已散去，馆中诿为不知。此信遂未发。未几，同人在花园中开会，推代表请总务处负责人员莅场说明。他们派梦旦、百俞二人来，力赖无此事。乃要求三条件而散。继又讨论捐款援助罢工工人事，定各部推代表于下午二时解决之。我被推为史地部代表，届时出席，至四时半才散。定抽取公积十分之一及按日捐薪百分之五或百分之五十赈急需。

夜帮办《公理》，十一时始归。

1925 年 6 月 4 日称："（午）饭后，在振铎家打听消息，旋归剪发沐浴。匆匆毕事后仍往铎所帮振铎办《公理》及在致觉家开同人代表会，商议组织财政委员会，以支配此次捐款用途。及散归，已十二时半矣。"

6 月 5 日日记中提到："为《公理》作谈话一则。" 6 月 6 日日记中则记载编译所同人中"可怜可叹，不乏其人"，原因是"直到今日，犹未爽快捐钱"。晚饭后，王伯祥仍然去郑振铎处办《公理日报》事，十一时回家。

连日的辛苦使王伯祥的身体有些受不了了，而愤怒之火却更加强烈。他在 6 月 9 日日记中写："夜往振铎所办《公理》，十时归。连日积倦，形容殊甚，如长此不息，必致病，况刺激益深乎！英人之野蛮，竟致移尸灭迹而后为，彼固无道，我何为犹以文明民族视之乎？" 6 月 10 日又写："晚饭后仍偕圣陶到铎所办《公理》，十时许乃归。今日总商会始为'五卅'案开临时大会，态度之软媚，令人闻之冒火。本来此案之远因，原为国人接近洋人者无骨气，积累以至今，外人殆藐视达于极点，直可以任意欺凌矣。推原祸始，这班洋奴之罪，其可恕乎！"

此后的多天日记中，都写着晚上到郑振铎住处办《公理日报》的事情。

《公理日报》坚持了 22 天，最后不得不停刊。沈雁冰著文记载："《公理日报》之创刊，商务印书馆当权者曾暗中给予经济上之支持，此是动用公司的公款的。此外，张菊生、高梦旦、王云五每人亦捐一百元。各发起团体及个人亦有捐助。但商务印书馆不肯承印此报。六月二十四日《公理日报》之停刊宣言谓：不得不停刊之原因，一、每日印一万五千份至二万份的印刷费约八十元，而售报收入只三十元，捐款也已用完；二、能承印本报的不过两三家小印刷所，现在他们受到压力，也不肯再承印了。"①

在这个过程中，王伯祥自始至终地从事《公理日报》的编辑和发行工作，体现了一个知识分子的血性和良知。然而，王伯祥本人甘愿做无名英雄，这些事迹也少为人知。同样，他为《文学周报》尽心竭力的事迹，也是少为人知的。

《文学周报》是文学研究会的定期刊物之一，也是中国现代文学史上一份重要的刊物。其原名《文学旬刊》，1921 年 5 月 10 日创刊，附在《时事新报》发行；1923 年 7 月 30 日第 81 期，《文学旬刊》改名为《文学》（周刊），仍附在《时事新报》发行；1925 年 5 月 10 日第 172 期，《文学》（周刊）更名为《文学周报》，开始独立出版发行，很多出版界、文学界的著名人士都为编辑出版这份刊物付出了大量心血。

赵景深曾在《〈文学周报〉影印本前言》中回顾："《文学周报》的第一任主编是文学研究会的首先发起人之一郑振铎，……到 1922

---

① 茅盾、韦韬：《茅盾回忆录》（上），华文出版社 2013 年版，第 239 页。

年 12 月，由谢六逸接任主编工作。1923 年 5 月 12 日第 73 期起，又改由沈雁冰、叶绍钧（圣陶）、郑振铎、谢六逸等十二人共同负责编辑。同年又进行改组，调整后的负责编辑，十余人中加入瞿秋白。同年 12 月 24 日第 102 期起，由叶绍钧主编，到 1927 年 7 月，主编由我接任。1929 年 1 月 8 日第 351 期起，又改由我和郑振铎、谢六逸、耿济之、傅东华、李青崖、徐调孚、樊仲云等八人集体负责，直到 1929 年 12 月 23 日第 380 期停刊止。"①

赵景深的文字中没有提到王伯祥的名字，其实他正是 1923 年 5 月开始轮流编辑《文学周报》十二人中的一员。说是负责编辑，实际上从撰稿、编辑、校对到包装、邮寄等等，都由他们自己动手去做。胡愈之也是其中一员，他曾经很自豪地说："我们总觉得非常骄傲。用了自己的纸墨，写出我们自己心里所要说的话，毫无顾忌地写出我们要说的话；用了我们自己的钱，印刷我们自己的出版物；又用了我们自己的劳力，包封寄发：总之是拿我们自己的心底的东西，由我们自己直接贡献给读者，这不该我们骄傲吗？"②

从王伯祥留下的日记中，我们也可以看到他为这份刊物付出的心血。

《王伯祥日记》1924 年 1 月 11 日记载："依时入馆编史。手指之痛已大好，居然略可屈伸矣。圣陶做的那篇小说《病夫》，本来想登在《小说月报》上的，我以为太露，劝他暂不发表。本期《文学》没稿，六逸便把此稿索去，揭载出来，下署假名'郢'，以期浑（混）过。乃出版之后，颇有人来问起，都说没有亲身经历的人描写不到，分明

---

① 商金林：《中国出版家叶圣陶》，人民出版社 2017 年版，第 41 页。
② 叶至善：《父亲长长的一生》，四川文艺出版社 2015 年版，第 78 页。

注射在我们身上。但由此反证，《文学》所载的作品，一定很有人注意；《文学》前途的发展，一定很有把握呢。"

1924年3月1日："依时入馆编史，并编第———期《文学》。"

1924年3月17日："夜，振铎、雁冰、愈之、圣陶、东华、高峰、雪村诸人俱来，谈今后《文学》编行事。《时事新报》允改良，而我们终不满意，或者必至收回耳。振铎好为壮语而对外交涉殊质柔，亦一病也。《时事新报》馆之狡猾，殆积渐纵之耶？"

1925年5月4日："夜整理《文学周报》定户名簿，以图精核计，转录于楷片上。但甚费事，六时半写至十时，仅乃毕之。倦矣。""《文学周报》推我为发行干事，从此……不能摆脱矣。我性畏琐屑，偏有此麻烦来相纠缠，深以为苦。然为友所迫，竟不得不勉强捋顺也。"

《文学周报》的事情经常需用业余时间，而王伯祥当时还在尚公学校学习日文，这便更使他忙碌了。5月7日的日记中记下了五件事：第一件："依时入馆工作。"第二件："散馆后在振铎家发《文学周报》，至六时许才赶回晚餐。"第三件："匆匆食已，即至尚公受日文课。"第四件："及散归，适大雨，淋漓尽致矣。"第五件是牵挂："日来天时不正，易感疾病，潜儿乃于今晨旅行杭州，至不能释怀也。"

5月9日记："十一时许顺道取《文学周报》社橡皮印而归。"5月10日星期日又记："上午未出，为《文学周报》社写邮书。……十时散归，又为《文学》理邮书及积账，直至十二时始寝。"

5月18日记："连日为《文学周报》发行事十分努力，致渐见吃力了。如果这样下去，真是不了呵！不过藉此练习练习烦琐的事情的处理法，却是很好的机会，应当更加努力。"

5月19日记："编辑《文学》事。振铎稍持己见，颇与同人相为异同。或者将来以此敝故而弄不好呢。我以为此无伤，只要大家相见以诚，什么都可谅解的，况彼此无一定不变的成见乎！"

5月24日，"竟日未出，在家为《文学》作事。至午夜，将一七五期出报的手续都赶办妥当了。我为此事所牵，一切都为牺牲了，但现当高兴，不识能否永久不衰也？"

6月27日，"今岁入霉不雨，已属灾象，而夏至甫过，陡然三伏，变化急剧，亦未之前闻。意或大兵之后，继之凶岁……"然而他仍旧为《文学》操劳："清晨与饭后，全为《文学》事筹备发报手续。散馆后在振铎所将一七九期报分别发付讫，乃归家小休。因不胜烦热，夜间日文课未去听受。"

……

总之，王伯祥为《文学周报》付出了很多，编辑、发行都要做，而且多是琐碎之事。他是一位干实事的人，从不想着为自己邀功，并认定《文学周刊》是否能办好，关键还是编辑方面。所以在1925年5月28日的日记中写道："依时入馆工作。为《文学》理琐事。今日《文学》定（订）户特盛，竟来十二户。如照此不衰，不三月而基础固矣。我以为经历方面努力固然要紧，而编辑方面实操全局之良窳、机括，总在此也。"

《文学周报》刊登的文章体裁范围很广，既刊登国内人士所写的诗歌散文小说等文学作品；也刊登大量的翻译作品，介绍世界文学；还刊登与时事相关的评论文章以及关于历史、文化方面的论文、杂文。王伯祥也为《文学》撰写过稿件，例如1925年2月28日的日记中便记录："作《文学》稿五千言，痛斥民国官吏向溥仪称臣。"1925

年 3 月 20 日记："《文学》稿已撰竟，共三千言，题为'明人浪漫风气的一斑'。"

六、开明与立达

"晚饭后赴尚公上课。调孚告我馆当局挑剔章雪村《妇女杂志》，章、周已停办事，深用扼腕。馆当局以耳代目，至堪鄙怜，而一般办杂志者亦将有劲于中否？"这是王伯祥 1925 年 6 月 20 日日记中的文字，记载他得知章雪村离开商务印书馆后的心情。

章雪村（1889—1969），即后来创办开明书店的章锡琛。锡琛是他的名，雪村是他的字。章雪村生于浙江会稽（今绍兴），5 岁入私塾，后在绍兴通艺学堂、山会简易师范和东文传习所等校学习，开办过学校，担任过塾师、小学教师和师范学校教师。1912 年由山会师范学堂监督杜海生引荐给他的堂侄杜亚泉，并在杜亚泉的帮助下开始日文翻译，第一篇译作《雷锭发明者居里夫人小传》发表在 1912 年 5 月 1 日的《东方杂志》上，接着便进入商务印书馆，担任《东方杂志》编辑。《东方杂志》创刊于 1904 年，原来是一种选报性质的刊物，1910 年起，依据杜亚泉的倡议进行革新，着重宣传改良主义和实用主义，向国人介绍过大量国外的学说。在杜亚泉的带领下，章雪村在《东方杂志》上发表 300 多篇译文，且于 1912 年主持"大事记"栏目，开始关注世界妇女运动的发展，发表《英国妇女之参政运动》、《英国女权党之狂暴》、《美国之妇女》等文章，逐步成为研究妇女运动方面的专家。

第一次世界大战期间，杜亚泉认为战争的罪恶和共产主义的产生都是西方物质文明的结果，只有实践道德的东方文明才能拯救整个世界。这种观念受到陈独秀的批评，杜亚泉则著文反驳，展开了一场激烈的论战。这就急坏了商务当局，竭力劝说他不再反驳，并要他改变立场。杜亚泉不得已辞去《东方杂志》主编兼职，专任理化部长，不再撰写文章。章雪村受到牵连，也面临新的选择。

正好，商务印书馆于 1915 年创办的《妇女杂志》由于提倡三从四德，所以在新文化运动中受到《新潮》等杂志的严厉批评，罗家伦更是指名大骂其"专说些叫女子当男子奴隶的话"①，给商务带来很大的负面影响。《妇女杂志》因此被迫改革，更换主编。在钱经宇的推荐下，章雪村于 1921 年正式成为《妇女杂志》主编，从接任后的第七卷第一期开始革新内容，提倡妇女解放和恋爱自由，销量逐渐增加，读者由二三千渐渐增加到一万多。他还发起成立了"妇女问题研究会"，并应邵力子的邀请，兼为《时事新报》编辑《现代妇女》旬刊，为《民国日报》编辑《妇女周报》副刊，一时间名声大作，但也成为思想保守者的眼中钉。"离婚问题专号"已令保守派大为不满，1925年 1 月的"新性道德专号"更引起保守者们的强烈反弹。章雪村所写的《新性道德是什么》和周建人所写的《性道德的科学标准》受到《现代评论》的猛烈攻击，以至于展开一场针锋相对的笔墨官司，多家报刊均卷入其中。这个过程中，章雪村越战越勇，商务印书馆却受到了多方面的压力。王云五深恐惹出大麻烦，要求章雪村以后把每期排成的清样送他审查，然后方可付印。双方的矛盾由此增大，章雪村最终辞去《妇女杂志》的主编职务，转而到国文部当编辑。

---

① 罗家伦：《今日中国之杂志界》，《新潮》第一卷第四期，1919 年 4 月。

胡愈之、郑振铎以及馆外的吴觉农很是愤慨，鼓励章雪村和周建人创办《新女性》月刊。几次商议后，他们决定组织"新女性社"，社址设在宝山路三德里吴觉农家中。1926 年 12 月，他们提前印出了1926 年 1 月的《新女性》创刊号。这件事被王云五、杜亚泉等人察觉后，认为章雪村严重违反商务印书馆纪律，予以辞退。

章雪村被辞退后，很多人都对商务不满，纷纷以不同方式支持和帮助章雪村。离开商务不到八个月，章雪村便以商务印书馆给他的一二千元退俸金为基础，再加上兄弟章锡珊的一些资金，加上夏丏尊、刘叔琴、丰子恺、吴觉农、郑振铎、周建人等人的资助，筹到5000 元左右的启动资金，正式创立了后来可与商务印书馆、中华书局等一流出版社齐名的开明书店。

王伯祥与章雪村一直保持着较为密切的联系，除一起参加朋友圈的聚会，还共同参加文学研究会、立达学会的一些活动。

王伯祥是在 1926 年 3 月 25 日加入立达学会的。当天日记记载："夜六时，立达学会在悦宾楼聚餐，欢迎我与圣陶、振铎、石岑、雪村、乔峰等人加入。旧会员方光焘、练为章、丰子恺、朱佩弦、周予同、胡愈之等本系熟人，故介绍参与如此。席次，讨论立达学会经费事。予认捐六十元，尽六月底前缴付。"

4 月 27 日，王伯祥与叶圣陶、郑振铎、章雪村等人被认定为立达学园委员。

5 月 22 日，立达学园开第三次导师会，推定郑振铎、王伯祥、李石岑、周予同、章雪村、周建人、高觉敷、李未农、刘叔琴、方光焘、丰子恺、沈亦珍、刘薰宇、夏丏尊、叶圣陶为文学专门部筹备委员。对此，王伯祥很是重视，积极参与文学专门部课程讨论等各方面的活动。

6月12日，立达学园同人集会在商务印书馆举行，大家一起商决了文学专科事，定名为"立达学园文艺院中国文学系"。筹备委员会由此解散，王伯祥也完成了这一阶段的任务，心情很是舒畅。散会后，王伯祥与夏丏尊、叶圣陶、郑振铎、章雪村等人到悦宾楼聚饮，共同祝贺周予同有了女儿。当天晚上，王伯祥纵笔在日记中写道："纵谈达四个小时，乃各冒雨而归，至乐也。"

对于立达，匡互生曾这样介绍："立达是由一些志同道合的教师、工友为培育有理想的学生而组成的。它一面具有互助生活的精神，师生均以至诚相见，免除一切虚伪；另一面学校应充满家庭般的亲爱和温暖，相互关怀、相互帮助、相互尊重的精神，使学生无形中懂得人与人之间本无高低贵贱之分，而因平等相待。个人与集体之间，则应以亲爱和互助为主要原则。而'生产教育'是使受教育者不仅具有专业知识和生产技能，而且接近社会、接近广大劳动人民，从而巩固和提高学到的书本知识。"①

王伯祥很喜欢这样的集体，关注并支持着这样的教育。尽管后来没有很多时间参与立达的活动，但他与立达同人们保持着长期的友谊，让人生更加丰富，也促进了自己的出版事业。

七、读《经今古文学》和《古史辨》

1926年9月5日，王伯祥发表《读〈经今古文学〉和〈古史辨〉》

---

① 商金林编注：《夏丏尊集》，花城出版社2012年版，序言第9页。

一文，用史家抓住关键、层层剖析之方法，向读者介绍了周予同、顾颉刚震动学界的两篇文章《经今古文学》和《古史辨》，尤其评述了容易引发误解的内容，最后从二人治学的不同中找出相同的"实事求是"的精神，王伯祥也由此阐发了自己的治学精神。

了解一本书的大概内容，从目录入手是一个很好的方法。王伯祥介绍自己对《经今古文学》的认识，也是从目录开始，并从目录中发现问题、剖析问题。

《经今古文学》共分八章：（一）经今古文的诠释，（二）经今古文异同示例，（三）经今古文的争论，（四）经今古文的混淆，（五）经今文学的复兴，（六）经今古文学与其他学术的关系，（七）经今文学在学术思想上的价值，（八）经今文学的重要书籍。

从这个简明的目录中，王伯祥最早发现的问题是："其中的（五）、（七）、（八）三章似乎都偏向今文，专为一家张目。"他还进一步得出一个似是而非的结论："更好像'高张门户'，与那些'暖暖姝姝守一先生之言'的学者们同其所见了。"[①] 不过，紧接着他便反驳了这个"嫌疑"，称："但如果这样地观察周先生，我敢说他一定是失败的。为什么呢？为的是他不但没有了解周先生，而且连这八章书也没有细心读过，自己先已陷入门户之见的深渊了。"就这样，王伯祥先抑后扬，巧妙地从容易引起的误解中，引出第二层的根本问题以及认识问题的基本方法："我们为要了解周先生，就不得不细心地探求他立论的根本态度是怎样；要了解他的根本态度，就不得不根究他所以作此的动机了。"并称："动机何在？周先生自己说得好，'现代有些学者们，

---

① 王伯祥：《读〈经今古文学〉和〈古史辨〉》，载顾颉刚编著：《古史辨（二）》，上海古籍出版社 1982 年版，第 349 页。

大谈其古代思想，而先不明了今古文的派别'，这或者就是他不容自己于一言的动机罢！"①

这其实也正是王伯祥本人对学术研究的基本态度。他瞧不上那些连基本内容都没弄明白便随意发挥、自欺欺人的所谓学者。他认为，如果就一个话题展开阐述和讨论，那就应该首先对这个话题进行全面深入的了解。比如，对经今古文学作讨论，就应该知道经今古文学究竟是什么，它们之间有什么不同，这样的不同是怎样得出来的，在历史不同阶段是怎样的呈现，它们的精神实质在哪里……所以，他很赞成周予同的研究方法，并将其研究方法及核心观点由浅入深地逐层阐发出来。最后得出结论："总之，这一部《经今古文学》实是周先生表示个人为学态度的著作，他一面对于那些含糊不明的说解和依违调和的议论加以剖析和批驳，一面把自己研究所得的成绩和自己所持的见解也不容自秘地老实写出，态度何等光明。惟其他抱有这样光明的态度，所以他才不顾汉学家的斥为'无稽不信'，宋学家的诋为'本末倒置'，而竟独行其是地表示他是个新的今文学家了。"②

对于好友周予同的文章，王伯祥充满了认同，并为其赋予更深乃至更有价值的精神内涵与学术意义。文中没有说什么不足之处，也许王伯祥的思想本来如此，也许他的潜意识中便有一种老大哥的认同乃至爱护之情。这样的爱护之情同样体现在对顾颉刚《古史辨》的阐述和评论当中。

《古史辨》称得上中国现代学术史上具有里程碑意义的著作，顾

---

① 王伯祥：《读〈经今古文学〉和〈古史辨〉》，载顾颉刚编著：《古史辨（二）》，上海古籍出版社1982年版，第349页。

② 顾颉刚编著：《古史辨（二）》，上海古籍出版社1982年版，第355页。

颉刚以敢于怀疑一切的精神考辨历史，以"层累地造成的古史观"打破当时已根深蒂固的伪古史系统，认为禹以前的古史传说是在不断流传中层累地造成，原来"差不多完全是神话"，到春秋末年以后，神话却被"人化"，成了历史。这不仅引发了史学界的一场革命，也对尧舜禹代表着封建权威世代相传的道统造成巨大的冲击，振聋发聩，影响巨大，受到的争议也更多。不少人引用顾颉刚文章中的个别字句加以讥笑，也有人写长篇文章为尧舜禹辩护，当然也有赞同和支持顾颉刚观点的，一场学术大辩论由此展开，顾颉刚将自己的文章以及不同观点的文章收到《古史辨》中，受到世人瞩目。王伯祥所写的评述，尽其所能地阐明顾颉刚研究学问的真精神、真价值，无疑是支持顾颉刚的。

他首先介绍了《古史辨》当时的基本情况，接着一步一步把顾颉刚与《古史辨》的特点探究出来，而对于顾颉刚敢于怀疑、渴求学问、永不自足、锲而不舍的精神，王伯祥毫不掩饰其褒扬的态度，少有地在文章中充满激情地称："这种不自足的精神，怎肯停歇于浮浅的想象之下便算了事，而轻易便把研究的结果勒定么？我们不自努力寻求，而光等着人家把'结果'说出来，坐享现成的报告，这不是侮蔑自己的莫大耻辱么？我真被他感动得摇摇不宁，精神上空虚得什么都没有了！""他那种渴求学问的气概和锲而不舍的精神，令人佩服到了十二分。"而且，王伯祥特别强调顾颉刚宽广的胸怀和求实的治学精神，认为："在他的眼中只有是非的辨别，而没有高低、好坏、雅俗的歧视。"[1] 这是很多人所看不到的。

---

[1] 顾颉刚编著：《古史辨（二）》，上海古籍出版社 1982 年版，第 362 页。

最后，王伯祥同样对顾颉刚的学问与精神做一整体的评价："总之，他持平恕观物的态度，所以'万物齐观'，而求所以各存其真；以此没有偶像的崇拜，没有门户的依傍，没有主奴的成见，不但把古今优劣的障壁打通，而且连那雅俗的鸿沟也填平了。……他现在虽把做学问的范围缩小了——由博返约——而专攻史学，但他求知求是的野心依然横溢四出，如何抑压得住，于是这破坏的'辨伪'工作便成了他改造古史的第一步了。即就这第一步看，也并不是仅仅做几篇翻案的文字，而唯一的宗旨乃在'依据了各时代的时势来解释各时代传说中的古史'。那么，破坏之后的建设当然还有第二步，第三步，以至于无穷步正待走着呢。"①

一个好的评论者必然有自己坚实的根基，从自己的根基和研究，能看出研究对象当下的状况乃至未来的方向。当大多数人都在把顾颉刚看作一个"破坏者"时，王伯祥却更看到了"破坏"后的建设以及顾颉刚未来的方向。作为年龄大一些的好友，王伯祥在为顾颉刚叫好鼓劲的同时，似乎也在有意无意地试图引导顾颉刚日后应注意的研究方向。

不仅如此，等他将《经今古文学》与《古史辨》都评述完毕后，还在最后的文字中阐明了周予同、顾颉刚的不同与相同，探究出他们共通的根本精神，也间接道明了自己"实事求是"做学问的根本态度：

统观周、顾二先生的态度和精神，实各有他们的立脚点，

---

① 顾颉刚编著：《古史辨（二）》，上海古籍出版社 1982 年版，第 362、363 页。

一个是倾向今文的经学家，一个是万物齐观的史学家。在今日中国的学术界看来，经学与史学本有多少不同之点，虽经学的书籍多属古代的史料，但它自有本身的思想与机能，未必能仅限于史料而与无机的古砖旧瓦同其评价的。学者的观点不必尽同，研究的兴趣自也不期而然地异致了。原来经学的研究注重在哲学方面，对象是思想利害的问题，所以比较的多致力于外籀的工作；史学的研究注重在事实方面，对象是史料真伪问题，所以比较的多致力于内籀的工作。多用内籀则务求博览以观其通，自然要持万物齐观的态度；多用外籀则要当精择以求其是，自然会有最后决定的取舍。以此，他们外观虽不同，——只是研究的方面不同——而其终极之点还是大家归结到"实事求是"四个字。这一点我们实在不该轻瞥过，尤其在合看周先生和顾先生的真际时，因为他们的根本精神自有其共通之点在，本来也不容我们轻轻地忽略过去的。这共通之点何在？请再复述一遍他们自己的话罢：

发扬怀疑的精神，鼓励创造的勇气。（周先生倾向今文的理由。）依据了各时代的时势来解释各时代传说中的古史。（顾先生辨证古史的宗旨。）①

这篇文章写完后，最初发表在立达学会办的《一般》诞生号上，后来被顾颉刚收到《古史辨》第二册下编中。

---

① 王伯祥：《读〈经今古文学〉和〈古史辨〉》，载顾颉刚编著：《古史辨（二）》，上海古籍出版社 1982 年版，第 363、364 页。

八、创办《苏州评论》

1926 年，王伯祥、叶圣陶、丁晓先、王芝九等人有感于苏州社会弊病丛生、老旧破败，自筹经费创办了 16 开不定期刊物《苏州评论》，充满激情地要尽一份苏州人的力量，从舆论方面着手，革新苏州。1 月 20 日的创刊号中缝刊载《告读者诸君》，称："本刊为十数同志之结合，目的在谋苏州社会之革新。同人预拟之计划，欲先从舆论方面入手，藉以唤起群众组织团体，以与盘踞苏州的恶势力奋斗。惟同人之才能有限，思虑难周，所望吾乡人有志革新者，不分彼此，咸来合作，或供给材料，或资助经费，或指示方略，或广为传布，以造成一坚强有力革新苏州之大联合，未始非苏州前途一线之生机也，是所切盼！"

第一期还刊登了《我们的意思》一文，更为详细地申述他们为什么要创办《苏州评论》：

> 苏州曾是文明的一块土地，可惜它衰老了，从前的文明跟着它的盛年一同过去。现在有的是古旧的僵化的遗迹，仅足供人怀念而已。它也会改装作青年的面目，要想把衰颓的气分赶走，但是热忱不够，终于露出了它的弓背同皱额来：这只须看市政的荒芜，公共场所的徒有其名，已可了然。更剖析到它的骨里，"贫穷"同"愁苦"是一副双双的镣铐。从前一年到头的嬉游盛况没有了，饥寒的呼声几遍于东街西巷；几个所谓绅士握着一切的权力□□，"异途功名"的一些基督教徒却也是"准绅士"，其外什

么人都不能透一丝气，开一声口，所有愁苦只好咽入肚里。可以揣想得到的以后的情形是：贫穷到了极点，再没有东西来营养这副衰老的筋骨，愁苦到了极点，再没有方法来支持这腔垂暮的心情，除了死，除了灭亡，更不会有第二条路。

……

苏州既是这样的一块地方，就很容易使我们想起丢开它的念头；丢开了它，可以到旁的青年而壮盛的地方去。但是，这实是腐败的不道德的思想！我们是走了，走不净尽，一定有留下不能走的，难道他们就命该守住这快要消亡的地方么？……惟其衰老，惟其危殆，我们更不该丢开苏州。给他想法，给他将护，是我们最低限度的责任；使他回春，使他光华，是我们更进一步的努力。如论切身，苏州是我们游钓之乡，室家所寄，切身不过的了；如论近习，苏州是我们童而亲之，梦魂所系，近习不过的了。也颇有一班人，以为区区小邑何足道，大丈夫自有澄清天下的志概。我们不甘自弃，未尝没有这样的雄心；但也不愿就附和着说一声"区区小邑何足道"。我们觉得不忘情于本土与有志于四方，根本上并不冲突，而且正见其脚踏实地；所谓"四方"，不就是四方人的"本土"么？

不能忘情自然就有许多的话要说，于是我们想到自刊报纸。我们觉得现成有的报纸太可怜了！他们有许多的顾忌，有许多的拘束，为权势，为利益，几乎不能说心头的话，仅能说嘴边的话，那自然也未便刊载我们心头的话。自刊报纸就什么障阻也没有，要怎样说，就怎样说，心头与笔头如一，我们所想的与人家了解如一，很觉得直捷爽快。我们办这个《苏州评论》就为着这一点意思。①

王伯祥对苏州有着炽热的情感，面对那些你方唱罢我登场的军阀，只知道为自己捞好处而对民众的苦难幸灾乐祸的所谓"绅士"，王伯祥以笔为剑，在第四期《苏州评论上》发表《消毒运动》一文，指出苏州最大的病根就是因袭势力（"绅士"）的"苟安怕事"，针针见血地指出：

> 他们于战事未起之前，只晓得奉迎奔走，为当前的军阀捧场；只晓得包围行政机关，希图沾溉一点不正常的余润。军阀的气焰因此日高，而他们卑躬屈膝以求有所染指的心思也因此日盛，于是这一班特殊阶级便成了军阀的"应声虫"。所以他们于战事将起的时候，当然不敢摆出地方主人翁的身份来严词阻止，只会乱拍某帅某老的滥调电报以期哀求幸免了。

> 等到战事实现，连那套滥调也收起来了，只索拼命搜刮一切公私款项来供应军需，竭力帮同军警拉夫（美其名曰出钱预雇，实则按地段勒派，比正常的拉夫还要坚强有力，脱逃不了）以备战场上炮火弹雨之下的牺牲。——这便是他们对于这回子打仗的成绩。

> 后来战事终了，是凡稍有人心的人们，那一个不目击心伤，痛定思痛。然而他们的成绩却愈出愈奇；原来他们分明在那里兴高采烈地表示幸灾乐祸呢。谓予不信，请看他们所演的戏文！当

---

① 叶圣陶、王伯祥等：《叶圣陶等在〈苏州评论〉上的文章选载》，载《苏州大学学报》1984 年第 2 期。

齐燮元从真茹回宁，路过苏州的那一天，他们早在车站上高搭彩棚，满张着"保障东南""德隆恩溥"一类的匾额，敬谨伺候，可见他们的捧齐是无微不至，惟恐失欢了。但是奉系的张宗昌带兵杀来，把齐燮元轰跑，他们也照常的欢迎张军长，替他预备行辕，预备夫役。甚而至于要联合了江浙两省的人士替齐燮元竖立铁牌，呈请当道把齐燮元的产业充公。一反手间，轻重轩轾到这样，够多么好笑呵！乃近来奉系的邢士廉从上海苏州一带撤兵北退，他们又居然迎赴外跨塘车站，恭迓曾与齐燮元联军抗奉的孙传芳部下入城坐镇了。这些把戏，在他们自以为煞费苦心，力图维持。然而我们要问：所贵乎维持者，难道只有这一套娼妓式的迎送么？

王伯祥本是宁愿埋头到旧史料中终身研究的温厚学者和出版家，但这篇特定时期的文章展现了他骨子里的爱憎分明。在文章的末尾，王伯祥成为一位不惧任何危险的革命导师，在高台上引导千千万万的群众：

我们既然找到了病根，没有一个不愿回复健康的；既然要回复健康，没有一个会反对消灭病菌的。所以我敢正告列位同乡说：

我们要打倒军阀，

必需先来打倒这班专门捧场的应声虫！

我们要求得公平正确的是非，

必需先来摧灭这班专崇势利的魔鬼！

　　我们要想地方上一切庶政的清明，

　　必需先来驱除这班久据城社的狐鼠！

　　我们要获得轨道上的进行，

　　必需先来扫清前途的一切障碍！

　　大家一致起来，

　　努力于这个消毒运动罢！ ①

　　这样的文章自然令恶势力难受，引起他们的疯狂反扑，于是诬蔑造谣之声喧嚣尘上，称其为"怪物"，"专骂前辈老先生"，"是拿了什么党的宣传费"，"想当官儿"。对此，王伯祥的战友叶圣陶在《苏州评论》第五期发表《腐烂了玷污了的》和《"我们"与"绅士"》，痛斥那些"金钱座下的奴隶"，"自烂良心，自污人格"，骂他们"这样的自私，这样的卑鄙，简直是亡国破家长养不来子孙的心理"。

　　《苏州评论》只办到 1926 年 8 月 31 日的第六期。一段时间后，王伯祥、叶圣陶便回苏州，试图通过自己的实际行动来革新苏州。

　　1926 年 12 月 16 日的王伯祥日记记载："晚五时许，往饮于圣陶家，客为君畴、靖涛、芝九、鸣九、味之、致觉及予。晓先则与圣陶共为东道也。谈次，欢然及志事。予因与君畴同时参加国民党，即书愿书焉。加入革新运动，此心早经默契，今特补具形式耳。"王伯祥之所以加入国民党，与他服膺孙中山及其三民主义有关。早在 1925 年孙中山逝世后，王伯祥便积极参加追悼孙中山的活动，并在

---

　　① 叶圣陶、王伯祥等：《叶圣陶等在〈苏州评论〉上的文章选载》，载《苏州大学学报》1984 年第 2 期。

3月13日的日记中写下这样的心声："阅报知昨日上午九时三十分，中国国民党总理孙文逝世。革命未竟，导师先陨，时方多难，骤失明星，痛矣！我非国民党员，然我服膺孙先生久矣。"4月13日又记："今日国民党上海党员在九亩地新舞台开追悼总理大会。我本想去看看，因不是党员，未便参加而止。但最近的心，实在佩服孙中山先生极矣，只以自知秉性不适宜于社会活动，不欲徒挂党籍，迹近招摇，遂未入党耳。然中心向往，早为三民主义之信徒，真中山之私淑弟子也。"

加入国民党后的第二天，王伯祥日记中又记："下午四时，君畴来访，乃与晓先等同往致觉家开苏州市特务会。到圣陶、芝九等八人，于将来苏州教育事颇多规划。吾侪俱不脱酸相，所能努力者，只有教育一途耳。"也就是说，在大革命时代，王伯祥等人希望通过教育，革新社会。

1927年3月21日，上海工人在周恩来等组成的中共中央特别委员会领导下举行第三次武装起义，取得胜利。国民党北伐军也抵达上海，"打倒列强除军阀"的歌声响彻在上海的大街小巷。紧接着，"上海特别市临时政府"成立，王伯祥等人的好友丁晓先当选为教育局局长，大家打算一道为社会的革新贡献自己的力量。

3月28日，王伯祥到市政府和市教育局秘书处工作，参与拟定市政府秘书处暂行组织条例。3月30日，王伯祥被任命为吴县（即当时的苏州）行政委员会秘书长。4月1日，王伯祥、叶圣陶等人前往苏州，迅速进入革新苏州的具体实践当中。到了4月4日，接管吴县境内省立中学各委员会正式成立，吴致觉、王伯祥、叶圣陶、丁晓先等九人被市党部推请为基本委员，王伯祥为秘书。紧接着，他们便四出接管学校，"什么学校都要接管，就是先把印夺过来"。①

这个时候，王伯祥是真正打算长期在苏州大干一番的，而且特地托亲戚把家眷从上海接到苏州。

可是，就在王伯祥他们意气风发地要实现书生救国的志愿时，蒋介石发动了"四一二"反革命政变，局面大变。

4月15日，担任苏州公安局局长的章君畴被撤任，王伯祥、叶圣陶心知不妙，迅速将各校印章等件交到市党部，同时以接收任务终了为词，宣布委员会解散。

这便是王伯祥、叶圣陶在1927年的一段特殊经历。

局面变化极快，他们仿佛坐过山车一样，起得快，落得也迅猛。虽然朋友间互相商量、当机立断，有惊无险地避免了灾祸，可这件事的结果无疑向他们泼了一大盆冷水。

叶圣陶首先回到上海，然后用快信将上海形势告知王伯祥，他还气愤地将国民党党证撕得粉碎，与国民党彻底决裂。王伯祥也是万分失望，从此不愿参与政治，当他重新返回上海后，颇有隔世苍茫之感。

一家老小还要生活，王伯祥重新回到商务印书馆，继续认真踏实地做他的编辑工作。

九、《本国史》风波及新版历史教科书

1928年、1929年，王伯祥的编辑工作遇到了一个较大的麻烦，

---

① 叶至善：《父亲长长的一生》，四川文艺出版社2015年版，第93页。

王伯祥（1890—1975）

1911年，王伯祥（右一）与同学叶圣陶（右二）、顾颉刚（右三）等合影

提 要

（候氣）（度温）

晴

罩八度

本日放假。上午在寓看新聞報，報有增刊四張，拈十三年的中央大事、各省大事、上海大事……分別記錄，甚有史材之用。午後至府，君甫借拾塵琴，因將拾塵舊琵琶兩曲，少送彼二人即去，蓋趁看教育會聚餐也。三時與聖陶至阿若處看地亢電影。本日游人甚多，擁擠殊甚。申一挑誦上，拾眼伸頸，殊乏力。少時散出，由此至商務券行所，以閉門故，即乘電車回此語。振鐸夫人、高君儗女士今夜恭束遠邀僕人作窒。移宴书为配陶夫人、平伯夫人、雁夫人。夜九時，拾塵由书教育回東，即下榻於樓下。

一月一日 （癸亥十一月二十五日己卯） 火曜日 （即星期二）

民國十三年 國民日記

13

1924 年 1 月 1 日王伯祥所写的日记，此为王伯祥现存日记中的第一篇

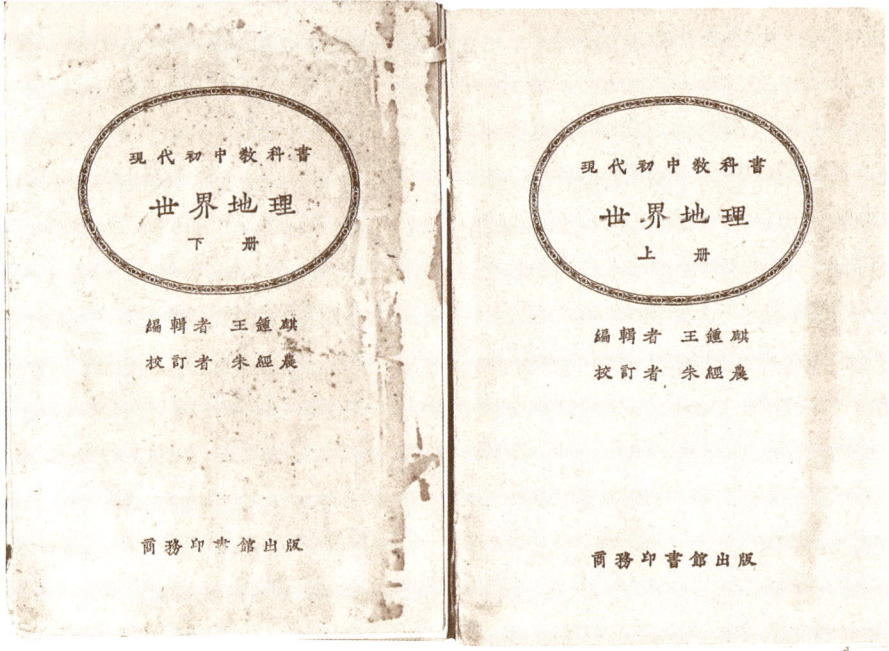

《现代初中教科书·世界地理》

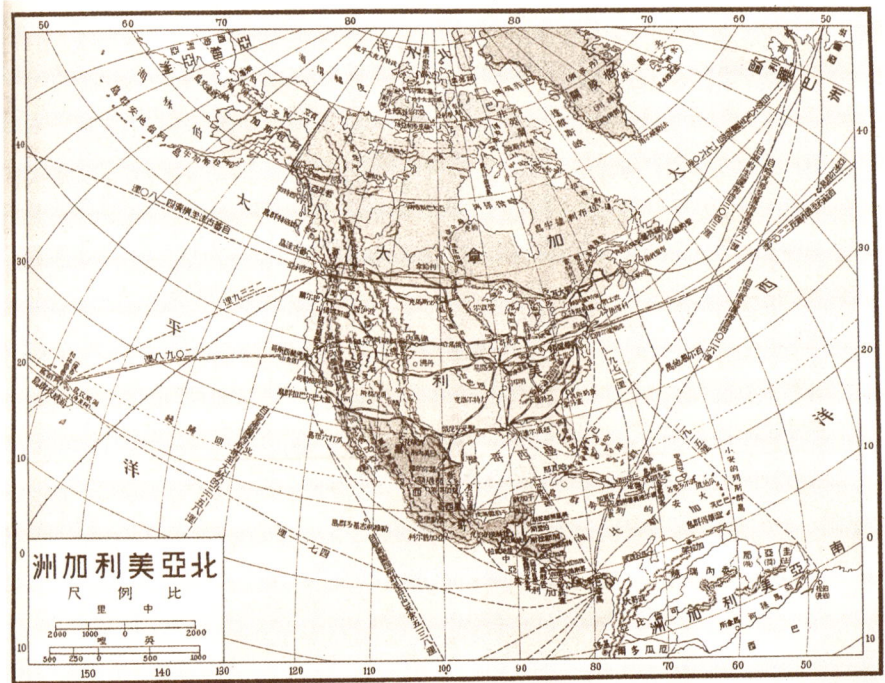

《现代初中教科书·世界地理》中的彩色插图

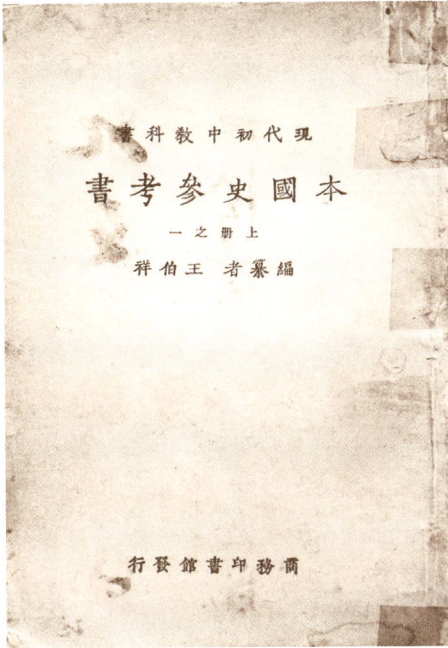

《现代初中教科书·本国史参考书》

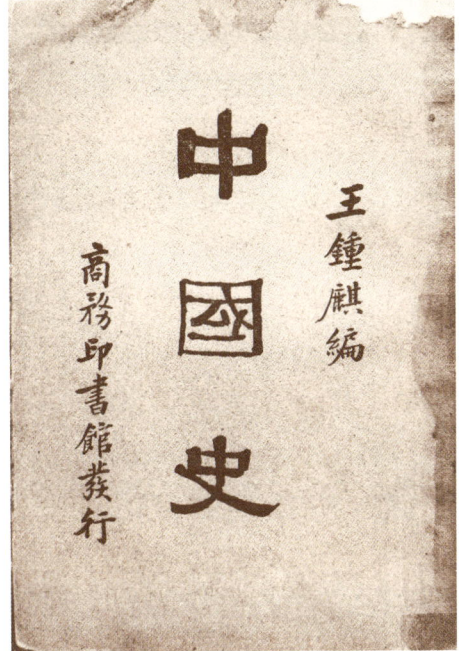

《中国史》

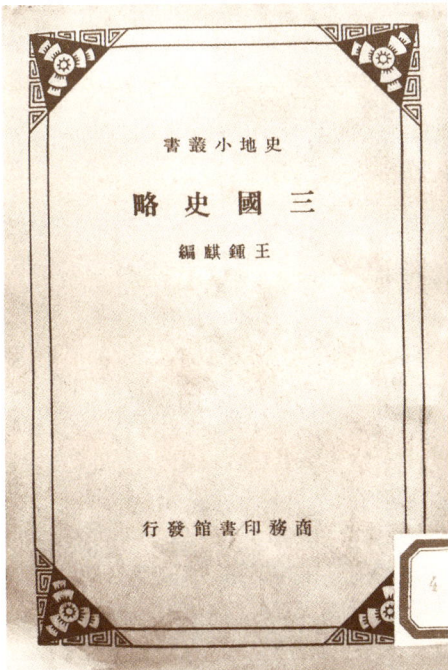

《三国史略》

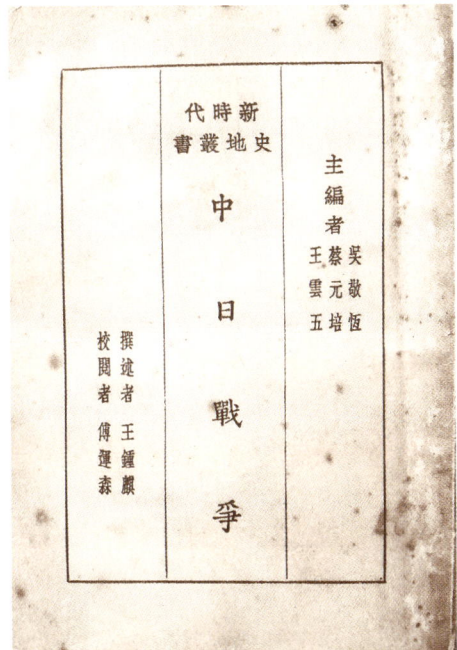

《中日战争》

新中學文庫

鄭成功

王鍾麒著

商務印書館發行

《郑成功》

萬有文庫
第一集一千種
王雲五主編

太平天國革命史

王鍾麒著

商務印書館發行

《太平天国革命史》

王伯祥 40 岁时留影

王伯祥全家合影（20世纪40年代）

《二十五史补编》（第一册）扉页

《开明国文读本》（第四册）扉页

《开明国文读本》（第四册）版权页

就是他与顾颉刚合编的《现代初中教科书·本国史》受到争议，后来这件事还一再发酵，直至该书禁止发行。对于这次禁书风波，顾颉刚曾这样回忆：

　　我一面编辑《中学用本国史教科书》，一面又在《读者杂志》上大力发挥推翻古史中神话传说的文章，两者不相冲突吗？唉，这个冲突是不可避免的！这个问题，我当时曾向编辑部里史地部主任朱经农谈过。他说："现在的政府大概还管不到这些事罢，你只要写得隐晦些就是了。"我依他的话，不提"盘古"，对"三皇、五帝"只略谈其事，加上"所谓"二字，表示并不真实。这样做法，是商务印书馆里所出的教科书中早已有过的，当二十世纪初年，商务印书馆曾请夏曾佑编一部《中学历史教科书》，他编了三册，到唐末就搁笔了。这第一册里有过基督教《圣经》和保罗文洪水传说和大禹治水作比较的文字，总称三皇、五帝的时代为"传疑时代"，直到周武王灭殷，才称为"化成时代"，表示其已进入文明世界了。拿我所编的来比他，我并不比他写得激烈。可是时代不同了，他的时代正是各个帝国主义的国家要瓜分中国的时候，谁来管这古代历史的有无问题。我的时代则正是南北纷争，人民正在渴望统一的时期，国民党北伐号称成功，建都南京，各省设参议会，也要摆出一些"民主"的架势。那时山东参议员王鸿一（名朝俊，曾任山东教育厅长，一九三〇年去世）就提出专案，弹劾此书，说它"非圣无法"，要加以查禁。后来梁漱溟来信告诉我，这个提案是北大同学陈亚三执笔的。戴季陶就利用这个提案做文章，说"中国所以能团结为一体，全由于人民共信自己为出于一个祖先；如今说没有三皇、五帝，就是把全国人民团结为一体的要求解散了，这还了得！"又说："民族问题是一个大问题，学者们随意讨论是许可的，至于书店出版教科书，大量发行，那就是犯罪，应该严办。"话说得这样激烈，传到上海，商务印书馆的几个当事人大为发急，由总经理张元济赶到南京，与"党国元老"吴稚晖商量解决办法。当时国务会议所提处罚条件甚为严酷，说："这部教科书前后共印了一百六十万部，该罚商务一百六十万元。"商务出不起这笔罚款，请吴稚晖出来说情，免去了罚款，只是禁止发行，了结此案。这是我为讨论古史在商务印书馆所撞出的祸，也是"中华民国"的一件文字狱！①

关于此书所受争议以及被禁情况，王伯祥在 1928 年、1929 年的日记中也屡次提及。

1928 年 8 月 9 日日记："大学院审定批回本，指摘处不唯不中肯，且竟有大谬不然者。如此滥竽充数，居然挟政治之力以临人，真欲令人气破肚皮也。一按其人，率北京高师及北大之学生投奔蔡元培营谋差缺不遂之流，随手位置者，则不必为之认真矣。唯学术界亦牵连腐化，终觉耿耿难已耳。"

此处所指"大学院"即是当时的"教育部"。1927 年 6 月初，蔡元培以教育行政委员会的名义向南京国民政府呈文，请求改变教育制度，去掉重叠的教育行政机构，转而在中国实行大学院及大学区制。6 月 12 日，南京国民政府同意了蔡元培的这一要求，遂以"大学院"

---

① 顾颉刚：《我是怎样编写〈古史辨〉的?》，载顾颉刚编著：《古史辨》，上海古籍出版社 1982 年版，第 18、19 页。

代替了教育部，并公布《修正中华民国大学院组织法》，规定"全国
最高学术教育机关是中华民国大学院，主要负责教科书的审查事项。
在大学院之下设立了文化事业处，教科书的审查事项由之负责"。这
种改革自有其现实意义，而民国时期审定教科书规程制度，客观地
讲，也未必不合时宜。事实上，商务印书馆早期的发展很受益于这一
制度。《民国史大辞典》在"审定教科用图书规程"词条中如此介绍：
"民国时期的教科用书审编制度。随着民国的建立，清末学部颁行的
教科书已不合时宜，民国教育部希望新编教科书要'务合乎共和民国
宗旨'。这样于 1912 年 9 月公布了《审定教科用图书规程》，规定中、
小学和师范学校教科书，任人自行编辑，惟需经教育部审定；教科用
书须合乎部定学科程度及教育宗旨；部审定有效期为 5 年，发行人须
于有效期届满前 5 个月呈请重新审定。为了适应新式学校的发展，中
华书局和商务印书馆等出版机构迅速编辑出几套内容精炼、文字浅显
的教科书，对传播民主思想和科学知识、进行教学改革起到了良好的
作用。"① 只是，制度归制度，执行归执行。如果审定者是滥竽充数的
无知或腐化之人，则此制度便可能成为当权者刁难他人的工具。王伯
祥之所以"气破肚皮"，也正在此处。好在，大学院终究还是将此教
科书审定完毕。

　　不料，就在王伯祥刚刚有所释怀的时候，争议再起。1929 年 1
月 31 日，王伯祥的日记中写道："外间有不满本馆者向国府指控初中
历史有违反党义处，国府亦郑重其事，交由胡汉民等审查，并在南京
分馆购去三十册备核。当局得该分馆报告，亦不悉所指究为何种，乃

---

　　① 尚海、孔凡军、何虎生主编：《民国史大辞典》，中国广播电视出版社 1991 年版，
第 164 页。

疑神疑鬼，遍调各书本查阅有无违碍。岫庐（王云五）且招予共同抽查，结果，予所编者绝无问题，而予检得傅编之本有不妥语数处告之。予颇不以为意，而当局之态度实堪生气，一副查案嘴脸，似被议者负有大不得了之责任者然，则予所深引以为卑夷者也。"此时，王伯祥还未曾料到自己所编的书，正是国府所针对的对象。

结果，没隔几天，王伯祥便在 2 月 2 日的日记中写道："岫庐得宁信，知被议之教科书即《现代初中本国史》，指摘之点为尧、舜禅让之否定及六朝思想之反儒两项而已。果尔，则益觉可笑，岂渐成定献之史实反不容揭发真相邪？下文如何？尚不可知，唯有听之。然在本馆当局，固着慌甚矣。"

形势正在恶化，王伯祥虽明知被指斥的内容并没有什么问题，但怎能不感到压力。2 月 4 日，当王伯祥按时到达商务印书馆时，总经理王云五、史地部主任何炳松均没有来，一打听，他们二人专程去南京了。王伯祥已听说这是有人别有用心，要敲商务印书馆的竹杠。商务印书馆正四处托人，想办法解决此事，但形势暧昧不明。

2 月 6 日，情况终于明了，王云五找王伯祥谈话，称"《现代初中本国史》与《新时代初中本国史》被指摘已证实，纯为党争作用，大约广东方面颇不满于颉刚，故出此无聊之举耳"。顾颉刚的疑古思想引起一些政客的不满，也与一些固守传统思想的人士产生矛盾，以致他与王伯祥所编的教科书成为攻击的靶子，而王伯祥一人编写的《新时代初中本国史》则受到牵连。

王伯祥当日的日记中还提到："据岫庐、柏丞（何炳松）云，戴传贤持之最力，欲藉此牵倒蔡元培；竟有处罚书馆百万至百五十万之风说，宜乎馆当局之着慌也。可恨！可叹！"如此看来，此风波背后所隐藏的东西实在很多。

最后的结果是，王云五找到了国民党元老吴稚晖，由吴出面，使当局对商务印书馆的巨额罚款得以解除。但禁止销售的决定已经发出，当局自然不会认错。王伯祥因此在2月25日的日记中写道："教育部承国府令禁《新时代初中本国史》之令文已到，文中照例承转，但令禁止发行。附抄原呈，实大可笑。支离拘泥，不值一辩。而国府竟据以为是，不惜推翻大学院所已经审定之书而徇之，其识解殆与具呈人相鲁卫乎！"

此后，王伯祥又按照要求修改自己编写的教科书，修改完毕，重新送审，审阅者依然一意挑剔，令王伯祥非常憋气，以致在6月20日的日记中写道："但今后不编教本之类须经送审者，如再相强，宁辞不干矣。"这当然只是一时情绪的发泄，等风波停息后，王伯祥还是继续编写了不少质量上乘的教科书，并以此影响了许许多多的中国人。

1931年9月，商务印书馆出版发行《初级中学中国史教科书》时，在封三还印上了《新时代初级中学本国历史》的广告，依然是王伯祥编，但已不再是"大学院审定"，而变成"教育部审定"。广告中这样介绍："本书分上下二册，恰敷初级中学教学本国史之用。课本的撰集，着眼在整个民族的立国精神，而一依代表各时代背景为指归。故取材方面在古代则注重学术思想的流变和制度风俗的由来；在近代则注重帝国主义的侵入和国民革命之发展。课文长短相称，绝无畸重畸轻之弊。注脚详明，俾学者临时得一参考之机会，或竟藉以引起扩大研究之兴趣也。"由此可以看出，王伯祥编初中历史教科书，已将自己的爱国情怀含蕴其中，而其目的，除了主要为初中教学之用，还要激发读者研究的兴趣，故行文便不能不深入浅出，又颇有趣味。

在《初级中学中国史教科书》第一册的正文前，王伯祥写了"编辑大意"：

一、本书的编制，悉照部颁初级中学历史暂行课程标准。共分四册，恰合初中教学本国史八学分之用。

二、分量的分配：第一册为绪论、上古史和中古史的一部分，第二册续完中古史，第三册为近世史，第四册为现代史。力求接近详近略远之旨。

三、课文的内容，一依部颁的"目标"为准的，故于中国政治、经济变迁的概括，学术、文化演进的经过，极为注意，俾整个民族的立国精神得以阐显。至于近世以来，则注意帝国主义的侵入和国民革命的发展，以激发学生的民族精神，并唤醒其在中国民族运动上责任的自觉。

四、各课文后，分附注脚，凡含义稍广的字句，内容较复杂的事实，都一一标出。不但教学时藉获疏通证明之便，可以伸缩活用，而学生自修得一临时参考之机，也大足助长研究的兴趣呢。

五、每课都附"研究的问题"若干则，提举要点，使学生特别注意；于复习或预习时，得令试作纲要或笔记，以练习对于史实提纲挈领了解大意的能力。

六、历史教学的设备主要的是：

（一）历史地图（挂图或折图）

（二）历史的图表（世系图和年表等）

（三）名人画像与历史的图绘和照片

（四）各种古物（如古器物、碑版、雕刻等）

（五）模型（如古物模型、古建筑模型等）

这些，都是不可缺的要件。本书插图虽富，然亦聊为示例，故教学时务宜另行设备。

这套《中国史》的每课后面，王伯祥都附上"研究的问题"，如同我们现在教材中普遍具备的课后问题，这是王伯祥与顾颉刚合编《现代初中教科书·本国史》所没有的。这一变化反映了教科书在形式和内容上的改进过程。

如果我们按照课文的内容，像学生一样，试着做一下第一册第一课《绪论·历史与现代生活的关系》所提的四个问题，则大致可以了解王伯祥当时要普及的基本历史观。

1.历史是什么？

回答：本课本开始部分便是这道题的答案——历史是人类亲历过来的经验，是一切事物进化的过程。从广义说，由天体的构成到初有人类，由人类的始祖到现在，一切活动演化的迹象都是历史。但人类是社会的生物，必需发生了社会活动才有影响及到当时和后来；如果各各独立地自生自灭，决不会有多大的关系，确占一个明了的地位的。所以从狭义来说，只能注意在社会活动的事迹上面，而把荒远难凭的传说存而不论。

2.历史的目的何在？

回答：历史的目的，在使一般人察知现代的生活和过去或未来的生活是息息相关的，因而增加了生活的兴味，取得了活动的资鉴。正如梁启超所言：譬之一般的国民，"睹遗产之丰厚，则欢喜而自壮；念先民辛勤未竟之业，则矍然思所以继志述事而不敢自暇逸；观其失败之迹与夫恶因恶果之递嬗，则知耻知惧；察吾遗传性之缺憾而思所以匡矫之。"便是很明显的好例。

3. 研究历史，是否仅限于书本？

回答：否。虽然我们要研究的是人类有社会组织以来的历史，同时在这经历的过程上找寻一些变化演进的事实，所以那些由口碑衍为记载的书本竟占着历史的中心部分了，但是我们要知道，历史不就是写出来或刻出来的书本，凡是古代遗留下来的器物，掩没在地层中的僵石，都可以取来证明以往的事迹，便可以说都是历史的产物。用文字记载出来的书本当然是历史的一部，决不是历史的全体。不过我们须知书本的流传比别种东西容易持续，而且它的内容可以从多方面记载，所以历史的范围便好像渐渐收缩，只在书本之内了。其实书本以外的种种事物都是历史的好材料，我们决不能尽望着书本而抛弃了余外的东西！

4. 历史的演进为我们所必须注意的，至少有哪几方面？

至少要顾及民族的、社会的、政治的、学术的四方面。

（一）民族的方面，自有其来源和分合，影响文化极大；凡异民族的接触、冲突和融合的情形，我们都该注意。

（二）社会的方面，自有其蜕变的迹象可求，当时一般的生活状况于此略见；凡家族、体制、宗教、风俗和阶级观念等的因革，我们都该注意。

（三）政治的方面，自有他的沿革变迁，直接影响于当时，间接影响于后世的甚切；凡疆域的伸缩，制度的损益，施政的得失，我们都该注意。

（四）学术的方面，也因时势的需求而促成思想的转变，与时代的背景关系最切；凡学说的流传和影响，我们都该注意。

研究历史的，至少对于这许多方面的演进，要观其大较，明白其因果相乘的关系，然后才能把历史纳入现代的生活界而为一般人活动的资鉴呢！

综合上面四个问答，我们可以看出，王伯祥的历史观是要把历史和现实结合起来，要使历史对现实有帮助，而不是单纯地、僵化地看待历史。

十、商务时期的专著及张冠李戴的王钟麒

王伯祥在商务时期写过不少专著。《中日战争》是王伯祥 1929 年所写，12 月 18 日脱稿时，王伯祥仍不放心，特请老友叶圣陶过目，并请作序。叶圣陶在序言中称赞该书："原始要终，殆无馀蕴；洞穴贯穿，弥见精勤；是诚所谓探其致败之源因为镜鉴者也"。[①]

该书以晚清时期的中日战争为主要内容，叙述事件的起因转变，并以此为中心，介绍当时的国内国际形势，以使读者对中国之危局有更全面的了解，并唤起中国民众的危机感与爱国心。末尾介绍中国当时之危局，称："我东北介日、俄之间，乃日益多事。推原祸始，宁

---

① 王钟麒：《中日战争》，岳麓书社 2011 年版，第 1 页。

不可恫！虽然，挽救危亡，匹夫有责，急起直追，匪异人任也！"明确告诉国人，只有依靠自己，才能挽救中国危局。

该书于1930年9月首次出版，作为商务印书馆"新时代史地丛书"中的一本，后又纳入"万有文库"第一集一千种当中，并于1934年7月再版。2011年12月时，岳麓书社还将此书收入"民国学术文化名著丛书"当中，以横排简体字本的形式重新出版。

王伯祥为"新时代史地丛书"及"万有文库"所编的还有《三国史略》、《晋初史略》二书。此二书在70多年后再次被出版社和学者关注，并将其内容合并，于2013年由知识产权出版社以横排简体字版的形式出版《三国晋初史略》，并纳入"民国文存"丛书第一辑中。

对于《三国晋初史略》的内容，编者在编后记中介绍："本书由王钟麒所编二书《三国史略》《晋初史略》拼合而成。《三国史略》原名《三国之鼎峙》，记述黄巾起义至蜀汉灭亡、司马炎代魏平吴的史实。全书十四个专题，大致可分为三部分，第一部分是对时势的'鸟瞰'，'中国民族由极盛之两汉以转入中衰之六朝'；第二到第七专题为第二部分，介绍了黄巾起义至曹魏建立前的社会政治史；第三部分是第八到十四专题，是对魏、蜀、吴三国鼎立后社会政治史的阐述。《晋初史略》原名《晋之统一与八王之乱》，记述的史实自司马氏代魏开晋始，至八王之乱止，用相当篇幅记述了贾后专权与废死的史实。书名为'史略'，王钟麒运用《后汉书》《三国志》《晋书》《华阳国志》《资治通鉴》等史料，主要著笔于主要历史人物和重大历史事件，勾勒出三国晋初的政治变迁史，而对该时期的其他社会现象诸如经济、文化等未能涉及。"

对于《三国晋初史略》的重新整理、编辑、出版情况，"编后记"

称："本书依据商务印书馆 1934 年出版的《三国史略》《晋初史略》
为底本进行整理。二书均为商务印书馆的'史地小丛书'系列中的一
本。编辑在整理的过程中，版式上将原来的直排变为横排，以便于
今人阅读；尽量保持民国时期的语言文字原貌，如文中的简繁混用现
象，并未加以改动；对底本中需要补充或明显错讹需要纠正的地方，
以'编者注'的形式说明；底本已经使用了现代标点，但与今天的规
范仍有差异，编辑以尊重原稿为主、依据现代汉语标点规则修改。"

　　由上可见，重新整理出版此二书的编者是下过一些功夫的。不
过，他们在介绍此书的作者时，却犯了一个大错。其编后记称："本
书的编者王钟麒（1880—1913 年），字毓仁，祖籍安徽歙县，生于扬
州。光绪三十三年（1907 年）入上海报界，从事报刊工作，历主《神
州日报》《民呼报》《天铎报》笔政，又尝创办《独立周报》，反映民声。
1910 年，王钟麒经柳亚子等人介绍加入南社，诗、文、小说、戏曲
皆能，成为南社的主要作家之一。王钟麒虽英年早逝，但著述宏富。
据郑逸梅《南社社友著述存目表》和民国《甘泉县续志》，王钟麒著
有《太平天国革命史》《三国志选注》《中日战争》《郑成功》《孟晋山
房骈体文》《古今体诗》《红禅词》《小奢摩室诗话》等。王钟麒在小
说理论批评方面颇有建树，曾发表《论小说与改良社会之关系》《中
国历代小说史论》等文。"这就把王伯祥的几本著作都安在 1913 年便
去世的扬州人王钟麒头上了。

　　再看 2011 年出版的《中日战争》后记中，也是这样介绍作者："王
钟麒（1880—1914），字伯祥、毓仁，又作郁仁，号无生，别署天僇、
天僇生、益厓、三函，斋名述庵、一尘不染。父王均，字治臣，是有
名的孝子。祖籍安徽歙县，自幼随父迁寓扬州南门粉妆巷，遂为江都

（今扬州）人。近代作家、文学理论家。其著作除本书外，还有《三国史略》《晋初史略》《世界史》《世界地理》《本国地理》《三国志选注》《中国历代小说史论》等。"这样的介绍则把《世界地理》、《本国地理》等书也安到扬州人王钟麒的著作当中了。如果我们再到网上查王钟麒，莫不如此。

这就需要郑重地强调、区分一下近现代史中的两个王钟麒。

扬州人王钟麒的主要著作在文学与文学评论上，而苏州的王钟麒（即王伯祥）的主要著作在历史地理方面。

扬州人王钟麒生于 1880 年，辞世于 1913 年；苏州的王钟麒生于 1890 年，辞世于 1976 年。

扬州人王钟麒没有用过"伯祥"的名字，如果要了解他的详细情况，可阅读邓百意所著的《王钟麒年谱》。

那么，为何可以肯定《中日战争》、《三国史略》、《晋初史略》、《太平天国革命史》、《本国地理》、《世界地理》是王伯祥所编著？有以下几个因素可以判定：

一、这些书出版时，扬州人王钟麒已经去世；

二、这些书最初着手编订时，也是在扬州人王钟麒去世以后，不可能是他的著作的再版；

三、像《中日战争》一书的序文中，更有叶圣陶的证明："伯祥此书。""伯祥"当然是指王伯祥；

四、《太平天国革命史》中更有王伯祥在"自序"中声明：这本书在中华民国十六年（1927）所著。

还有别的理由可以判定这些书的作者究竟是谁，例如从标点符号的运用、其他同人的记载，等等。这便牵扯出一个旧书再版时的作者认定问题。历史上出现过不少同名同姓的作者，这些现象给当下的古籍和文史出版者设下了陷阱，稍不注意，便可能出现像上面那样的错误。

王伯祥的著作，以王钟麒为作者署名，收入"新时代史地丛书"、"万有文库"第一集的，还有《太平天国革命史》，此书初版时间1929年，再版时间1934年。正文前的序言中，王伯祥提及几位同事的帮助：

> 今岁夏日，本馆有《新时代史地丛书》之辑集，其预定目中，列入《太平天国革命史》，何柏丞先生即举以相属，多所鼓励。而向觉明先生、谢六逸先生、陈乃乾先生复为甄采史材，加以指示。遂不自揣，妄有造述。年经月纬，本于官书；事同迹异，参诸私乘。至于取舍之间，则去甚去泰，要惟求信；钩沈索隐，仓卒未能也。区区之意所不获自己者，惟在捃摭失当，驱遣无方；使言之不章，辜友深望，滋可惭耳。①

何柏丞，即何炳松，1890年生于浙江金华，1912年赴美留学，先后就读于威斯康星大学、普林斯顿大学，攻读现代史学、经济学、国际政治学等，1917年回国后担任过北京大学史学系教授、浙江省第一师范校长等职，1924年被聘任为商务印书馆百科全书委员会历史部主任，1927年担任商务印书馆编译所所长。何炳松著述颇丰，撰写《通史新义》、《历史研究法》、《程朱辩异》、《浙东派溯源》等，

---

① 王钟麒：《太平天国革命史》，商务印书馆1929年版，第2页。

编译出版《中古欧洲史》、《近世欧洲史》等，其中不少著作被用作大学教材，影响很大。他是王伯祥的朋友，也曾是王伯祥的上司。

向觉民，就是学术界熟知的向达，湖南溆浦人，生于1900年，1924年入商务印书馆编译所，后长期担任北京大学教授。他也是著名的史学家，出版有《唐代长安与西域文明》、《史料目录学引论》、《伦敦所藏敦煌卷子经眼目录》等专著。1947年11月5日王伯祥在日记中记载："午接西谛电话，谓觉民昨日自平来，住伊家，今晚约在伊处与诸老友相叙，并属邀予同、圣陶同往。余与觉民暌违已十五年，亟欲相晤，欣喜可想……"1948年7月4日记载："三时许西谛折简相邀，谓觉民甫自南京大学来，明后日即须乘轮赴津返平，还教北京大学，再来未卜何日已，匆匆约定今晚七时在渠处便酌，并托代约予同……"向觉民与王伯祥虽不常见，但总以好友相待。

谢六逸，前文已提到。1929年前后，他著述颇丰，除在《文学周报》、《小说月报》、《语丝》等报刊发表文章外，他所著的三本关于日本文学的图书：《日本文学》（增订本），由上海开明书店出版，被复旦大学作为教材；《日本文学史》由上海北新书局出版；《日本文学》由商务印书馆列入"万有文库"出版。这年9月，复旦大学新闻学系创办，谢六逸担任首届系主任，聘请一批知名报人到复旦大学讲课，并组织新闻学系师生成立复旦大学新闻学会，设立新闻学研究室。他虽然已离开商务印书馆，但与王伯祥等朋友交往仍多。

陈乃乾，1896年生于浙江海宁，清代著名藏书家向山阁主人陈仲鱼的后裔，从小酷爱读书，与王伯祥一样对版本目录学有浓厚的兴趣。他曾担任上海进步书店、大东书局、开明书店、中华书局编辑；还做过图书发行与销售，与他人在上海合办过中国书店，编印过《清代学术丛书》、《经典集林》等稀见古书……在《王伯祥日记》中，屡屡提到陈乃乾。二人交情深厚，交往甚密。王伯祥的很多图书，都是通过陈乃乾购买到的。

王伯祥通过图书结交了很多馆内外的读书人、编书人、写书人。大家出于对社会的责任心，不断策划、编辑了一些图书。他们的合作是多元的，根据各自不同的情况，参与的方式也不同。例如，1927年，王伯祥、周予同、叶圣陶、郑振铎计划主编大型选本《中国文选》（因故未能成书），这个过程中，王伯祥参与的方式是策划与编辑。而瞿秋白就义后，鲁迅、郑振铎、茅盾、胡愈之、叶圣陶等决定编辑他的《海上述林》，王伯祥则是参与了集资出版工作。

《郑成功》的作者署名也是王钟麒，这是王伯祥为商务"百科小丛书"所写的一本小书。全书共四篇，分别为"家世与时势"、"抗清运动之展布"、"台湾之营辟"、"馀烈之终替"。虽然主要写郑成功，但从郑成功之父郑芝龙写起，一直到郑成功逝世后台湾被清朝统一为止。在五万字左右的篇幅中，围绕着郑成功的史事，将晚明局势的变化、南明几个小政权的纷争、清军入关乃至南下、吴三桂的两面嘴脸、东南局势变化及台湾的沿革与纷争等诸多复杂的形势说得非常清楚，足见作者之功力深厚。

书中除详书郑成功反清事迹外，台湾史事也是一个重点。全书最后则以沉痛笔法如此写道："于是台湾乃入清之版图，屹然为海上重镇矣。及清季光绪甲申（一八八四）中、法战后，建为台湾省，设巡抚统治之。甲午（一八九四）中、日战后，其地遂割让于日本。不图郑氏筚路蓝缕以启山林者，二百年后终沦异域。呜呼！九原可作，郑氏之目必不瞑；而后死有责，其能恝然长视乎！"王伯祥实际上是以此唤醒国人的爱国心，收复台湾！

此书 1934 年 5 月初版，到 1947 年 2 月印四版，可见销量不错。1933 年 9 月 23 日，王伯祥日记中还提到："偶翻商务最近《图书汇报》，知予前著《郑成功》依然存在，喜极。"可见，他对这本小册子的感情。

十一、旧矛盾·大灾难·新选择

在商务印书馆的历史中，王云五是一重要人物，除组织出版各类教科书之外，还组织出版过"万有文库"等有影响的图书。

关于"万有文库"，商务印书馆 1936 年编的《本馆四十年大事记》称："1929 年《万有文库》开始预约。本丛书第一集计有 2012 册，主旨在以整个的普通图书馆用书供献于社会，其内容于中外各科要籍，治学门径之书，以及必要的参考图籍，无不包罗。支配适当，系统分明，版式一律，书脊编号，极便管理。主编与计划者为王云五君，盖就其历年编印之各科丛书为基础，进一步而为更有系统之贡献也。本年 10 月开始出书，二十年 10 月出齐，因本文库而成立之图书馆，无虑千数。内政教育两部，特于二十一年 10 月 12 日训令各省市民政教育厅局转饬所属县市政府务须购备一部，存置各县市教育局中，以充地方图书馆设备。二十三年续编《万有文库二集》，亦 2000 册。"①

"万有文库"对当时中国的教育文化产生了积极影响，但也由于王云五刻意追求速度，产生了一些图书质量问题。

---

① 《商务印书馆九十五年》，商务印书馆 1992 年版，第 697 页。

王云五还推出"四角号码检字法"，组织编辑出版《王云五大辞典》、《王云五小词典》、《王云五小字汇》等工具书，推行图书统一分类法，等等，可以说，作为编译所所长的王云五，整体上还是相当有能力的，带领商务印书馆走向了一个新阶段。可是到1927年7月的时候，王云五却辞去了编译所所长职务。其中一项理由是：自己经常要做分外的工作，需要帮助馆方应付工潮，甚至为了向军阀求情不要逮捕工人，自己竟然还跪在地上。据此，他认为自己付出太多，疲于应付，所以辞职。

当年11月，总经理鲍咸昌去世，宝山路总厂新建的最大印刷厂第四印刷厂又突然失火，四楼全部焚毁，而商务内部不断发生的罢工运动，又使得几位负责的老先生感到无法应付，于是决定请王云五当总经理。此后一直到1946年5月，王云五前往担任国民政府经济部部长前，一直是商务总经理。

这个过程中，王云五做了很多事情，但几乎每做一事，都处在褒贬不一的争议当中。

褒之者称："云五先生的大气魄有大贡献于济济多士，以商务编译所为中心，扩散其学术思想于全国。"[1]"云五先生投身于商务印书馆，不仅使商务印书馆成为全国最大的出版机构，也使云五先生成为中国出版界的拓垦英雄。"[2]

贬之者则称：王云五有着强烈的"压迫工人、剥削工人的目的"，

---

[1] 陶希圣：《商务印书馆编译所见闻记——王云五先生的魄力与信心》，载《商务印书馆九十五年》，第492页。

[2] 王寿南：《王云五先生与商务印书馆》，载《商务印书馆九十五年》，第498页。

想把"他一直感到头痛的工人运动彻底消灭";[1]"正是职工运动抬头的时候，王却千方百计的想些办法来对职工进行压榨。他规定编辑每天写多少字，写不足就扣薪水。画图，先是要量尺寸，因而有人就尽量画大，后来他又提出图中空白地方要扣除不计尺寸，也就是不计报酬。校对上如果发现一个错字，就要扣多少薪水。过去的几个编译所主任对编辑还是很尊重的，对王云五却普遍有反感。"[2]

至于王伯祥，在王云五担任编译所所长期间便对其产生过不满情绪，但与其矛盾并不算大。然而，在王云五担任商务总经理，实施"科学管理法"时，王伯祥与编译所其他编辑一样，对王云五充满了抵抗的情绪。

1930 年 3 月，王云五动身出国，历访日本、美国、法国、瑞士、德国、比利时、荷兰、意大利、新加坡、马来西亚，考察外国出版业的管理方式。9 月初回到上海商务印书馆后，便在馆内成立了一个研究所，自己兼任所长，并从美国聘请了八名研究员，要为促进工作效率、提高劳动强度开辟一条道路。1931 年 1 月 10 日，王云五公布《编译所编译工作报酬标准施行章程》26 条，宣布至 6 月底为试办期。报酬标准大意是："将编译工作分为著作、翻译、选辑、校改、审查五类，其计酬办法大致是：著作、翻译两类分为八级，每千字 2—8 元；选辑工作分为五级，每千字 0.50—1.50 元；校改工作分为六级，每千字 0.50—2.00 元。并订出编译人员每日生产的定额。审查以时间

---

① 章锡琛：《漫谈商务印书馆》，载《文史资料选辑》（第 43 辑），文史资料出版社 1964 年版。

② 胡愈之：《回忆商务印书馆》，载《文史资料选辑》（第 61 辑），中国文史出版社 1999 年版。

计算，每小时的定额为 15 千字—20 千字。"[1] 王云五的本意是要学习外国"数目字化的管理"，想要以最小的投入获取最大的产出，然而，他将这种管理法从体力劳动推行到脑力劳动中，将脑力劳动者也当作机器看待，并试图将编译所的月薪制逐步改为工业生产的计件制，迅速激起编译所职工的强烈反对。他们推郑振铎、郑贞文、胡绍绪、杜亚泉等为临时代表，与王云五展开针锋相对的斗争。

1 月 16 日，商务印书馆职工正式成立"反对工作标准特种委员会"，出《临时报告》第一号。1 月 18 日，由郑振铎起草，陈稼轩书写，"反对工作标准特种委员会"在报上发表《商务印书馆编译所职工会宣言》，全体反对所谓绝对不合科学方法的新标准，并宣称："王云五不独为同人等之公敌，亦社会之公敌……庆父不去，鲁难未已。"[2]

他们还努力争取外界的支持。1 月 19 日夜 7 时，王伯祥、叶圣陶与商务编译所同人在四马路一枝香饭店召开上海各界人士招待会，王伯祥该天日记中称："到律师界、新闻界各工会、职工会代表及吴稚晖、潘公展、陈霆锐、朱隐青、邝富灼、谢福生、陈望道、夏丏尊等凡八十余人。由陈岳生报告经过情形后，先后发言者多至十余人，多以著作者甘苦之谈深表同情；且于'科学管理'、'合理化'等曲解处亦多所辞辟也。足征公道究在，斯世者终不能掩耳矣。"

对此，王云五本人自然不愿意退步，双方的矛盾更加激化，社会反应也越来越强烈。知名人士邹韬奋便著文对编译工作实行所谓科

---

① 朱蔚伯：《王云五与商务印书馆》，载中国人民政治协商会议全国委员会文史资料研究委员会编：《文化史料（丛刊）》（第 8 辑），文史资料出版社 1984 年版，第 215 页。

② 朱蔚伯：《王云五与商务印书馆》，《文化史料（丛刊）》（第 8 辑），文史资料出版社 1984 年版，第 215 页。

学管理提出质疑。舆论界普遍对编译所员工表示支持。这样强烈的抵抗，是王云五没有料到的。

1 月 22 日，王云五不得已宣布撤回《编译所编译工作报酬标准施行章程》，称："公司不愿以'完全善意'的奖励章程，转使同仁'误会'为恶意，故决定即行撤回。"然而，因为这一事件再加上其他变故，编译所的工作模式逐渐发生变化，失去了往日的辉煌。在这样的情况下，叶圣陶、王伯祥等人自然会有新的选择。

1931 年 2 月 1 日，叶圣陶正式辞去商务印书馆职务，进入开明书店，担任编辑、编译所副主任、《中学生》杂志主编等职，很快成为开明书店的核心人物。

王伯祥本来就与开明书店有很多的联系。例如，1926 年 7 月 20 日的王伯祥日记中便记录，这天晚上在郑振铎住处，他与郑振铎、叶圣陶、胡愈之、章雪村一起，商定《文学周报》与开明书店订立印行丛书合同 14 条，谈至九时半结束。

1926 年 8 月 1 日，开明书店正式挂牌营业。开明"老板"章雪村在《一个最平凡的人》中说："开明书店的创办，并不是我的主动，完全靠着许多朋友的怂恿规画。"这些朋友当中，应该有王伯祥。

据叶圣陶当年的感受，"雪村先生在商务的时候非常拘谨，几乎不苟言笑；离了商务性格突然一变，生活上颇有点儿放浪形骸，事业上好胜心极强，处处刻意创新，想方设法挤进商务、中华等大出版家的行列。"① 这样的变化，王伯祥自然也能感受到。如此一来，他们之间的联系和交往更加密切了。

---

① 叶至善：《纪念章雪村先生》，载《出版史料》1989 年第 2 期。

　　朋友们的聚会非常频繁，王伯祥、叶圣陶、章雪村都是重要成员。例如，1926 年 8 月 12 日，由于顾颉刚来到上海，王伯祥、叶圣陶、章雪村、陈乃乾、罗志希、魏建功、傅彦长、徐蔚南、张若谷、朱应鹏、周予同、胡愈之、李石岑一起在一枝香饭店宴请顾颉刚，谈兴甚佳。饭后，王伯祥、顾颉刚、叶圣陶、章雪村、陈乃乾、胡愈之、罗志希、魏建功又一起到徐园品茗，谈兴仍浓，自不免也谈到开明出书事情。当晚，王伯祥、顾颉刚、叶圣陶、章雪村、陈乃乾、胡愈之又换了一个地方，在美丽川菜馆共饮，到十时半方各自分别。8 月 24 日夜，王伯祥、叶圣陶、郑振铎、章雪村、胡愈之、陈乃乾、索非等人又在晋隆餐社为孙伏园饯别，因为孙伏园第二天就要前往厦门大学任教去了。8 月 30 日，王伯祥又在日记中记载："夜间，振铎、雪村、愈之、丏尊、叔琴、大白、望道、雁冰、薰宇、予同、乔峰、圣陶及予公宴鲁迅于消闲别墅，兼为佩弦饯行。佩弦昨由白马湖来，明后日将北行也。十时半始散。"佩弦，就是朱自清。

　　1928 年 1 月 10 日，王伯祥到开明书店编译所，与章雪村、叶圣陶、胡愈之、徐调孚、周予同、李石岑、方光焘一起为夏丏尊饯行。夏丏尊将回白马湖专心从事翻译和写作，而章雪村此时正盘算如何想尽办法把夏丏尊请到开明书店工作。开明创办之初，完全是以朋友相交的方式，老板、员工、作者都有着浓浓的友情，王伯祥很喜欢这种氛围。

　　1929 年 1 月 17 日，商务印书馆散馆后，王伯祥、叶圣陶、郑振铎、徐调孚到开明书店编译所见章雪村，办理购买开明股份事。这个时候，夏丏尊已到开明书店，并成为开明的灵魂人物。下一步，章雪村、夏丏尊就非常想把叶圣陶请入开明，也通过叶圣陶说服王伯祥为开明编书。

叶圣陶到开明书店工作后，王伯祥与开明的关系更加密切了。叶圣陶不仅每天都与王伯祥见面，交流信息与想法，而且不断将开明事务与王伯祥连在一起。

1931年3月15日午前，叶圣陶与郑振铎、宋云彬访王伯祥，请其为《中学生》撰文。

4月1日，叶圣陶访王伯祥，谈论读王伯祥所著《我国三千年来地方制度的演变》一书的感想。

5月22日晚，王伯祥、叶圣陶、徐调孚、顾均正等人在崇明路味雅酒楼聚餐，叶圣陶开始约王伯祥编《开明函授讲义》中的《中国历史》讲义。次日，又把讲义编写"凡例"寄给王伯祥。

6月11日，叶圣陶与王伯祥谈开明书店印行《图书集成》计划事。

9月2日夜，叶圣陶与王伯祥、郑振铎、陶希圣、陈望道、傅东华等朋友在北四川路南京酒家小饮，一起谈论办《文史评论》事。

9月13日，叶圣陶请王伯祥为《中学生》作文。

9月22日，叶圣陶寄《中学生》征文信给王伯祥，请其写《日本侵略之由来》。

10月24日，叶圣陶到王伯祥处，取其为《中学生》所写的《推荐五部关于历史科的新书》文稿。

11月1日，叶圣陶访王伯祥，催开明讲义书稿。12月20日，王伯祥访叶圣陶，交开明讲义书稿。

1932年1月，叶圣陶、夏丏尊、章雪村等人发起创办开明书店函授学校，成立开明中学讲义社，社长夏丏尊。讲师中第一位便是王钟麒（王伯祥）。很显然，他已经越来越倾向于开明了，不过，他仍然是商务印书馆最勤奋的编辑，兢兢业业地工作着。如果没有一场巨大的灾难，也许，老成持重的王伯祥并不会作出彻底的新选择。

1932 年 1 月 28 日深夜，日军发动"一·二八"事变，疯狂地进攻上海，用飞机日夜轰炸。一时间，炮火纷飞，生灵涂炭。不仅如此，日军还要通过摧毁中国的文化重镇商务印书馆、烧毁中国最大的图书馆东方图书馆，以达到毁灭中国文化的目的。侵华日军海军陆战队司令盐泽幸一声称："烧毁闸北几条街，一年半年就可恢复。只有把商务印书馆、东方图书馆这个中国最重要的文化机关焚毁了，它则永远不能恢复。"①

1932 年 1 月 29 日晚，日本飞机以闸北的商务印书馆为目标实施轰炸。王伯祥当晚日记记载："是夜十一时许，倭贼突攻闸北，飞机下弹毁商务印书馆。从此，沪北各地遂化成大修罗场，毁家丧生者不可胜计。是诚生平最深刻之一日也。"2 月 1 日到 3 日，日军连续对商务印书馆总馆厂的所有机构进行轰炸，他们特地用了燃烧弹，在炸毁建筑的同时，还焚烧图书。总管理处，第一、二、三、四印刷厂，编译所，尚公小学，函授学校，100 余亩土地上的所有机构、设备都被炸毁，一片废墟，满目凄凉。最令人心痛的是，亚洲最大的图书馆——东方图书馆也被炸毁。战火之后，商务元老张元济迈着沉重的步履走在废墟上，内心遭受重大的打击，他在给友人的信中说："连日勘视总厂，可谓百不存一。东方图书馆竟片纸无存，最为痛心。"这是日本侵略者对人类文化的戕害！"学者有谓，这是自火烧圆明园

---

① 张人凤：《为国难而牺牲，为文化而奋斗——抗日时期的商务印书馆》，载《商务印书馆一百年》，商务印书馆 1998 年版，第 509 页。

以后最令人痛心的文明惨剧。"①

在东方图书馆图书被毁的时候，王伯祥私人藏书也全部被毁，这对嗜书如命的王伯祥而言，是怎样的打击?!

王伯祥本来就有购书、藏书、读书的嗜好，到了商务印书馆以后，一方面由于工作需要，购买了很多与工作业务有关的图书；另一方面，商务逐年加薪，再加上稿费，经济便宽裕起来了，得以大量购买自己喜欢的图书。日积月累，一本书一本书地购入，渐渐竟有上万册图书，不料竟毁于兵燹，可谓巨大的家难。

1月29日，王伯祥又在日记中补记了另一件他最担心的事，他的夫人秦珏人生死未卜。日记中写道："予盖念珏人，几至发狂，即将群雏送至仲弟处安顿，己则废餐忘形，四出设法，访乃乾、晴帆、道始诸友，竭尽智能，迄无冒险入闸北拔救之方。延及夜初，卒废然归视诸雏，甫入门，珏人与吴妈赫然在焉。予初疑入梦，定神后，始悉珏人于今晨八时随邻人胡子涵君由大场落乡走出，在枪林弹雨下徒步至下午四时，始到仲弟所云。虽仅以身免，实亦不幸中之大幸矣!"

商务印书馆总厂被炸后，一时无法开业，三千多职工都不得不面对被解雇的现实，王伯祥也不例外。关于商务总厂被炸后如何处理职工善后事宜，商务印书馆善后办事处1932年7月编印的《上海商务印书馆被毁记》有较为详细的介绍。由此书可知，商务印书馆总馆被炸后，几经周折，职工们得到了一些经济补偿与救济，然而这毕竟只能解决眼前的紧急情况，复业无望，大多数职工不得不考虑离开上

① 王建辉：《文化的商务——王云五专题研究》，商务印书馆2000年版，第76页。

海，重谋出路。就是从这个时候开始，王伯祥告别了商务。他这样的人才，其他出版社早想把他拉过去了。所以，一旦商务印书馆将他解雇，开明书店的章老板便马上想着邀请他进入新团队了。

这是王伯祥的新出路。

第三章

梦飞翔的时候
——开明书店第一时期（1932—1937）

一、进入开明书店

经"一·二八"炮火洗劫，王伯祥一家一无所有了。

王伯祥的内心当然非常难受，1932年2月6日他在日记中写道："火光冲汉，不禁怵目惊心，想寓庐所有胥成灰烬矣。然则二十五年来心力所蓄，浩然一梦而已。"

不久之后，夫人秦珏人生了一对双胞胎，女儿叫淑华，儿子叫济华。不幸一年后，济华因出痧子夭折。

这是一段多么难熬的日子啊！

不过，在艰难时刻，才更能见出人世间的

真情、亲友间的莫逆。

王伯祥一家先是住在弟弟家中。屋子很是逼仄，不好居住。王伯祥愁绪满怀，还为叶圣陶、郑振铎、周予同等朋友担心，不知他们怎么样了。1月31日的日记中写道："至开明访问，则亦大门紧闭，迄未得圣陶之消息，滋可虑耳。振铎、予同亦然，不知究否再得相晤也？夜无聊苦闷殊甚，仲弟力劝饮酒，遂进酒。睡未及明，大炮声又聒耳使醒矣。"

王伯祥打听到叶圣陶正住在辣斐德路的刘海粟家，马上前往，二人见面后相对黯然。此后的一段时间，叶圣陶几乎每日都陪伴着王伯祥，想办法为老友解忧。他们经常去开明书店，被称为章老板的章雪村、开明经理夏丏尊等人都用好酒招待王伯祥，并商量如何一起做事，渡过难关。最后的结果是，王伯祥答应为开明书店编《初中国语教本》（出版时书名为《开明国文读本》）六册，叶圣陶为王伯祥写了国语教本的办法大纲，还与章雪村、夏丏尊商定，王伯祥编《初中国语教本》的稿酬合计二千元，先预支三分之一，书稿交齐后再支三分之一，印出后再支三分之一，并为王伯祥提供参考书。"一·二八"之前，王伯祥在商务印书馆的每月收入为二百元左右，开明给予他的待遇可以说非常优厚，称得上朋友们的雪中送炭。

这段时间，好友陈乃乾、顾颉刚等人均想法帮助王伯祥。

陈乃乾一得知王伯祥的房屋被炸，马上腾出自家楼下的客堂，让王伯祥一家居住。对此，王伯祥十分感激，在当天的日记中写道："蒙一切设备周妥，并供膳食，感极。"陈乃乾担心王伯祥拘谨，外出时特地留下一张纸条，上写："兄如不嫌简慢，请安心住此，不必多虑。生在这个时代，尚欲严格的分别尔我，未免为造化所笑。好在内人有孩子气,平居嫌寂寞。今得小朋友作伴,亦极欢迎。请兄一切放心,一切皆不成问题。"这份情谊,让王伯祥感到莫大的温暖。

顾颉刚虽不在上海,但也牵挂着老友,马上来信,介绍王伯祥到武汉大学任教。只因王伯祥考虑到武汉没有熟人,而且当时治安不佳,所以没去。

不久之后,王伯祥又在叶圣陶的联系下,举家迁往章雪村在人安里的一幢房子里。离开陈乃乾家时,王伯祥还向老友借了《四库提要》、《康熙字典》、《中外纪年通表》、《历代讳名考》、《涵芬楼文钞小传》等书,自然也将陈乃乾赠送的《历代帝王庙谥年讳谱》带上。后来,王伯祥特在《历代帝王庙谥年讳谱》空白页题写文字:

> 是谱本为桐乡陆费墀稿,曾刻《文选楼丛书》中。壬申春初,避寇友人陈君乃乾家,获观此本,检署历代帝王年表。……此记即在陈家所书,比事稍定,赁居沪东人安里,辞离乃乾,便以此册见赠,今以辑录书跋见此,当年流离块尾之状及良朋见留之雅,宛然目前,不禁凄然。①

到人安里住下后,王伯祥重新安顿下来,他所有的工作与生活便都与开明紧密地联系在一起了。

1932 年时,开明书店已办得很有起色,在福州路有了宽敞的门市部,编辑部也迁到门市部附近的一个里弄内。编辑们在一个大屋子里工作,前后有窗,每一位编辑都有一张靠窗的写字台,明亮而简

---

① 王伯祥:《庋榢偶识》,中华书局 2008 年版,第 27、28 页。

洁。然而，开明书店最缺的是有经验、有学识的编辑人员。

1932 年，商务印书馆的裁员正好成为开明书店的好机会。王伯祥、徐调孚、顾均正、贾祖璋等商务好友均被章雪村邀请到开明工作，金仲华、傅彬然、宋云彬、周振甫等人也先后进入开明，使开明的编辑力量变得丰厚起来。

更重要的是，开明书店的主要成员都是多年交往、有着共同爱好和理想的出版界、文化界、教育界人士，他们或是文学研究会的成员，或是主张将教育和劳动结合的立达学会的会员，或是在商务印书馆长期工作过的资深编辑，有的则三者兼而有之，有思想、有文化、有教育实践、精通出版业务，愿意将自己的生命与中国的出版教育文化事业紧密结合在一起。这样的群体注定有极强的生命力和向心力。

宋云彬回忆："编译所长是夏丏尊。主持编辑工作的有叶圣陶、王伯祥等。那时候，开明已经确定以出版中学教科书和中学生课外读物为主要方针。"[1]

王伯祥正式进入开明书店是在 1933 年 1 月 4 日，他很快成为开明的重要成员，从事编辑工作，还兼管经理室的文翰事务，参与整个书店的出版规划。而与工作密切联系的购书、买书、藏书，也重新开始。

商务印书馆出版的《中国古今地名大辞典》，是王伯祥必备的工具书。对王伯祥而言，这部书还有另一层纪念意义，为此，他特在该书的扉页注明："壬申劫后所得第一部。购自棋盘街文明书店，照价无折。本馆（指商务印书馆）近在咫尺，未由入视（时闸北馆厂同被

---

[1]　宋云彬：《开明旧事——我所知道的开明书店》，载《文史资料选辑》（第 31 辑），文史资料出版社 1980 年版。

焚毁，发行所闭门停业），遂使邻店居奇（馆例，同人购用，得享七折优待），亦可叹也。三月廿一日伯祥记。"①

他已把购书当作自己生命的一部分了，无论条件如何艰苦，总是尽量购买。开始时搜罗一些如广益书局之类印行的粗糙、质次的一折书，买回后自己用朱笔一一校正，渐渐地书便多了起来，也陆续添置了一些好书，还添置了书架、写字台、台灯。

一百零六卷、十二册的《经籍籑诂》连同《补遗》，是王伯祥劫后所购的第一部线装书，购买后非常高兴，感觉有望恢复旧日藏书规模，特题记："民国二十一年劫后重得线装书之第一部。购自来青阁。其为经籍复臻，渐恢旧观之兆乎？喜而记此。不知其创之巨、痛之深矣。五月二十二日，伯祥记，适为小满后一日。"② 这一题记令人感慨，在购书之喜中，却有挥之不去的毁书之痛。

《史学丛书第十二集》扉页上，王伯祥同样有这种心情的表露："辛未壬申之难，旧藏尽毁，乃购此小册，聊供翻检。三十年来辛苦积累之所得，不啻一枕游仙，回首前尘，无任怅结。"③

不过，怅结归怅结，新书还是不断要买的。开明书店给王伯祥的待遇很好，除了维持家中生活外，王伯祥的开销全在书上。有时候见了好书，家中实在没钱，便借钱购买，日积月累，家中藏书再一次渐成规模了，而且还形成所谓的"曲斋"。这是王伯祥从小养成的深入骨髓的"积书"情怀，终身未能改之。

王伯祥的藏书中，还有少数几本是虽经战火而幸免于难的。例如

---

① 王伯祥、王湜华：《庋榢偶识　旧学辨笺述》，华艺出版社 2014 年版，第 23 页。
② 王伯祥、王湜华：《庋榢偶识　旧学辨笺述》，华艺出版社 2014 年版，第 6 页。
③ 王伯祥、王湜华：《庋榢偶识　旧学辨笺述》，华艺出版社 2014 年版，第 6 页。

八卷本的《汉学师承记》就是其一。当年王伯祥在涵芬楼编书时，周予同将此书借去参校。当王伯祥的寓所与屋中书籍在"一·二八"事变中全部被毁时，周予同见好友丧失图书后的失落神情，赶紧把此书归还，并附写数语以记其事："十九年，为商馆编注江藩《汉学师承记》，承伯祥兄惠借校经山房单行本以与各本校雠。二十一年一二八事发，伯祥兄旧书尽成灰烬。而同寓亦被劫掠，幸书籍当十存七八，因将原书检奉，以作纪念。愤暴日之侵陵，忧民生之多艰，念人事之无常。睹物情伤，感慨万端。伯祥兄恐更不能自已也。弟予同识。二十一年八月卅日。"[1]

还有王伯祥自己所写的《中日战争》。这本书出版时，王伯祥送给叶圣陶一本。王伯祥图书被毁后，叶圣陶见其心伤，特将这本书返还给他。后来，在1939年十月初二，王伯祥得知叶圣陶在四川乐山的居所被炸，特找出这本旧书，在书中题记："此庚午（1930）庸书涵芬楼时旧作。出版时持赠圣陶者。翌腊倭难，沪寓成灰。事略定，圣陶归视其家，垣洞屋穿，而书籍无恙。闵予之无片楮也，爰检还此帙，聊慰什一，兼以志痛定之痛，俾无忘大仇耳。乃寇志无厌，肆毒益厉，圣陶远徙蜀中，仍不免毁家于空袭。予蛰处孤岛，暂逃虎口，然亦沧桑屡经矣。"

战争给读书人造成的伤害是巨大的。但只要有像王伯祥这样的嗜好读书购书者，中国的书籍乃至中国的文化，总不会灭亡。

---

[1]　王伯祥、王湜华：《庋橡偶识　旧学辨笺述》，华艺出版社2014年版，第28页。

二、《开明国文读本》及其参考书

1932 年 11 月，王伯祥所编的《开明国文读本》正式出版发行。笔者所见的第四册的"编辑要旨"中，王伯祥向读者概括阐明了该套读本的适用对象、选材特点、各册分工、分配比例、想要达到的目的，以及另外六册参考书的内容等：

一、本书依照教育部新颁课程标准编辑，专供初级中学学生国文科精读之用，全书分六册，每学期用一册。每册选文四十二篇。第一二册各约四万字，第三四册各约六万字，第五六册各约八万字。

二、本书选材，第一二册注重于文章之体裁，凡记叙、抒情、释解、议论以及应用文等，无不具备，期使读者习得叙说事理及表达情意之技能。第三四册于体裁外，更注重于文章之组织及风格，期使读者得进一步究明作文之技术及养成欣赏文艺之兴趣。第五六册更进而及于历代名著之选读，俾读者得以了解我国过去典籍之一斑。

三、本书所选文字，专以国人写作者为限，绝不羼入译文，以期适合国情，俾读者易于了解及欣赏。

四、本书文言文与语体文并选，分配之比例，第一二册约为三与七，第三四册约为四与六，第五六册约为五与五，以期下接小学，上承高中。

五、本书排列前后为有机的联络，期适合于学习进行之程序。一面并顾及授读时间之时令气候，使读者得以低徊景物，启发灵性。

六、本书另有参考书六册，专供读者自习及教师参考之用，除说明文章之内容、体裁、选集之来历，作者之生平及诠释疑难之字义、语句外，更特别注重于文法之词性、词位，造句、作文之方式，文言文与语体文之比较，修辞学上之组织法、藻饰法，文体之分类、比较及文学批评概略，文学史概略等，均就已读各文采取例证，详为指陈，兼多列习问以为实习之材料。更采取与本文有关系之他篇文字，择优排比，以备参证。因材料过多，且恐读者分心，故别成专册，不附入本书之内。其编例详参书中。

此时的王伯祥在编写和编辑教科书方面已有非常丰富的经验，但他仍力求精益求精。毕竟，此时的开明书店要靠这个与实力强大的其他出版社竞争。

以第四册为例，其选编文章有古文，有白话文，里面的不少文章，直到现在仍被学生教材所采用，例如《荷塘月色》、《永州八记》、《哀江南》、《春江花月夜》、《哀江南赋序》、《淝水之战》等。而有些文章，例如《请颁行新式标点符号议案》、《代黎元洪主废督军制电文》等，则明显具有当时时代的特点。还有些文章，如选自《史通》、《资治通鉴》的文章，均是王伯祥以中学教科书编写者兼史家的眼光精选而出，彰显着他的独特视角与教育理念。

全书选文精当，新旧文以四比六的比例搭配，每篇文章的选择都有其特定的目标，确实达到了"于体裁外，更注重于文章之组织及风格，期使读者得进一步究明作文之技术及养成欣赏文艺之兴趣"。

不过，此书的编排也有一些局限。例如：目录中文章，有的标作者名，有的虽有作者，却标书名，显得不够规范；不像商务印书馆所编教科书那样有很多插图，这可能受到开明印刷技术或其他方面的制约；不像叶圣陶编写《开明国语课本》时专门请丰子恺配图，以增强可读性和趣味性，这可能也是造成王伯祥所编教材没有叶圣陶那套教材更广为人知的原因。

再从一到六册的选材看，其根据不同年级学生的特点，采取循序渐进的安排，这是很合理的。但只有文章，而没有解读与练习，显得比较单一，无法强化每一册的特点和学生应该主要学习的方向，也不容易强化各册之间既是独立又是有机联系的整体的关系。也许，王伯祥和开明书店把这些目标放在与之配套的参考书上了。

以笔者的观点，王伯祥配合教科书编写的参考书，很多地方更值得我们研究和借鉴。

这套参考书的用途及编辑主旨已在《开明国文读本》编辑要旨的"第六条"予以介绍。我们将《开明国文读本参考书》的"例言"与"内文"结合研究，可以发现王伯祥编写此套参考书时，除精心选择文章外，更从"解题"、"诠释"、"敷演"、"参证"、"习问"等多方面着力，加深读者对文章的理解，加强对各方面知识的点拨。

不妨以第一册"例言"中的说明与正文第一篇文章《秋夜》（作者为鲁迅）、第四篇文章《三峡》（选自《水经注》）为例，来了解王伯祥编写此参考书的思路及着力处。

"例言"中这样介绍"解题"："凡选文之来历，作者之传略，俱详为指陈，其题蕴有需解释者，并为内容提要以系之。"

第一篇正文《秋夜》的"解题"为："鲁迅是现代作家周树人的

笔名。树人，字豫材，浙江绍兴人。从前的写作，也曾署过'唐俟'二字。前官教育部佥事。历任北京大学、北京师范大学、北京女子师范大学、厦门大学、广州中山大学教授。著有《呐喊》、《彷徨》、《野草》、《朝花夕拾》、《坟》、《热风》、《华盖集》、《华盖集续编》、《而已集》、《中国小说史略》及《小说旧闻钞》等。这《秋夜》便从《野草》中选录的。"①

　　第四篇正文《三峡》的"解题"为："'三峡'之名，说者不一，要以瞿塘峡、巫峡、西陵峡为最著其实。自湖北宜昌以上，四川奉节以下，两省接界一带，夹岸都是高山，几于无地非峡，初不能仅此三数也。这节文字是从《水经注》的'江水'条下选录的。""《水经注》，后魏郦道元撰。道元，字善长，范阳（今河北涿县）人，官至御史中尉。《魏书》卷八十九有他的传，列《酷吏》中。又附见《北史》卷二十七其父郦范传。《水经》，旧题汉桑钦撰，但证以书中地理，则著者实为三国时人。自晋以来，注《水经》的凡有二家：一是郭璞，一即道元。郭璞注三卷，今不传。道元注四十卷，宋时已佚五卷；明代传刻，舛误尤多；清人全祖望、戴震、赵一清都有校刊本，仍作四十卷。别有沈丙巺所撰的《水经注集释订伪》，颇见纠正之功。"②

　　由上可见，有的"解题"只简介作者和文章的出处，有的则对题名进行了精要的阐述，对文章的来历作了较为详细的考证与辨识。

　　"例言"中介绍"诠释"部分为："凡人、地、事、物之考证及说明，字、词、语、句之训诂及解析均属之。尤特别注意于古人、古地、古书籍三者：于人必详其仕履及生平大概，俾了然于当时之环境；有史

---

① 王伯祥编：《开明国文读本参考书》（第一册），开明书店1932年版，第3页。

② 王伯祥编：《开明国文读本参考书》（第一册），开明书店1932年版，第16、17页。

传可稽者，并详其所在之卷第，以便查核。于地，必详其所在与当时隶属之区域。间亦及其沿革大略，然后比照今地，使无舛错。于书籍，必详其撰人、篇次及内容；其有注释疏解之别本者，并为详陈，俾资探索。"

第一篇1100多字的《秋夜》后有十条诠释。其中第八条这样诠释"栀子"一词："栀子：也叫山栀，是常绿灌木，高丈许。叶椭圆而厚。夏日开白花，香气很浓烈。但也有淡黄色的。此处所言猩红色，当是画工随便设色使然；原来中国旧画家向有'花无正色鸟无名'的口号的。"① 这一解释有针对性，与课文的内容紧密相连，而且富有文人气息。

《三峡》为古文，字数虽只有155个字，诠释的词条倒有23条之多。有的词条很简单，例如第三条"亭午"："便是正午时候。'亭'，至也。'午'，日中也。"第四条"夜分"："便是夜半时候。"有的词条则较为详细而且清晰。例如第九条"白帝"的诠释为："即白帝城，在四川奉节县东十三里白帝山上。王莽末年，公孙述据蜀，因殿前井中有白龙出，自以为承汉土运，因号此山为白帝山，城为白帝城。三国时，蜀汉以此为防吴之重险。"除解释清楚白帝城的地理位置和该城在历史中的主要作用外，侧重于该城名的由来。

"例言"中对全书的"敷演"部分如此介绍："凡文体之说明，文义、文情之阐发，前后照应之关联，以及文法、文章风格、文章流变等讨究事项均属之。其间所举例证，充量援用已读之文，偶或另行示例，要亦为隅反之助，俾读者练习时作自由采撷之地耳。"

---

① 王伯祥编：《开明国文读本参考书》（第一册），开明书店1932年版，第3页。

《秋夜》与《三峡》的"敷演"均分为两个部分。

《秋夜》"敷演"的第一部分是从文章内容阐发和引申开来的，讲解了"叙述文"的概念；第二部分则普及文法和语法，介绍了"名词"和"动词"。

《三峡》"敷演"的第一部分为："这是记述文，他先写三峡七百里中两岸连山的高而且密。次写江水及于交通的影响，有时阻绝，有时快捷。后次写春冬时峡中的景物无论风起波涌或水面平静时，各有它清秀高伟的趣味。末写林涧寒肃，猿啼凄异，以渔歌作结。使读之者的眼前顿然活现出三峡的景色来，是何等的精妙！"

第二部分则称："文中所写，有山有水，有交通状况，有时令景色，有林涧，有猿啼，有渔歌，事物并非单一，而所述说的对象却只是三峡一个处所。它与前面几篇的述说一桩事情的演进或一个想象的展变是不同了。原来以前各篇述说的主旨是动态的，这一篇便是静态的；动态的，固然需要灵活的描写，但最要之点还在头绪的清楚和始末的明晰；静态的，固然也要秩然的层次，但最要之点还在生动的描状，简直像画家的静物写生一样。所以不问所写的对象是单纯或复杂，述说动态的，叫做'叙述文'；述说静态的，叫做'记述文'。"①

在这里，我们可以看到，那时有"记述文"与"叙述文"的区别。这是与我们当下不同的称呼。而抛开这种称呼的不同，分析其"敷演"部分的阐述，我们会感觉到王伯祥将作文的要点阐发得非常精到，便于学生掌握。

然后我们再以这两篇文章为例，看看本参考书的"习问"部分。《秋

---

① 王伯祥编：《开明国文读本参考书》（第一册），开明书店 1932 年版，第 18、19 页。

夜》的"习问"为：

　　一、试把下列各句的名词、动词分别指点出来：

　　看见墙外有两株树。

　　夜游的恶鸟飞过了。

　　点起一支纸烟。

　　二、记取本篇最好的描状的语句。

　　三、本篇中有两个"丁丁地响"，是否写的同一地方？

　　四、"欠伸"与"呵欠"有分别没有？①

《三峡》的"习问"为：

　　一、就下列语句中，把以前所已知道的各种词分别指述

出来：

　　重岩叠嶂，隐天蔽日。

　　悬泉瀑布，飞漱其间。

　　清荣峻茂，良多趣味。

　　二、把本篇翻成白话。

　　三、叙述文与记述文的分别在哪里？

　　四、试画一四川、湖北交界的简图，把下列地名查列出来：

　　奉节　　白帝城　　宜昌　　三峡②

---

① 王伯祥编：《开明国文读本参考书》（第一册），开明书店 1932 年版，第 5 页。

② 王伯祥编：《开明国文读本参考书》（第一册），开明书店 1932 年版，第 19 页。

将这两篇文章的"习问"相比较，显而易见，《三峡》虽然着重于"叙述文"、"记述文"等新内容，但第一道题所问的正是《秋夜》文章所学内容。两者之间是有机的联系。

如此，每篇文章从"文章内容"到"解题"、"诠释"、"敷演"、"习问"是一有机整体；各篇文章在各有侧重和知识点的同时，相互之间也是照应的，使得整部书浑然一体，成为适合中学生学习、编排水平高、质量过硬的教科参考书乃至于教科书。王伯祥则不愧为编写教科书的专家。

对于《开明国文读本》及其参考书，《王伯祥日记》中多有记载，兹录 1933 年 3 月 25 日所记，以使读者了解他勤奋编写的大概情形："照常如所，校毕第二册参考书，并续作第三册参考。溯自入所以来，未及三月，已成读本二册，参考书四分之一册，校好三册，似亦过得去矣。"

三、内行人做内行书

除国文教科书以外，王伯祥为开明书店所作的更大贡献是在史学、学术方面。在他的提倡与主持下，开明书店以殿版《二十四史》为基础，并增加了柯劭忞编纂的《新元史》①，最终影印出版了《二十五史》。这套书的出版不仅是开明书店的一件大事，在当时的中国出版界引起很大的反响，也为中国史学界作出了贡献。

---

① 当时《清史稿》尚未解禁，所以未能收入。

当时参与其事的周振甫这样介绍王伯祥在出版这套巨作中的作用：

> 开明书店要出版《二十五史》，主要由王先生主持。有篇《刊行〈二十五史〉的缘起》，是叶圣陶先生写的，但其中对于《二十五史》的意见，是根据王先生的意见写的。其中最重要的，有二点：一、用殿本（清代武英殿刻本的简称——编者附注），附考证（考证是指武英殿刻本《二十四史》原附于各史每卷之后的考证——编者附注）。《缘起》说："我们所以采用殿本《二十四史》作底本，自然因为它有考证，比较起那些仅仅足以校勘几个错字的古本来，在实用上有价值得多。何况殿本大部分依据明蓝本和汲古阁本，当时担任编校的许多人，又很有几个切实的学者在内，它实在不是一种草率完成的本子。我们想，只要除去了好古家和校勘家的僻见，对于殿本谁都会感到相当的满意的。"二、加入《新元史》。《缘起》里说："又因为柯劭忞的《新元史》取材很广博，定例很谨严，对于《元史》，增补和订正的地方实在不少。我们就仿照《新唐书》和《唐书》、《新五代史》和《五代史》并列的例子，把它收在一起，合称《二十五史》。"

> 我为什么提出这两点来，因为这两点是王先生的意见。第一点是加考证。比方《史记》，第一篇《五帝本纪》考证有三十三条。考证的话有属于《史记》的，如"帝尧者放勋"，考证称"按柯维骐曰'太史公本《五帝德》以放勋、重华、文命为尧、舜、禹之名，窃考《尧纪》，放勋二字，似与《尧典》同旨，言尧之功，无所不至，以为一篇总冒。'"即认为司马迁称帝尧为放勋，不明

确。这个考证，还考《史记》注的错误，如《黄帝本纪》，有亭亭二字。《正义》注，亭亭在牟阴。《汉·地理志》，泰山郡钜平县下有亭亭山祠，然则牟阴是钜平之误。今中华本《史记》删去考证，只注意标点，标点虽说正确，但研究《五帝本纪》的，可以不参观考证吗？注意考证，正显出王先生的功力。

……

再说《新元史》。《辞源》的《新元史》条，称："《新元史》，柯劭忞撰。二百五十七卷。明宋濂等所修《元史》，成书不及一年，体力粗略，时有错误。劭忞参考宋元以来中外著作，如《黑鞑事略》、《马可波罗游记》等书七十余种，别成新史，于旧用译名作统一更定，较旧史精审。"这条在《辞源》里讲，限于体例，只能这样简述。其实，《新元史》和《元史》相较，不仅改变译名，还有可补《元史》疏略处。如《元史》第一篇为《太祖本纪第一》，即从太祖铁木真叙起，叙太祖十世祖孛端叉儿。可见《新元史》从《序记》起，即从"蒙古之先，出于突厥"叙起，叙蒙古的来源，就比《元史》好了。铁木真的十世祖，《元史》作"孛端叉儿"，《新元史》作"孛端察儿"，这就是《新元史》统一人名的书法。再有《新元史》根据的书，《辞源》限于体例，只举两种。王先生写《新元史参考书目》里，"关于本书之博闻广征者"中举出七十六种，不可能在这里都列出来。可见王先生对于《新元史》研究的深入，他建议将《新元史》列入《二十四史》而全称为《二十五史》，是很有道理的。①

_____

① 周振甫：《王伯祥先生刊行开明版〈二十五史〉》，载《追思集》，王伯祥家人2000年自印，第174、175页。

周振甫的介绍涉及史籍中细微环节的考证，读起来感觉琐碎，但这些都是在古籍出版中必须重视的环节，涉及版本、古籍校勘等多方面内容。周振甫也正是从宏观的主持与细节的考证两个方面，力求全面说明王伯祥对开明版《二十五史》的贡献是最大的。

增加《新元史》，不仅是开明版《二十五史》的一大亮点和特色，也体现了王伯祥的策划能力和深入研究的成果。为达到这一目的，王伯祥曾努力说服了不少人，起到他人无法替代的作用。

王伯祥为《二十五史》的每一部史都编了参考书目和重要研究著作，附印在各史正文之后，这是他对《二十五史》的独特贡献，也体现了他深厚的学术功底。对此，周振甫还在《开明编刊的辞书及古籍》一文中介绍："王伯祥先生又在每一史的后面附了一个参考书目，就《史记》说，分'本书之异本'、'关于本书之注释训诂者'、'关于本书之赏析评论者'、'关于本书之博闻广征者'。有了这个参考书目，可以帮助读者对《史记》作进一步的研究。"[1] 王伯祥这样的功夫与实践，一般的专家恐怕达不到。

此外，王湜华在《尚实用求有益——纪念父亲王伯祥先生诞辰一百周年》中还提到："殿版本各卷均附有考证，独《明史》阙如。我父亲把王颂蔚的《明史考证捃逸》分割开来，编在《明史》各卷之后，使与其他殿版本的体例得以一致，更方便了读者。"对于这一点，则不仅需要编者的眼光和学养，更需要高度的责任心和不计得失的工作态度。要知道，将一本专门的古籍考证图书，一点一点分开，分别配在另一本正史的后面，这早已超出了一般编辑的范畴。

---

① 中国出版工作者协会编：《我与开明》，中国青年出版社 1985 年版，第 207 页。

可以说，王伯祥完全把研究和编辑合在了一起，是一位学者型的资深编辑，这其实也正是王伯祥能成为重要的古籍出版大家的一个原因。

另外值得介绍的是《二十五史》对普通读者的意义。杨萌深曾将开明版《二十五史》与商务、中华版的同类书籍作比较，称："特别是《二十五史》，当时以三十六元低廉的价格，能买到普通至少需要一百多元才能买到的史籍，更是难能可贵。它厚装九大册，翻阅既很方便，携带更不困难。它几乎成为我毕生常带的书籍，目下还在翻阅之中。……固然商务、中华也出了不少的大部头书，但他们从来不会替贫苦的读者着想。如商务的《百衲本二十四史》，好固然好，但定价高到二三百元，除供有钱人家作摆设外，哪个青年读者能买得起这部书呢？从这一点看来，开明出书，可以用现在的话来说，真正做到了为读者服务。"[1]

四、完成一大志愿:《二十五史补编》成功出版

开明版《二十五史》的成功，为开明赢得了巨大的社会声誉和经济效益，王伯祥在开明的地位自然也有更大的提升，他再接再厉，开始主持《二十五史补编》的编辑出版工作。

要想知道筹办、编辑《二十五史补编》的过程和细节，必须依靠《王伯祥日记》中的记载。

---

[1]　杨萌深:《忆开明忆夏师》，载《我与开明》，中国青年出版社1985年版，第101页。

1935 年 1 月 10 日，王伯祥按时到公司，发出董事会会议录，并出席开明创业十年纪念筹备会。然后便准备购书，为出版《二十五史补编》做准备。

可是，1935 年 2 月 10 日，这件事却出现了波折。当天的日记中，王伯祥愤愤不平地记载道："夜小饮。饭后本拟续写，而雪村来，谈今日常务会议本昨日造货设计委员会之决议报告，决定专注全力于完成中学教本，《廿五史补编》打消。予闻而大愤，颇萌去念矣。夜遂失寐。"这是王伯祥最难受的时候。

1935 年 2 月 11 日，王伯祥日记："未明起，开灯续草前文。上午遂未入公司，至十一时始写毕，计三千余言。饭后到公司，与晓先诸人辨《二十五史补编》不当中辍，就法理，就事实，……彼竟无言矣。"这是王伯祥在为《二十五史补编》的出版与同人争辩。

2 月 13 日，王伯祥的努力得到了好的结果，也得到了章雪村的支持，遂在日记中称："依时入公司办事，雪村仍进行《补编》计划，只要不再有人作梗，或可早日发售预约也。"

此后，编辑《二十五史补编》重新进入正轨。王伯祥的日记也便记录下各个时期的进展程度。

1935 年 2 月 14 日："开临时编审出版联席会，通过发行《廿五史补编》预约。"2 月 28 日："作《廿五史补编缘起》，交圣陶改译白话，备发表。"2 月 29 日："《廿五史补编缘起》已作好，目录亦写就，日内当可进行矣。然步调不一致，恐无真好结果耳。"3 月 5 日："晚饭后访乃乾，晤之，出《补编》目录示之，承补正多处，并许明日写寄。谈至十一时乃归。此事非乃乾不办，以事暌隔，至今日始得决终，亦出奇矣。"目录之事，王伯祥多次修改，"易稿数四"，最终在朋友们的协助下，于 3 月 7 日定了下来。

3 月 10 日："今日报论，商务印书馆发布《丛书集成》大计划，将售预约。我道不孤，为之鼓舞。"而次日的日记又记：如果他自己有能力，必定出一套《考史汇编》，以与《丛书集成》相颉颃，只是"力不从心，听人支配，诚呕人欲死也"。

3 月 19 日："晴帆有信来，语秦翰才颇以其祖父炳如先生之《补晋书艺文志》见收为喜。尚有其他稿本可以供采也。噫，人之度量相越何远哉！有争版税者，有争赠书者，无非高自位置，故为矜奇耳；坦然如此者，尚为初见也。后书申赞之。为公司事，颇多牵萦，至为懊恼。摆脱无从，苦矣！"

3 月 26 日："校《明史考证攈逸》，为一字，翻《明通鉴》始解决。"

3 月 29 日称："汪梅村《南北史补志》未刊稿十六卷由乃乾之介绍将售予开明，今日新访，专为此事，大致不成问题也。如得合印完成，不但为延寿功臣，实且为梅村知友，言念及此，不禁快然。"

5 月 2 日："《二十五史补编》事冗而任重，几于目不暇给。而第一期预约已满，迄无多大去路，甚忧之，其竟一堕无救乎！"

……

总之，为了编辑出版《二十五史补编》，王伯祥付出了大量的心血，也承受了巨大的压力，通过这套书的编辑出版，他也赢得了更多的收获与尊重，他的编辑事业也达到了巅峰。

工程浩大的《二十五史补编》是在 1937 年 3 月正式出版的。此部书共六大厚册，刊行了 240 多种稿本，其中包括很多家藏稿本，其搜集之广、用力之勤、贡献之大，为史学界所盛赞。

《二十五史补编》将要出版时，顾颉刚高兴得睡不着觉，因为他千方百计想看却看不到的不少图书，都收在《二十五史补编》中了。所以他在序文中由衷地盛赞不已，称："今春过沪，于开明书店见《二十五史补编》之目，知旧友王伯祥先生（钟麒）主持斯事，俾与缩本《二十五史》并行，以便读史者之相互勘证，从此无患乎原书之缺漏，亦无惑乎原书之违连；搜罗之博，远轶《广雅》[①]，凡兹世所能致者几于无不备焉，为之喜而不寐。夫为昔人著作谋尽其用，后来学术广辟其门，使材料不集中之苦痛从而解除，此真无量之功德，所当为史林永颂者。"[②]又赞誉："《补编》所采，原共一百七十余种，其后邀约同好，四出访求，竟得超过二百四十种。坚毅之忱，使人钦服。此二百余种中，旧有刻本者凡一百八十余种，稿本仅存者得六十余种，万斯同、汪士铎诸家沉霾已久之书，赖斯而显现，洵可谓为近年史学界中一绝大快举，使我们眼福可夸耀于前人者，开明书店之力也。"[③]

这部书出版时用了"二十五史补编委员会"的集体名义，实际上，其主要工作是王伯祥在年轻助手周振甫、卢芷芬协助下完成的。宋云彬回忆："《二十五史补编》的编纂和校勘工作，由王伯祥先生主持，周振甫、卢芷芬两位当助理。在确定目录以前，伯祥跟国内的史学家、目录学家通信商榷。在排校过程中，伯祥从初校到最后清样都过目。伯祥现在是 70 岁以上的老人了；但那时候他还不满 50 岁，精神旺盛，学术研究的兴趣很浓，工作积极性也高，所以能在两年内编

---

① 《广雅》，张之洞担任清两广总督时广雅书局所刻之书，其书以史学著作为最多，在史学界颇负盛名。

② 《二十五史补编》（第一册），开明书店 1937 年版，第 2 页。

③ 《二十五史补编》（第一册），开明书店 1937 年版，第 2、3 页。

校出这样一部大书来。"①

　　而在周振甫后来的回忆文章中称：这个浩繁的工程，从策划到各版本图书的收集，再到多方求证、多方联系、多方争取学术专家的帮助，几乎全靠王伯祥之力。而且，周振甫认为，相对于编辑出版《二十五史》，王伯祥"更重要的扛鼎之作是编了《二十五史补编》，这是对中国史学上的一大贡献，也是王先生在学术上的最大贡献"②。他在文中回顾了王伯祥策划编辑这套书的缘起以及相关收集工作：

　　　　在开明书店出版《二十五史》时，王先生感到不足。《二十五史》是纪传体史书，内容包括纪、传、表、志。……有的史书有志没有表，有的史书表、志都没有，有的史书虽然有志有表，但所作的表、志不完备或比较疏漏，还需要补校订正。有的志内容丰富，需要作进一步的研究阐发。因此，这方面的著作，粗略地说来，有六类。

　　　　第一类：像王先生收集的，如钱文子《补汉兵志》，郝懿行《补宋书食货志》，这是原书没有而补缺的。

　　　　第二类：像王先生收集的，有王元启的《史记月表正误》，夏燮的《校汉书八表》，是校正脱误的。

　　　　第三类：是王先生收集的，如王应麟《汉书艺文志考证》，是属于考证的。

　　　　第四类：王先生收集的，如吴卓信《汉书地理志补注》，是

---

① 宋云彬：《开明旧事——我所知道的开明书店》，载《文史资料选辑》（第31辑），文史资料出版社1980年版。

② 周振甫：《纪念王伯祥先生》，载《追思集》，王伯祥家人2000年自印，第220页。

属于注释的。

第五类：王先生收集的，如陈澧《汉书地理志水道图说》，是绘图作说明的。

第六类：王先生收集的，如钱塘《史记三书质疑》，是属于研究的。

对于这六类书，王先生的收集工作值得称道的：一是这些书散见在各种丛书中，当时《丛书子目索引》还没有编出来，要从大量的丛书中去找出这些书来是费力的。王先生对目录学很有研究，熟悉各种丛书，所以能从丛书中找出这些书来。二是更为重要的，是王先生能够从图书中发现未刊的稿本加以搜集，如姚振宗《汉书艺文志拾补》、《汉书艺文志条理》等七种书，王先生搜集到其中的未刊本加以刊行更为可贵。三是王先生把收集到的编成一个补编目录，约有一百七十多种。再四出访求、加以增订，后来竟超过二百四十多种。在王先生做了多方征求、多方联系的工作，加上王先生对学术专家的交谊，才能取得各有关学术专家的帮助，各方把没有刊布的六十多种送来了。

由上可见，一方面，王伯祥自己多年来的收集工作以及在目录学、版本学等方面的研究发挥了作用；另一方面，王伯祥的敬业精神，多年来的好人缘，自然形成的人脉资源，均发挥了巨大的作用。周振甫还在文中介绍了出版此书的重要意义：

王先生搜集征求到的书稿里，像姚振宗《隋书经籍志考证》等七种书，称为《快阁师石山房丛书》，它在目录学方面的价值，曾经得到梁启超先生竭力表彰过。浙江图书馆排印的还不到一半。顾颉刚先生曾经到浙江图书馆去看书，看到《师石山房丛书》，因为是稿本，无法借出去，恋恋不能舍，怅惘回去。在《补编》里，王先生把这一部名著全部刊布了。再像汪士铎的《南北史补志》，由淮南书局刊行的只有十四卷，《补编》里把未刊稿十三卷也刊布了。万斯同的《历代史表》，广雅书局没有刻全，《补编》里把藏在冯氏家里的未刊稿本也借来刊布了。包括其他很多家藏的稿本，一一搜集得来汇集刊布，是学术界的一大喜事。这许多家藏稿本，倘没有王先生的大力访求，加以刊布，那么在十年浩劫中，大都会付之一炬，造成不可弥补的损失。王先生的搜集编定刊行《补编》，在这个意义上讲，更有保存祖国史学著作的功绩，虽然这不是王先生当时意料所及的。

在文中，周振甫特别强调：

王先生在编定《补编》目录时，曾经跟南北的史学家、目录学家通信商讨。他们对《补编》的编刊极为赞许，纷纷寄来商勘体例、提供意见的信，每一位先生总有三四封。这使王先生非常感激，也促进王先生努力做好这一工作。王先生非常谦虚，认为《补编》的编刊，不再是少数人的意见，是许多专家的公意了。但应该说，这是王先生集思广益，集中全国专家的意见，独立编成的巨著了。

周振甫发表这篇文章时，王伯祥去世已 15 年之久，如果按照

《二十五史补编》出版时所用的"二十五史补编委员会"集体名义，大家一定会以为有很多人在做这项工程。而按照顾颉刚、宋云彬等人的文章，读者也只能知道，是王伯祥主持此事，周振甫、卢芷芬两位当助理。又一定会猜想，周振甫、卢芷芬二位肯定也做了很多工作。对此，周振甫发表了这样的声明："这是王先生集思广益，集中全国专家的意见，独立编成的巨著了。"这让我们不得不为周振甫的品德叫好，也不能不说周振甫在讲公道话。而换一个角度来看，王伯祥在编辑《二十五史补编》的过程中，实际上也做了一件"传帮带"的工作，在为出版界能出周振甫这样的大出版家作着贡献。

《二十五史补编》中留下了王伯祥的一些笔墨。从前面所引的日记中可知，《二十五史补编刊行缘起》的初稿是由他所写，而由叶圣陶翻译为白话文发表的。还有这套书的"凡例"，也只可能由王伯祥来完成。这篇"凡例"，颇能展现王伯祥作为一位出版家、学问家的见识与能力，也能见出他作为一位扎实的古籍编辑，在采集、编辑、校勘、印制等各个环节所具有的掌控能力及精益求精、坚毅不拔之精神：

　　——本编所收，一以表志为限。凡增补、注释、考订、校勘诸作，不问往哲遗籍、时贤近著，知见所及，靡不甄采。良以学贵博综，无取专己；职在广罗，弗嫌标榜也。
　　——凡表志诸籍之头迄分明、自成体系者，无论单行、丛刊，或一书之附录如《玉海》附刻之《汉书艺文志考证》、《水经注图》附刻之《汉志志疑》、《辽文存》附刻之《辽艺文志》等，一律收采。其有附丽全帙、首尾难析者，如沈钦韩、周寿昌、王先谦诸家之于《汉书》等，虽各具表志之品目，实自为专书之一部，势难割裂，只得舍斿。

——全书编次，悉依列史前后为序，区分若干部。每一部分先表后志，以类相从。著录诸书，亦略诠作者时代之次，藉成条贯。其有专述偏方割据之政制更革及域外诸族之动态者，则别置个部之末，以清眉目。如连恕之《西秦百官表》及谢钟英之《三国大事表》等，胥依部类分隶，不相杂厕，仍于析出之主籍或先见者备录原刊序目，俾存厥初。间附小疏短说，以著更易之故。

——所收诸籍中，其有全录旧史原文而别缀论述或校记者，如汪越之《读史记十表》等，则依夏燮之《校汉书八表》例，只载缀语，刊去旧文，盖《二十五史》全书俱在，无烦重出，徒占篇幅也。

——本编辑集之初，除一部分稿本，纵横钩乙，不能影印外，余拟悉用照相锌版缩印，但细核各本，有板刻漫漶、模糊不清者，如章宗源之《隋书经籍志考证》、吕吴调阳之《汉书地理志详释》等是；有校刻欠精、纰缪待勘者，如包刻吴卓信之《汉书地理志补注》等是；（号称精善之汪远孙、钱坫、全祖望诸本《汉志》，亦时有误字。）有格式尤杂，字体过小，不合本编缩摄之标准者，如广雅本《东晋南北朝舆地表》等是；有本为铅印不能再缩复制者，如顾櫰三之《补汉书艺文志》及丁锡田之《后汉郡国令长考补》等是；其有纸色过旧，暗淡不任照相者，既无他本可以抽代，自不能任其沿误，终滋遗憾，因定一律改用排版，原本打字用五号，细书用六号。均直行，不夹注，植字既极疏朗，行款亦复画一矣。其有征引显谬或漫漶缺脱之处，亦得随时发本勘补之。

——版本之选择：凡传刻多者，取初刻本。刻本有异同或卷帙有多寡者，取善本或足本，其有后贤订补之作，刊行时已包有先辈原著者，如谢钟英之于洪亮吉，杨守敬之于吴增僅等，则迳取后来之本，仍冠原著姓氏，庶篇幅约省，而渊源不昧。其刊本与稿本显有异同者，则两本参校不嫌复出，如万斯同之《南唐将相大臣年表》等六种是。

——表之为用旁行斜上，利在经纬分明、纵横可通。然亦有性质相同而体式不一者，有分别项目本无一定标准者，有因横格太多分截转行而反使系统惑乱者，亦有本无纵横关系而漫为填格者，淆杂纷错，先后异辙。至于空格辽阔，浪费纸幅，抑又其次。因就有衡直关系之世系表，如周明泰之《三国世系表》等，有分合关系之舆地表，如吴增僅之《三国郡县表》等，仍用原式。其他如本无纵横分合关系之大事表、职官表及以封爵传袭为主之世表等，则悉依诸以敦熊氏《后汉书年表校补》之例，改用直行提书。其有旁行枝出之文，必注前后关联之迹，务使体系不乱而经纬仍极分明。区区之意，览者谅之。

——校勘主旨，惟在求是。偶有不安，必资比对。异字歧义，择善而从。其有必须说明者，亦别附校记或跋语于书后，藉示矜慎。但同人知能有限，阙失必多，何敢以扫叶自文，尚望方闻达人不吝教益，俾于重版时得以藉手更正，学术幸甚，同人幸甚。

《二十五史补编》还没有全部出版，王伯祥便再接再厉，准备下一个大制作了。这个时候，他又以出版家与史学家的两种眼光，建议出版社仿照《二十五史》制版，将鲍刻宋本《太平御览》影印后，缩成一巨册出版。等他的这一选题在开明书店通过后，他便劲头十足地着手准备工作，又是请出版部设计书型，又是亲自核算页数，配置开本。他还利用印刷所印制《二十五史补编》后留下的废片，制作成一本皮脊烫金的《太平御览》假书，打算放在发行所橱窗陈列。只因日本大肆侵略，此一盛举被迫中止。而这本假书一直被王伯祥保存，时常把玩，晚年时他又利用这本假书，在内页贴上抗战胜利以来的部分信札，虽然还没有贴完一半，但也数量可观，成了一部《翩若惊鸿集》。很多珍贵的信札得以保存，例如大量叶圣陶、俞平伯的来信，以及郑振铎、吴致觉、钱钟书等人信件。

五、两位助手：周振甫、卢芷芬

前文提到，王伯祥在主持编辑《二十五史补编》时，书店特为他安排了两位助手，一位是周振甫，一位是卢芷芬。此二人也是值得介绍的出版界前辈。

周振甫，1911年生于浙江平湖县，1931年考入无锡国学专修学校，师从钱基博等先生。1932年10月，上海开明书店招录《辞通》校对，徐调孚首先便想到了国学底子不浅的周振甫，于是介绍他进入开明书店。

《辞通》初名《蠡测编》，全书达300万字，而且生僻字很多，虽然出版价值很高，但也给编辑校对出版带来很大的麻烦。中华书局陆费逵曾有意出版此书，只因书中生僻字太多，编校排印成本高，打算影印出版，但用晒图纸试印数页，又感到原稿笔画太细，不很清晰，最终作罢。此书曾辗转于商务印书馆、中华书局、中央研究院、群学社等机构，被章太炎、胡适等名流盛赞，但多年未能出版。直到1930年，在王伯祥、叶圣陶、周予同、郑振铎的极力赞成下，开明书店的主持人章锡琛、夏丏尊才最终下了决心，即便亏本也要出版这一能为开明赢得社会声誉的书，于是买下版权，将其改名为《辞通》，聘请宋云彬主持编辑。周振甫就是在这一情况下，进入开明书店的。

卢芷芬是周振甫在无锡国专时期的同学与挚友，苏州人，也是位学业很精的人才。周振甫进入开明的第二年，他也进入开明。两个人一起帮宋云彬校对《辞通》，不仅得到宋云彬的好评，也被王伯祥等老先生看在眼里。所以，当王伯祥主持编辑《二十五史补编》时，就选定周、卢二人为助手。他们的主要工作仍是帮助王伯祥一起校对。据王伯祥日记记载，他每天在处理完编译所日常工作后进行校对，基本上每天校对七八十页，常常开夜班，天天都在推进。王伯祥如此，他的助手的任务也可想而知。而在这个过程中，三人的情谊越来越深。

在编校《二十五史补编》的同时，王伯祥还让周振甫、卢芷芬二人合编《二十五史人名索引》，作为《二十五史》与《二十五史补编》的附属。在没有电脑、大数据的情况下，一个人名一个人名地列出，还要考证出同名不同人等事项，不容有误。这项艰苦而烦琐的工作，对周、卢二人是很大的考验，也是很大的提升。《二十五史人名索引》编成后，王伯祥以章锡琛的名义为之写序言，称：

　　《二十五史》为我国史册之总结集，所函人名，浩如海烟；

或一人而名号歧出，或两人而隔世同名，甚有并时同名而了不相涉者。不有条分综贯之方，读史者将何从探索古人于杳冥苍茫之际，以为尚友之资乎？清人汪辉祖氏有鉴于此，遂有《史姓韵编》之作。杀青甫竟，誉遍士林。盖操炬火以导夫先路，宜乎其为世称重矣。顾其为书也，止限于《二十四史》，且不载帝王后妃及外国诸传人名；其排列方式，又一以时代为序，隔世同名者，即无由汇列，校其同异。而编次悉依旧有之韵目，在今日亦颇感检查非便。同人窃不自揆，于辑印《二十五史》之顷，即发凡起例，为制人名索引，藉弥此憾。通功合作，无间寒暑；而卢芷芬、周振甫两君之力为尤多。书成，爰志其缘起如此。至编次排列之方，拾遗补阙之迹，具如凡例，兹不赘。

二十四年十一月 章锡琛[①]

在这篇序言中，王伯祥只提到卢芷芬、周振甫二人，而对自己一点都不提。只有从《王伯祥日记》中可以看到，他其实也为此书做了很多工作。例如 1935 年 2 月 12 日记："依时到公司办事，仍从事《廿五史》索引工作。"3 月 1 日记："依时入馆办事，赶完《宋史·外国传》索引条。"3 月 2 日记："依时到公司办事。开始作《新元史》人名索引。"3 月 20 日记："为《补编》写信及作《新元史》人名索引。"3 月 22 日记："依时到公司办事，出席编审会议，仍为《补编》事写信，及赶作《新元史》人名索引。"4 月 1 日记："依时入馆办事，作《新元史》人名索引……"诸如此类，还有很多。

---

① 王湜华：《王伯祥传》，中华书局 2008 年版，第 63 页。

就这样，在王伯祥的带领下，周振甫、卢芷芬不仅从校对人员成为很好的编辑，而且顺利完成了《二十五史人名索引》，做了一件有益于史学界、文化界的事情，为日后成为出版界、文化界的中流砥柱奠定了扎实的基础。

之后，周振甫一直做编辑工作，先后在开明书店、中国青年出版社、中华书局、人民出版社工作，编辑了《汉书地理志详释》、《谈艺录》、《唐宋词选》、《历代文选》、《管锥编》等重要图书，注释了臧克家所写的《毛主席诗词讲解》，参与了中华书局《二十四史》的点校整理工作。编辑之余，周振甫也撰写出版了大量的著作，如开明书店工作时期的《班超》、《东汉党锢》、《严复思想述评》等，中青社工作时期的《怎样使用标点符号》、《怎样阅读》、《通俗修辞讲话》等，中华书局、人民出版社工作时期的《文心雕龙选译》、《文心雕龙注释》、《谭嗣同文选注》、《文章例话》、《中国修辞学史》、《周易译注》、《怎样学习古文》，等等。周振甫的贡献和人品受到出版界和学术界极高的肯定与赞誉。1983 年，中国出版工作者协会和中华书局在北京举办"周振甫从事编辑工作 50 年"座谈会。1987 年，周振甫获首届韬奋出版奖。1999 年，中国青年出版社出版十卷本《周振甫文集》，共计 600 多万字。这里面还没有收王伯祥与他一起撰写的《中国学术思想演进史》等书。

《中国学术思想演进史》出版于 20 世纪 30 年代，后来多次印刷。80 多年后的 2016 年，河南人民出版社把此书影印出版，笔者见到的正是这一版本。王、周二位史学家，深入浅出地阐述从先秦到新文化运动的中国学术思想演进，如今读来仍让人感到新颖独特，启人深思。

全书分为九章，依次为"总论"、"先秦学术"、"两汉阴阳学"、"魏晋玄学"、"隋唐佛学"、"宋明理学"、"清代朴学"、"晚近思潮"，既有自己的一家之言，又吸收梁启超、胡适、钱穆等人的新学说，用"显微镜"与"望远镜"相结合的方式，非常清晰地阐明了中国数千年学术演进的过程，可谓兼学术性与普及性为一体的"大家小书"。

中华书局原副总编辑熊国祯评价："周振甫先生深受徐调孚、王伯祥等老开明人优良传统的影响，是一个无私奉献高自期许的好编辑，他私心向往的是做一个见识卓越集研究与著述于一身的第一流学者式的编辑，而不是一个凡庸陋劣的'跑龙套'者。"[①] 这一评价可谓非常恰当，也可以看作对徐调孚、王伯祥的赞誉。

卢芷芬与王伯祥的关系也持续了一生。卢芷芬后来编写过历史读物《王安石》、学术著作《先秦人名异同考》等书，但他的工作主要转向了出版事业的开拓与经营。抗战时期，他到昆明为开明书店开辟工作，兼管出版、发行、会计、运输等，并使昆明的开明分店成为西南联大许多师生买书、看书、议论时政的所在，以良好的店风吸引了一大批作者和读者，并力所能及地帮助过沈从文等教授。抗战胜利后，重庆开明书店编译所迁回上海，与上海开明编译所合并，卢芷芬升任开明襄理，充分开展书店业务，做出很多成绩。北平解放后，中小学急需教材，卢芷芬及时赶印了一批教科书，为当时的教育作出了贡献。此外，卢芷芬还在天津开办过开明分店，在新华书店担任过图书发行部副主任，承担过组建人民教育出版社的重任，担任过人民出版社总编室主任。可以说，卢芷芬将自己的一生奉献给了出版事业。

---

① 熊国祯：《一位无私奉献高自期许的好编辑——追忆周振甫先生》，载张世林主编：《想念周振甫》，新世界出版社 2011 年版，第 126 页。

而王伯祥称得上他的一位重要的领路人。不仅如此，卢芺芬还成为王伯祥的女婿，二人的关系自然更加亲近了。

六、开明函授学校与《开明历史讲义》

1933 年，开明书店在编辑部所在地——上海兆丰路 183 号正式开办上海市私立开明函授学校，先设立一个学制为一年半的中学部（即让学员在一年半的时间修习三年的初中课程），招收学员；并挂一个出版社的牌子，印制学校讲义。

这是开明书店利用自己丰厚的资源，向教育领域"跨界"发展的一个探索。办函授学校，一方面帮助学生自学，以便他们提高自己的素质，也可在日后以同等学力的资格参加升学考试；另一方面，学生一多，讲义便是畅销书，而且先收费，可持续，并能带动其他参考书及课外读物的销售，真是一举多得。

办函授学校，最核心的就是要有好讲师。而这正是开明书店最不发愁的。开明的很多编辑、作者都编过教材、对学术教育很有研究，正好担任函授讲师，负责编写各科讲义。夏丏尊、叶圣陶、林语堂、丰子恺、陈望道、宋云彬等人都在其列。王伯祥当然是最合适的历史科讲师。

学校办起来之后，讲师们便各写自己的分科讲义，然后将各学科内容合在一起，每月出一册综合性的讲义，每册一元。学员于学业开始前一次性付清一学年讲义费用，如果分期付款，需多付三元，费用一到，学校教务处马上将讲义寄交学员。讲义之外，还附寄一本自习册，每册均有练习、笔记、质疑三项内容，学员可以在做完作业后寄回学校，由老师批答、评分。每三个月还要印行一本《学员俱乐部》赠送学员，增进学员之间的交流。每六个月为一学年，学年末举行一次考试。这也是收费的。学员先将费用寄到学校后，学校便将考卷寄给学员，学员答好后再寄回学校，由学校讲师批卷打分，成绩优良者给予奖金，以资奖励。三学年课程学完后，考试合格者发给成绩证书。

本来，按照原先的计划，开明函授学校不仅要办中学部，以后还要办小学部乃至大学部。然而，由于学员大量的作业和问题需要批复，导致讲师的压力越来越大，最后竟至于根本无法顾及过来。开明的经营者们从大局考虑，停止办学，对每一位学员都给予妥善的安排。而对于讲师，其讲义能够出版的，便出书，并付给稿酬；如不能完稿或因其他缘故不能出书的，也给予部分报酬。最后，开明书店以"开明中学讲义"为丛书名，一共出了 13 种图书，它们分别为：

《开明国文讲义》	夏丏尊、叶圣陶、陈望道、宋云彬编
《开明实用文讲义》	张石樵编
《开明英文讲义》	林语堂、林幽编
《开明历史讲义》	王钟麒、宋云彬编
《开明中国地理讲义》	韦息予、傅彬然编
《开明外国地理讲义》	冯达夫编
《开明算术讲义》	章克标、刘薰宇编
《开明代数讲义》	章克标、刘薰宇编
《开明几何讲义》	章克标、刘薰宇编

《开明物理讲义》	沈乃启、夏承法编
《开明化学讲义》	程祥荣编①
《开明音乐讲义》	丰子恺编
《开明图画讲义》	丰子恺编

《开明历史讲义》由王伯祥与宋云彬根据他们的讲义合编而成。叶圣陶在 1935 年 10 月向读者介绍此书时称："全书分七十八讲，从太古神话传说起，到最近的'一·二八'之役止，把五千年来朝代的递嬗，民族的融合，疆土的开拓，文化的演进，以及社会状况、政治制度、学术思想变迁、外交局势转移等，作扼要的叙述。普及历史教本往往失之简略，宜于教员讲解，不适学生自修。本书详略得当，且于正文之外，附以极详细的注解。有志自修者，手此一套，不啻面对良师。"

这本高品质的历史读物，不仅在民国时期广为流传，而且在 2015 年出版后，又成为当年畅销的历史图书，一印再印。新版《开明中国历史讲义》在"编辑的话"中总结此书特点如下：

一、在宏观方面，化繁就简，由博而约，层次分明，脉络清晰，让一部中华史了然于胸。……

二、虽然在宏观方面写意勾勒，却在细节方面采用工笔手法，不吝笔墨，由简到繁，历史的鳞爪纤毫毕现，读来情节丰满，有料有趣。

三、本书引用史料虽多，但都标明出处；论点平实公允，纯

---

① 章克标：《开明函授学校简述》，载《我与开明》，中国青年出版社 1985 年版，第 251 页。

从史实推出。这本是史家著书常识，但将本书置于坊间，竟称特点，体现时代的差异，亦见民国学者著述之认真严谨。

四、文字虽称白话，但杂以浅近文言，典雅而蕴藉，殊可回味。

五、全书不受当时政治倾向和主流意识形态影响，摒弃假大空的说教和预设结论，发乎人文，忠于历史，对有争议的人物和事件立论公允，识见独到。①

与王伯祥一起编写此书的宋云彬，浙江海宁人，1897 年出生，自幼喜读古书，也深受新文化、新思想的影响。1921 年 11 月起，先后担任《杭州报》、《浙江民报》、《新浙江报》编辑、主笔。1924 年加入中国共产党，1926 年秋担任广东黄埔军校政治部编纂股长，编辑《黄埔日报》。"四一二"反革命政变后，宋云彬受到通缉，从广州前往武汉。其时沈雁冰正在武汉担任《民国日报》的总编辑，一见宋云彬，便劝其参加编辑工作，宋云彬欣然同意。"七一五"反革命政变后，宋云彬被列入通缉名单。他与沈雁冰一起潜离武汉，先到庐山牯岭住了一段时间，接着前往上海。宋云彬潜居上海时，与共产党组织失去了联系，他先在商务印书馆担任馆外编辑，做《资治通鉴》的选注工作，后又为开明书店做《开明活页文选》的选题和注解工作。1930 年 12 月正式进入开明书店，主持完成《辞通》的编辑校订工作，参加了《中学生》杂志的编辑工作，参与编写了《开明国文讲义》和

---

① 王伯祥、宋云彬：《开明中国历史讲义》，新星出版社 2015 年版，第 1、2 页。

《开明历史讲义》。①

王伯祥与宋云彬的交往，从商务印书馆时候就开始了。宋云彬到上海后，首先找到叶圣陶，接着进入这个朋友圈。1929年，王伯祥的日记中便有了宋云彬的名字，他们常常一起出去饮宴。到开明书店后，二人更成为亲密的同事，相处甚佳，彼此间的友谊也一直延续。宋云彬1979年去世。2015年，中华书局出版《宋云彬文集》时，书名特请王伯祥之子王湜华题写。

七、向读者推荐 66 种"中国名著"

1935年10月20日，王伯祥与夏丏尊、叶圣陶、章雪村共同在《人间世》发表《五十年来中国名著之一斑》，向读者推荐66种"中国名著"。

入选图书标准为：（一）具有独特之见解者；（二）具有重大之发现者；（三）开一时之风气，影响及于现在及将来者。

所选图书被分为小说、诗词、词话曲话、科学研究、文法研究与修辞学、声韵学、文字学、古籍考订、政治思想、古时代思潮、沿革地理学、学术评论、专门史、宗教学、哲学、金石学、实地考察草录、读书法与工具书18种。分别为：

小说6种：刘鹗《老残游记》、曾朴《孽海花》、李伯元《官场现形记》、吴趼人《二十年目睹之怪现状》、鲁迅《呐喊》、茅盾《子夜》；

诗词2种：黄遵宪《人境庐诗钞》、朱祖谋《彊邨语业》；

---

① 宋京毅、宋京其：《永远的怀念》，载海宁档案局（馆）整理：《宋云彬日记》（下册），中华书局2016年版，第1015页。

词话曲话 4 种：王国维《人间词话》、况周颐《蕙风词话》、王季烈《螾庐曲谈》、吴梅《顾曲麈谈》；

科学研究 3 种：章鸿钊《石雅》、郭任远《行为心理学》、陈兼善《广东产鳗鳝鱼类之研究》；

文法研究与修辞学 5 种：马建忠《文通》、严复《英文汉诂》、杨树达《词诠》、黎锦熙《国语文法》、陈望道《修辞学发凡》；

声韵学 2 种：刘半农《四声实验录》、魏建功《古音系研究》；

文字学 6 种：吴大澂《字说》、《说文古籀补》、孙诒让《名原》、罗振玉《殷墟书契考释》、章炳麟《文始》、郭沫若《卜辞通纂》；

古籍考订 4 种：洪钧《元史译文证补》、孙诒让《墨子间诂》、王先谦《汉书补注》、崔述《史记探源》；

法律源流 1 种：程树德《九朝律考》；

政治思想 2 种：孙诒让《周礼政要》、孙文《建国大纲》；

古时代思潮 5 种：康有为《大同书》、谭嗣同《仁学》、邹容《革命军》、刘师培《攘书》、梁漱溟《东西文化及其哲学》；

沿革地理学 1 种：杨守敬《历代地理制图》；

学术评论 4 种：廖平《今古学考》、康有为《新学伪经考》、章炳麟《国故论衡》、周予同《经今古文学》；

专门史 14 种：屠寄《蒙兀儿史记》、柯绍忞《新元史》、夏曾佑《中国历史》（上古迄隋）、皮锡瑞《经学历史》、王国维《宋元戏曲史》、梁启超《先秦政治思想史》和《清代学术概论》、鲁迅《中国小说史略》、胡适《中国哲学史大纲》和《白话文学史》、冯友兰《中国哲学史》、郑振铎《插图本中国文学史》、杜亚泉《博史》、黎锦熙《国语四千年来变化潮流图》；

宗教学 1 种：弘一《四分律戒相表记》；

哲学 1 种：冯友兰《人生哲学》；

金石学 1 种：叶昌炽《语石》；

实地考察草录 1 种：徐旭生《西行日记》；

读书法与工具书 3 种：梁启超《历史研究法》、陆尔奎等《辞源》、朱起凤《辞通》。

以上推荐，力求公允，予读者以益处。而不计较私人之恩怨或出版社之竞争。例如，虽然章雪村当年由杜亚泉举发而被商务印书馆辞退，但仍然选了杜亚泉的《博史》；而书目中的《辞源》等多种图书由商务印书馆出版，有可能对开明的图书造成竞争，但他们依然予以推荐。同时，虽然王伯祥、夏丏尊、叶圣陶、章雪村均为大家，知识面均很广泛，但毕竟还是各有偏好的（比如王伯祥始终不介入文学，而一直以史地为专长），所以他们共同推荐的书目就综合了多方面的长处，更能受到读者的欢迎了。

直到如今，出版家推荐书目的方式仍很普遍，仍很受读者欢迎。

八、开明杯中物

"开明书店编辑有个共同爱好：杯中物。下班以后，相率前往王宝和或者高长兴（都是上海有名的旧式酒店），我有时也应约同去，不会喝酒，目的仍在谈话。我觉得听这些前辈谈话确实是一种乐趣，大有'胜读十年书'的感觉。"这是唐弢在《忆伯翁——追记王伯祥先生》中所写的话。他还回忆："开明的编辑大约以两帮籍贯为最多，一是绍兴帮，包括和绍兴邻近各县的浙江人。另一是苏州帮，包括和苏州邻近各县的江苏人。绍兴帮中，年纪最大的是夏丏尊先生，至于苏州帮呢，那就得推王伯祥先生了。我读过不少夏先生的译著，并且知道他是浙江教育界的'四大金刚'之一，领导学运，名噪一时，但我见到他时已是炉火纯青，蔼然长者；我也读过王伯祥先生以'王钟麒'出版的著述，大都由商务印书馆出版。他给我的印象和我所想象的差不多，双颊红润，体态略肥，留着两撇胡子的那种清末常见的学者的样子。不过那时他已不专门从事研究，似乎也做些行政组织工作，是章老板（章锡琛）得力的助手。"①

朋友们经常一起聚餐饮酒，交流心得，增进友情，更在这无话不谈的融洽的氛围中，酝酿出很多好的选题，促成了很多好的事情。这在商务印书馆时期便成为大家的共识。王伯祥非常重视此事，日记中多次表露过，参加聚餐是不能推脱的。

开明书店是朋友们一起开的书店，大多数骨干成员由商务印书馆转来，深知这种聚餐饮酒的多重价值，于是竟将此风发扬光大，不仅平日里有朋友间的聚餐，更形成了不成文的惯例：每逢周六晚上，"开明酒会"便例行召开。地点一般选在开明书店附近的酒店，饭菜随意，酒则一定是上好的绍兴黄酒，参加者除王伯祥之外，还有章雪村、夏丏尊、叶圣陶、郑振铎、周予同、丰子恺、范洗人、章雪山，等等。据说，参加"开明酒会"还有个门槛，参加者需要有酒量，能饮绍兴黄酒五斤以上。当然，这只是说说而已，不会太当真。钱君匋最多能喝三斤半左右的绍兴酒，章雪村为他说情："放宽一些尺寸，也请君

---

① 载《追思集》，王伯祥家人 2000 年自印，第 201、202 页。

匋来参加吧。"大伙一乐,这有什么不可以的!

开明酒会中虽然人人好酒,但他们之间已形成惯例,就是不敬酒,不劝酒,不闹酒,所以不善饮酒者也丝毫不会感到尴尬。而据王伯祥的子女们回忆,从来没见王伯祥有醉酒的情况。同时,很多店中的事务,也是在"杯中物"的调和下进行商谈的。例如,1933年8月9日夜,王伯祥便与章雪村、叶圣陶、韦息予、傅彬然等人一起在新雅酒楼饮宴,共商应对商务印书馆、世界书局竞争办法。关于开明与商务、世界的竞争,早在7月27日王伯祥的日记中便记载:"商务、世界在苏竭力破坏开明营业,竟有挟胁书坊拒售开明各书之说。竞争之烈至此,深堪浩叹,而卑劣若是,尤不胜诛伐耳。资本之威胁不撤除,货真价实——亦终难立足也。然为自存计,亦惟有与之周旋角逐,尽力从事耳。"1934年8月12日下午,王伯祥与章雪村、夏丏尊、叶圣陶、徐调孚、章雪山、丁晓先在新雅酒楼饮宴,共商公司进行事务,商定董监人选及修改公司章程。如此饮宴,比比皆是。

围绕着开明"杯中物",还有不少佳话,有兴趣者可以进一步研究。

九、出版行当里的好员工

这一时期的工作状态,也可以从王伯祥的日记中看出。翻阅《王伯祥日记》,最频繁出现的开首语就是"依时入馆"、"依时入公司",然后便是"编"、"校"或"续校"之类与编辑相关的字眼。

比如:1935年4月18日星期四日记记录:"依时入公司办事,仍致力于《新元史人名索引条》。"4月19日星期五记:"依时到公司办事,作毕人名索引条，至快。为《补编》，不得闲，征集书稿，应答商略，在需时对付也。人名条子甫开，而两《五代史》以下之参考书目又赶在背边矣，大感明日即须开手。但通信录之编辑又急于眉睫，诚有日不暇接之叹耳。"4月20日星期六记："依时到公司办事，编通信录。"4月21日星期天，王伯祥"午前未出，看《故宫周刊》。午后与毅同往大千世界看昆剧。五时散，即归。沽酒小饮，藉苏积疲"。4月22日星期一，王伯祥又一次"依时入公司办事，编完通信录"。

即便身体不舒服，王伯祥也基本上会坚持工作，堪称编辑行当中的好员工、好榜样。他在1937年3月10日的日记中便这样记载："晨觉热退，强起扶病，依时入馆，校对《唐艺文志》。"到了3月11日，病未好，"仍强起，依时入馆，续校《唐艺文志》。"

入馆办事，成为王伯祥雷打不动的工作态度。1937年4月4日的日记中记录晚上因儿子病痛而导致失眠的情形："盈儿感冒咳嗽，入夜加剧，自九时后，隔不一刻钟，必狂哭一次，予为之彻夜失寐。及翌日凌晨，始恍惚睡去，反致晏起也。"而4月5日的日记则这样记录当日情形："八时半入馆，处理杂事外，仍校《宋艺文志》。夜饭后少坐即睡。盈儿疾稍痊，予亦少安。"

王伯祥还有一个本事，就是能把苦转化为乐。1937年7月1日，天气炎热难耐，王伯祥却找到了驱暑妙法，特在日记中兴趣盎然地写道："天气奇热，静坐挥扇，犹难驱暑，只索奋起理书架，将整部《四部备要》重区部门，插入他种版本大小仿佛之籍。积埃当扫，顺得一度大扫除，至快。自七时至下午四时始竣事。虽浑身沾灰，体力倍惫，而心地愉适，几忘酷暑，此殆绝妙之清凉方矣。"

不过，这一时期，开明书店和叶圣陶的情况发生了不小的变化。

宋云彬回忆："初期的开明书店，机构小，工作人员不多，都是一些趣味相投的朋友，没有什么规章制度，也没有严格的分工，完全是手工业作风，里面充满一种温暖的气氛，自然而然地提高了工作人员的工作积极性和事业兴趣性，不斤斤计较工作时间和报酬。刚改组成为有限公司的时候，还保持着这种作风，但不久情况就改变了。大约从1933年起，开明开始拟订各种规章制度，陆续公布。这些规章制度，大部分是从商务那里抄来的，多数由丁晓先草拟，经会议通过。婢学夫人，学得个四不像。那时候总公司一共只有100多个工作人员，组织系统却分为3个处所，1个室，18个部，33个课和4个委员会。职工每天上下午签到，旷工照扣薪水。还有其他各种章则。这样一来，过去的那种温暖气氛，给一扫而光了。那时候，我已经进开明，我跟锡琛谈过，我说这样做有利也有弊，其弊在容易挫伤同事们的积极性。但锡琛他们的看法跟我不同，据说这样做完全合乎资本主义发展规律云云。本来呢，为了严密内部组织，搞好分工合作，定一些规章制度，也是需要的。但必须结合实际情况，顾到开明的特点，考虑到如何保持那种优良传统，如何发扬同事们的工作积极性。然而锡琛他们全不考虑到这些，一味看商务、中华的样。锡琛也没有想到像叶圣陶为什么要从商务跑出来，做开明的编辑。当时开明的大多数同事，对锡琛他们这种搞法是有反感的。不久，圣陶就在他的故乡苏州盖了几间房子，全家搬了回去。他虽然没有脱离开明，但不是天天上班，一个月只来上海一两次了。"①

对于叶圣陶的离开，王伯祥在1935年8月27日的日记中写道：

① 宋云彬：《开明旧事——我所知道的开明书店》，载《文史资料选辑》（第31辑），文史资料出版社1980年版。

"圣陶在苏购屋已将落成，浩然有去志。年甫四十许，已赋归隐，诚与其平日之论为不侔，然实其素志也。"10 月 27 日的日记中又写了开明书店同人中午公宴叶圣陶全家并摄影留念，共 52 人出席。叶圣陶迁回苏州后，每月定期到上海处理《中学生》杂志及相关书籍的编辑工作。其编译所秘书之职则由王伯祥接替。

王伯祥、叶圣陶都是出版界的好员工，但他们二人不同的地方是：开明书店管理方式的变化，对叶圣陶显然是有影响的，对王伯祥则影响甚微。

第四章

书巢忧患记

——开明书店第二时期（1937—1945）

一、开明书店的劫难

对开明书店而言，1937年的"八一三"事变，是其发展史中的一个重大节点。

"八一三"之前，开明书店经过十年多的努力，已进入蒸蒸日上的高峰时期，其书刊在出版物市场已极具影响力。编辑出版"世界少年文学丛刊"，包括叶圣陶的童话《稻草人》、《古代英雄的石像》，安徒生的童话《夜莺》、《小杉树》、《母亲》、《月的话》、《柳下》，罗斯金的童话《金河王》，科洛提的童话《木偶奇遇记》、萨克莱的小说《玫瑰与指环》，史蒂文生的小说《爱的教育》，贝格尔的故事《鹅妈妈的故事》等，其中夏丏尊翻译的《爱的教育》，徐调孚翻译的《木偶奇遇记》、顾均正翻译的《宝岛》尤其受到少年读者喜欢，成为开明多年畅销的图书。此外，夏丏尊、刘薰宇合著的《文章作法》，丰子恺的《音乐入门》、《艺术概论》、《西洋美术史》，盛国称的《世界语全程》等可供学校课用的教材，均获得了很好的社会效益和经济效益。

《开明活页文选》的发行开启了开明书店编辑出版中小学教科书的先声，在当时的大多数中学，《开明活页文选》比商务印书馆、中华书局的课本更受语文教师欢迎。截至1936年年底，《开明活页文选》共出版1600多种，收益非常可观。《开明英文读本》、《开明算学教本》也大受中学欢迎，它们与《开明活页文选》一起，成为开明初期发行的三大教科书。

中学教科书的成功带动了小学教科书、师范学校教科书的编辑出版。从1932年起，出现了叶圣陶、王伯祥、傅彬然、顾均正、贾祖璋、刘薰宇编写的各类教科书。以函授学校教本为基础出版的《开明中学讲义》，专供有志于自学的青年选用，也受到很多读者的喜爱。在这个过程中，开明书店基本确立了以出版中学教本和中学生课外读物为主的出版方针，使其在众多出版社中独树一帜。而开明的教科书完全以质量取胜。教科书发行量大，周转期快，经济效益大，还可以以此带动学术图书的出版。开明在1949年前被列为六大书店之一，发行教科书是主要原因之一。

《中学生》、《新少年》、《月报》等刊物的出版发行，为开明书店开出了宽广的大路。《中学生》创刊于1930年，以高中学生为对象，指导他们的文化学习，在读者中有极高的信誉，对开明书店的业务开展也产生了很大的影响。至"八一三"事变，已刊行 65 期。《新少年》创刊于 1936 年，以初中学生和高小学生为对象，同样成为指导他们进行文化学习的重要课外辅导月刊。截至"八一三"，《新少年》已出 19 期。《月报》则是综合性的大型刊物，月出一本，除特稿外，所有文章均从众多的报纸杂志中选摘，称得上中国最早的"文摘"类杂志，也深受读者喜爱。此外，《新女性》、《文学周报》、《一般》、《国文月刊》、《英文月刊》等刊物均由开明编辑出版，在不同时期起到不同的积极作用。

王伯祥、徐调孚等人进入开明，为开明注入了厚重的力量。徐调孚把朱起凤的《辞通》带到开明书店，使其开始出版影响重大的工具书。而王伯祥主持编辑出版《二十五史》、《二十五史补编》，这样的重大出版项目更是开启了开明书店古籍整理出版的新局面，也使其在出版界和学术界的地位空前提高。此外，出版明末毛晋汲古阁的《六十种曲》、叶圣陶编写的《十三经索引》、王国维的《人间词话》，以及《断句十三经白文》、《艺概》、《白雨斋词话》、《西湖诗词话》等，都使开明呈现出新的气象。

1936 年，开明书店举行了一系列创业十周年庆祝活动：以较高稿酬约请一些作家撰写新作，编辑出版《十年》、《十年续集》专题纪念图书；将开明书店总店和美成印刷厂一起迁往梧州路新址办公，大大改善了同人们的办公条件；召开开明书店第二届业务全会，庆祝并探讨开明更为灿烂的前途。所有这些，都令人感到这家出版社真是前程似锦。王伯祥也精神抖擞，主持着开明编译所迈向新的征程。

然而，一个企业总是受到所处国家大环境的极大影响。1932 年，王伯祥在商务印书馆时，曾经历了"一·二八"战火给商务印书馆带来的毁灭性灾难。而在"八一三"战火中，王伯祥又经历了开明书店的巨大劫难。

开明书店设在虹口梧州路的经理室、编译所、货栈以及美成印刷所，均毁于日寇炮弹。开明大部分的图版纸型、藏书、资料、几百万册的图书库存，正在印刷厂待印的《二十五史》全部锌版，以及美成印刷所的全部器材，均被日寇炮火击毁，损失达开明全部资产的百分之八十以上。开明业务停顿，大部分员工留职停薪，只有福州路的门市部还照常营业。发行所库存现款不足千元，各地书店、人员欠的旧款无法收回来，而急待清还的债务，包括银行、钱庄的透支以及亲友的存款，则数十倍于欠款，开明真是困难到了极点。[①]

"八一三"前后，开明曾响应国民党的号召，准备迁往武汉。本来，国民党还答应给开明准备运输船只，可是等到要搬的时候又推说运兵忙，没有船只可拨，经过很多争执，总算将第一批纸型、书籍和纸张等物，先用民船从内河运到镇江，然后在镇江移上英国轮船，安全运至汉口。紧接着，第二批几部机器、纸型、书稿、纸张、油墨等，也准备运往汉口。章雪村、叶圣陶、范洗人以及开明书店汉口分店经理章雪舟在杭州会齐，取道吴兴、宜城、芜湖，前往武汉筹建编辑部，并随时以电报、书信方式与上海的夏丏尊、王伯祥保持联系。1937 年 11 月 1 日，王伯祥在日记中记录："琛、洗、圣[②] 芜湖来片。大约日内琛等即可抵汉矣。唯此间续运之件，以输路困难，一时无法装载，遍访太古、怡古、招商等局，亦无法承揽，是则大堪忧虑耳。"等章雪村、叶圣陶他们到达汉口后，上海的第二批货也总算装载运

---

① 参见唐锡光：《开明的历程》，载《我与开明》，中国青年出版社 1985 年版，第 301 页。
② 琛、洗、圣：即章锡琛（章雪村）、范洗人、叶圣陶。

出。然而，他们很快又得到消息，第二批货运到镇江白莲泾附近时，被日本军队劫走。祸不单行，紧接着又有消息，国民党政府已准备放弃武汉，向重庆撤退。如此一来，在武汉组建开明编辑部的想法便迅速成为泡影。章雪村打算与叶圣陶全家前往重庆，但夏丏尊、王伯祥接二连三发来电报，告知店屋因欠房租，房东已经起诉等消息，因此不得不与叶圣陶分别，辗转返回上海。

这段时间，王伯祥也是备受煎熬，非常担心叶圣陶、章雪村、范洗人等的安危，同时还要设法帮助叶圣陶的家眷与叶圣陶会合。

12月24日，叶圣陶给王伯祥写信，叙述自己的经历，又讲到开明书店及自己的设想："出版之业，实未途穷。唯是我店，机构所限，处常有余，应变则难，困守而外，殆乏他术。尝为空想，姑妄言之。设能入川，张一小肆，贩卖书册，间印数籍，夫妻子女，并为店伙，既以糊口，亦遣有涯。顾问之选，首为我甥，李君通邮，并可请益。此想实现，亦新趣也，未知前途，究何如耳。"①

叶圣陶此信，透露了开明书店遭此劫难的一些原因："机构所限，处常有余，应变则难。"只不过并没有展开。宋云彬则较为详细地介绍：

> 开明的两位主要负责人章锡琛和夏丏尊，有个共同的特点，就是不关心时事。因为不关心，对时局就不能作出正确的分析和判断。丏尊不相信会出现长期抗战的局面。……锡琛呢，他虽然不是绝对不相信会打起来，但他把租界看作安全地带，以为梧州

---

① 商金林：《叶圣陶年谱长编》（第二卷），人民教育出版社2004年版，第69、70页。

路是租界，即使打起来，也不会在租界中作战。他还有一种奇怪想法，认为国家到了最危险的关头，我这点小小事业算得什么。有一次我问他开明作了什么准备的时候，他就是这样回答我的。现在回想起来，如果章、夏两位警觉性高一点，看得远一点，事先作了相应的布置，开明的资产损失不会到80%以上。①

相比之下，商务印书馆、中华书局战前就做了很多预防性措施，把企业的印刷、发行基地转到香港、长沙、武汉等地，不像开明那样遭受毁灭性打击。由于处置失当，开明书店从高峰跌入低谷，章雪村在开明同人中的威信显然也受到了影响。

对于王伯祥而言，不幸中也有幸运。战火爆发之前，他终于在租界的霞飞路找到了安全的房子，将一大家子以及自己的藏书都安全地转移了。他非常担心章雪村的状况。好在，章雪村并未倒下。

1938年1月4日，王伯祥终于在悲愤中舒了一口气，日记中写道："四时许，雪村始返店。时丐尊、守宪俱在，痛谈别后三月情形，直欲歌哭无端；幸雪村精神弥旺，毫无秋气，大可慰乎！"

二、霞飞坊"书巢"记

在上海，搬家的事情常常困扰着王伯祥。因藏书多、家累重，每次搬家都很费工夫。所以，但凡可以将就，王伯祥都不愿意搬家。他

---

① 宋云彬：《开明旧事——我所知道的开明书店》，载《文史资料选辑》（第31辑），文史资料出版社1980年版。

的夫人秦珏人更是如此，"一·二八"事变发生前夕，就因坚决不肯搬家，一个人留下独守，差点遭遇不测。可是，战乱以及各种灾难，使得王伯祥夫妇不得不一再搬家。

1935年中秋的前一天，王伯祥所居人安里寓所的南邻发生火灾，延烧至王伯祥家，以致前窗后牖都成焦炭。幸亏扑救迅捷，屋内没有遭灾。事后，王伯祥举家迁往祥茂里，其幼子王湜华出生。然而在祥茂里没住一个月，便发生一件令人苦恼的事。原来，住所的东边邻居是日侨，有天晚上醉酒，使劲撞王伯祥家的门，而且大声吼叫，极端狂肆，幸亏大门还算坚固，没有被撞破。而王伯祥家的大人、孩子该是何等心情！第二天，王伯祥为此事找到警局，警局害怕日本人，不仅不出面解决，而且反过来称对方是侨民，让王伯祥不必计较，话中还有让王伯祥赶紧搬家之意。这样一来，王伯祥还没安定40天，便又搬到经纬里，与章雪村楼上楼下，朝夕相见。在经纬里住时，王伯祥的书房呈曲尺形，面积很小，条件简陋，但有书陪伴，王伯祥亦苦中求乐，并雅称书房为"曲斋"。1937年"八一三"事变前，老朋友刘薰宇决定回贵阳老家，这样便把他居住的法租界霞飞路霞飞坊35号的三层楼房转让给王伯祥，王伯祥一家这才有了较安心的住处。这在当时真是一件大事。王伯祥非常高兴，而且把三楼原为卫生间的一狭长条的地方当作自己的书房，面积虽不算很大，但箱中的书得以摆到书架，可以从容阅览。这样，虽然身逢乱世，但王伯祥总算有自己的寄托，特为新书房取名为"书巢"，并作一段题记，以好友夏丏尊的名义，请其老师袁希濂在一张尺幅颇大的玉版宣上题额。

王伯祥嗜书如命，老友叶圣陶最是知晓，所以在1938年4月8日给王伯祥的信中写道："藏书又将开箱列架，此是兄之至乐，遥为致贺。困居孤岛，读书亦消遣良法。"[1]

当时叶圣陶虽然已逃难到了"五千里外"的内地，王伯祥仍写信嘱其写字、题记、作诗，以作纪念，而且在信中不止说过一次。

7月6日，叶圣陶作成《书巢记》，"缮写寄上"。[2]全文如下：

伯祥嗜积书，始于弱岁。方就学草桥，课毕入市，经书肆辄徘徊不忍去，以少资贸二三，欢如得宝。所居通和坊老屋，辟一室曰"疾流云馆"，陈书于架，秩然悦心。窗前种菜数畦，高树荫之，类幽人之居。

及卒学校业，十年屯否，然犹稍稍致书。

民国十一年入商务印书馆，遂移居沪北。纂辑馀闲，惟亲简编，不数载而积书盈室，上帖承尘，旁障素壁者，皆节用勤搜之所获也。其书无秘本精椠，而辕于其向薪，乙部要籍略备。

二十一年春，倭寇犯淞沪，我十九路军御之，是为"一·二八"之役。伯祥仓皇走避，寓居旋毁于火，不遗片纸。然书者伯祥之偏嗜，一旦丧焉，怅惘几无聊生。乃又徐徐致之，不足则假之友好，如鹊运枝，如燕衔泥，不以为劳。于是复有所谓"曲斋"者。虽赡富不逮囊昔，亦足资检览。

二十六年七月，倭寇寻衅于卢沟桥。八月，再犯淞沪。我举国奋兴，悉力与战，至今二年而气益王，势益强，非尽驱之于海外莫肯已。此役也，伯祥先战事数日迁入法兰西租界，屋湫隘，未能发簏中书。翌年，始拓一室以居之，部署即讫，欢然如远翻

① 叶圣陶：《我与四川》，四川人民出版社1984年版，第34页。

② 叶圣陶：《我与四川》，四川人民出版社1984年版，第132页。

之归故巢，遂名之曰"书巢"云。

　　夫积书之家，古今众矣，然或矜版本，或为饰观，彼皆有所凭藉，如商贾累财，积日自富，而实深负夫书。伯祥罔所凭藉，且数历艰虞，而犹守此书巢，展诵为乐，则诚无负于书者也。方今寇烽所至，公私藏书荡毁已多，大学师生求书不得，有徒以口耳为授者，然则伯祥之守此书巢也，可慰复可慨矣。

　　　　　　　　　　　　　　　　　　　　　一九三九年六月廿一日作[①]

　　正如叶圣陶所言，王伯祥买书、藏书，并不是为了装饰用的，也不讲究版本，重视的是内容，也重视其实用性。这样的买书、藏书，便会真正不负书籍，真正使书中的内容成为王伯祥写作、编辑的丰富营养，涵养他的学识，陶冶他的情操，促进他的事业。

　　抗战胜利后，叶圣陶一家重新回到上海，与好友王伯祥把手"书巢"，成为一段佳话。

三、艰难岁月的意外收获

　　王伯祥一家搬到霞飞坊，不仅解决了自身的困难，而且解决了章雪村一家的住房问题。当时，章雪村的儿子章士敫已与王伯祥的女儿王清华订婚，两家关系非常融洽。王伯祥刚刚搬到霞飞坊一幢三层的新家，章雪村一家就去参观，祝贺乔迁之喜。不料刚好战事爆发，章

---

　　① 王湜华：《王伯祥传》，中华书局 2008 年版，第 89 页。

雪村他们回不了家了。王伯祥便把楼下房间让出来给章雪村一家住。

开明书店大本营被日本炮火炸毁后，开明的大部分同人被迫到内地发展。开明原有的北平、沈阳、南京等分店，都因沦陷而撤销，当时尚存的只有长沙分店、汉口分店和广州分店，由于西南一带还有几万元的账款可以回收，章雪村便在离开武汉前，安排范洗人等去重庆筹办办事处，同时派南京分店撤退出来的陆联棠去桂林筹设办事处。这样一来，开明书店便分成沦陷区和大后方两大部分。

章雪村自己返回上海后，与夏丏尊、王伯祥等人一起解决了诉讼问题，对遭到重创的开明业务做了一些善后工作。迫于艰难的处境，上海本部大部分员工留职停薪，只留下夏丏尊、章雪村、王伯祥、徐调孚、顾均正、索非、周振甫等少数几人，每月每人只拿20元的生活费，在福州路一个三层楼上继续办公，利用一切条件，印制教科书，重排纸型残缺的繁销书，还要出版新书，以供应大后方。

王伯祥的大女儿已结婚，在上海吴江路居住，可以经常过来看父母。四女儿、五女儿、六女儿陆续到了内地，王伯祥夫妇身边尚有七女儿以及三个儿子，一家六口靠王伯祥的微薄收入过日子。幸亏王伯祥的贤内助秦珏人，克己耐劳，勤俭持家，一家子尚能勉强过下去。

王伯祥喜欢买书，只要有好书，他决不错过机会，哪怕典卖、借贷。在家庭经济十分窘困的时候，正好有一部丛书出版，价格昂贵，靠平时的收入，无论如何是买不起的，但错过机会又舍不得，怎么办？最终，王伯祥还是说服了秦珏人，把书购买回家。王漱华对此有很深的印象，在回忆文章中说："有一天早上，我看见母亲眼睛有点红肿，显然是哭过了，但她的脸色神情是愉快的，告诉我说：'你们的爹，我有啥办法呢？他爱书比性命还重要，我尽管舍不得兑掉仅剩的一副金手镯，但总不能让你们爹不买书啊！'原来，一向最关心、最支持父亲的母亲，经过思想斗争，将一副金手镯交给了父亲，书终于搬进了家门。"① 可以说，没有贤内助秦珏人常年的全力支持、精心照料，王伯祥不可能取得事业上那么大的成就。

王滋华回忆："抗战八年中，父亲没有离开过上海，坚持留守开明书店，每天仍按时上班，早出晚归，往返一二十里，总是步行。父亲的心情，母亲很理解，尽管生活艰苦，从无怨言。中午，母亲经常带着我们一起吃'烂糊面'或者'面疙瘩'，然而每天晚饭，母亲必定为父亲做一二样比较像样的菜，并且还要烫上一壶黄酒。父亲喝酒时，母亲不许孩子上桌，要等父亲喝过酒一同吃饭，但我们总是围坐桌边，'看'父亲喝酒，听父亲'谈天说地'，几乎天天如此。父亲也就在每天喝酒的时候，通过'谈天说地'，潜移默化地给我们进行教诲。长年累月，由于父亲的身教和言教，使我明白了很多做人的道理，也养成了一些良好的习惯。"②

"八一三"事变后，学校停办，王伯祥的儿女们辍学归家，这本来是很糟糕的事，但他们却得到了意外的收获。学校不教了，王伯祥便亲自上阵，自己在家里教。除课本外，他为儿女们购买了《纲鉴易知录》等课外书，要儿女们有系统地学习历史；每天还布置儿女们用毛边纸练字，吩咐儿女们帮母亲分担部分家务；每天晚饭后，他又总是不顾一天的劳累，为儿女们上文学课……

---

① 王漱华：《中国知识分子的傲骨——忆父亲在"孤岛"时期的清贫生涯》，载《追思集》，第 43 页。

② 王滋华：《父亲的身教和言教》，载《追思集》，王伯祥家人 2000 年自印，第 62、63 页。

"他讲课细致生动，从一点展开，论古道今，由浅入深，逐字、逐句、逐段分析讲解，然后又串起来统讲，使我们对课文加深领会。他讲解课文中的人物形象，有声有色，栩栩如生。课文中的景物描写犹如一幅风景画展现在眼前。为我们讲解过的《长恨歌》、《赤壁赋》、《核舟记》等，记忆犹新，许多古文我今天还应用于教学之中。"[1] 这是女儿王澄华 1989 年时对父亲的回忆。

而更重要的是，王伯祥以言传身教，为儿女们做表率，教给他们很多做人的道理。

作为家庭的顶梁柱，王伯祥自然尽力增加家庭收入，但他以民族气节为重，坚决不与日伪合作，坚决不为汉奸文人写稿，坚决不去敌伪学校教书。而且，他以历史学家的眼光洞察世事，坚信抗战必能胜利，坚守自己的信念，坚持自己规律的生活，每天读书，每天写日记，还经常用毛笔抄书。所抄之书，大部头订成本的就有《观古堂藏书目》、《文渊阁书目》（未竟，后由幼子王湜华续毕）、《弄谱》、《明虞山赵氏脉望馆杂剧录目》[2]……所有这些，均给儿女们以很大的教益。

抗战期间，王伯祥几乎每天都在霞飞坊住所和四马路开明书店间步行，来回 20 多里路，风雨无阻，从不叫苦，这样不仅减少了开销，避免了挤车难、容易被偷窃等问题，而且客观上起到了锻炼身体的好作用。更意外的是，这样的苦差事竟治愈了他多年无法治愈的神经衰弱、失眠症，胃口好，睡觉香，真是苦中得福。

---

① 王澄华：《纪念父亲诞辰一百周年》，载《追思集》，王伯祥家人 2000 年自印，第 26 页。

② 王湜华：《王伯祥传》，中华书局 2008 年版，第 101 页。

四、兼任开明图书馆主任

王伯祥曾兼任开明图书馆馆长，这件事从他刚到开明不久就开始了。开明"老板"章雪村在商务印书馆当编辑之时，便深刻认识到图书报刊资料对出版社和编辑的重要性，所以创办开明书店的时候，就非常重视图书报刊的收集。这件事自然也得到夏丏尊、叶圣陶等人的积极支持，有识之士都认为这是非常重要的。王伯祥对史学、目录学、版本学的掌握，对买书、藏书的热情，在同人当中是有名的，所以，他到开明书店后，很自然地成为负责开明图书馆的不二人选。此后，他将自己的爱书嗜好与图书馆工作积极互动起来，尽可能地为开明买好书，尤其是购买了编辑所需要的工具书、文史书及与青少年学习相关的大量图书，让开明的同人们深感满意和佩服。

在开明资金困难的时候，王伯祥更加频繁地到旧书市场淘书，将一本本好书带回开明，然后分类登记、编目上架，使图书陈列有序，容易查找，并按照合理的借阅、归还程序实施管理，有效地提高了同人们的读书效率、工作效率。

王伯祥为图书馆购书的原则，与为自己购书略有不同，虽然仍以实用为原则，但在资金充裕的时候，也适当购买一些个人力量不容易购买的珍贵版本。他也善于从出版社的大局考虑，统筹安排，照顾到与自己方向不同的编辑。如此一来，无论是文学编辑、文史编辑还是经济类、科技类图书的编辑，都可以在图书馆找到自己需要的图书。

王伯祥强大的记忆力，以及从小就养成的"物归本位"的习惯，还使其成为图书馆的"活字典"。谁如果找不到某书，"问伯翁"便是一条捷径，他总能迅速指出藏书的位置。

开明书店大本营在"八一三"被毁时，图书馆也毁于一旦。王伯祥因此对日寇恨之入骨。留在上海的少数编辑，生活都很艰苦，但大家都知道图书馆(或者图书室、资料室）对出版社的重大意义。于是，在章雪村、夏丏尊的支持下，王伯祥仍用有限的资金，从旧书市场淘得一批批对编辑有用的好书。

此外，王伯祥还通过开明内地的几家分店，采购到不少外版图书。持续不断的努力，使开明图书馆的图书非常可观，除了开明的本版书外，商务、中华等出版社的好书也无不纳入，像《四部丛刊》、《四部备要》、《古今图书集成》、《百衲本二十四史》等大部头书以及各种辞书、类书，无不具备。

抗战胜利后，王伯祥负责的行政事务增多，开明图书馆的工作便交给王伯祥之子王润华。王润华继承了父亲的传统，将图书馆工作做得井井有条。有问题时，便向父亲请教，王伯祥自然是知无不言、言无不尽。这样，在1953年开明书店与青年出版社合并时，开明图书馆为新的出版社提供了八万余部（册）图书资料，成为中国青年出版社的丰富资源。

1990年2月27日，在纪念王伯祥先生诞辰100周年座谈会上，曾与王伯祥一起在开明、后长期在中国青年出版社工作的金云江回忆："王伯祥先生精通目录学，他还为开明图书馆兼做搜购的工作……上海三马路上有许多古旧书铺，很多书铺的人都认得王先生，他经常去旧书铺，这不是一般的浏览，而是在给开明图书馆搜购一些研究文史有实用价值的书。""王先生在开明近二十年的时期里，为开明图书馆搜购图书的工作，是花了不少精力的。'八一三'抗日战争爆发以前，他有一本硬面的练习本，每月初要我向财务科借来付款凭单，查到旧书铺的发票，逐笔抄写在这个本子上，每年购买图书能花费多少，他做到心中有数。当开明的图书运到北京并入中国青年出版社以后，有人很称许开明图书馆购买图书都是精心挑选的。该买的书价钱高的也要买，不该买的，即使价钱不多也不买。""开明这批图书运到北京并入中国青年出版社以后，虽然多次整理陈列，多年来一直由于房屋的关系，老四合院的房子，墙壁潮湿度很大，存储不是很好。1976年地震以后，中国青年出版社要求改建楼房，那时候建楼房要经过严格审查和批准手续，当时特地请有关部门的同志到出版社来实地参观，头一条的理由，就是这一批图书，已是市场上搜购不到的了，即以1400余本的一套《清实录》为例，是日本印刷的，人家研究中国的历史比我们还肯下功夫，存放在潮湿度那么大的房子里，保管不妥当损坏了是无可弥补的。参观的主管同志也很以为然。楼房建成以后，这批图书已列为特藏书，书架子也改成了电动化，保管得很好了。抚今追昔，在这批图书的搜购工作中，王先生是有他的功绩的。"①

五、只怕信念不坚，不愁事业不成

旧的炸毁了，新的建造起来了。一千个一万个被战争毁灭了，十万个万万个都从瓦砾堆中重建起来。只怕信念不坚，不愁事业不成。《中学生》杂志是抱了这种坚定的信念在西南抗战根

---

① 金云江:《金云江先生的讲话》，载《追思集》，王伯祥家人2000年自印，第226、227页。

据地宣告复刊的。

在复刊之始，我们愿意和中学生诸君共相勖勉的——

第一是努力追求文化与智慧。用文化和智慧的光辉，消灭世界上野蛮与疯狂的侵略者。

第二是民族利益超过一切。牺牲一切个人利益，时刻准备为救国救民而奋斗。

第三是学习、工作、生活打成一片。生活是为工作，为工作而学习，而且从工作中学习。

这是自"八一三"事变后停刊了 20 多个月、最终在 1939 年 5 月 1 日重新复刊的《中学生》杂志的《复刊献辞》。

筹划《中学生》复刊事宜从 1939 年 3 月就开始了。当时，桂林已设置了开明书店的办事处，很多开明的旧同事和老朋友也来到此地。当章雪村的弟弟章雪山从上海到达桂林后，恢复出版《中学生》的事宜便紧锣密鼓地展开了。

1939 年 3 月 28 日，开明书店桂林分店经理陆联棠宴请章雪山、胡愈之、丰子恺、宋云彬、傅彬然、贾祖璋、唐锡光等人，商议一番后，决定尽快将《中学生》复刊。之后，便由王鲁彦、宋云彬、胡愈之、唐锡光、章梓生、傅彬然、丰子恺组织一个编辑委员会，推定宋云彬、贾祖璋、傅彬然三人担任约稿、审稿的事情，唐锡光专做编辑出版工作，请当时还在四川乐山的叶圣陶当社长。每期稿子在桂林集好之后，航空寄给叶圣陶，请他审查定稿后寄回排印。①

---

① 唐锡光：《开明的历程》，载《我与开明》，中国青年出版社 1985 年版，第 303 页。

4月10日，叶圣陶给王伯祥写信，称："彬然之信中，言将恢复《中学生》，彼与祖璋主之，而令弟居社长名义。弟答谓他人或有未便，弟居其名自无弗可。今后我们要说真有所见的话，不效一般人搬弄几个名词术语，一切都是从嘴唇边滚下来的。又，我们要特别提倡个人之志概与节操，天下事未可料，今日之读者或者命里注定要当'遗民'，须有志概与节操，将来乃有生望。此二意皆有感而发，言之有深痛。兄当解之。愈之、云彬等均愿为该志帮忙，可以拉拢之作者复不少，想可做得不坏。五月间即将出版，且是半月刊。山公极主此志之复刊，想于寄递推销均已有妥善办法。弟在此间接触学生多，均怀念此志不已，则此志诚宜复刊也。"[①] 对此，王伯祥回信中，自然会对叶圣陶大加勉励，并提出自己的想法。只可惜，这些信件已无法找到了。

由于《中学生》在读者中的影响力巨大，许多读者都盼望能继续读到这份杂志，所以复刊后的第1期就印了7000份，迅速引起国人的关注，很多人都认为这是开明书店重新站起来的标志。抗战中，《中学生》往往代表开明书店，和一些进步的同业联合起来，反对倒退，争取进步。叶圣陶、傅彬然等人始终坚持正义，并在国难之际充满前进的激情，在保持刊物内容多样的同时，刊登很多与时势相关的文章，与青年读者们共呼吸。正如叶圣陶以编者的名义在《卷头言》声明："我们是有所为的，但是另一方面看，也是无所为的。我们只觉得融和在青年的队伍里是我们的安慰，跟青年们心心相通是我们的欢快，所以不怕阻碍困难，宁愿干这个事业。我们希望我们一直沉浸

---

① 叶圣陶：《我与四川》，四川人民出版社1984年版，第112页。

在这种安慰跟欢快之中，把这个杂志办得更充实，更有意义。"在此期间，叶圣陶仍通过书信与王伯祥、夏丏尊、章雪村等人保持密切联系，他所写的信大多寄给王伯祥，再由王伯祥转给众人。而王伯祥等人的信件也持续地寄给叶圣陶，使叶圣陶感到朋友间的互相勉励是如此重要，以至于"每接到一封信，每寄出一封信，那种虔诚而又愉快的心情实在难以描摹"。其实，这正是当时沦陷区的开明同人与内地的开明同人之间的关系，他们虽然不在一起，但仍然在思想上和精神上紧紧连在一起，共同前进。与此同时，章雪村、夏丏尊、王伯祥虽在上海，但仍通过书信，指挥或协调着开明书店在内地的工作，开拓出新的局面。

开明在"八一三"遭受重创以后，仅仅两三年时间，便在重庆、成都、贵阳、昆明、桂林、衡阳、吉安、金华等地设立了办事处。各个办事处人少事多，待遇微薄，然而大家并不计较，反倒格外努力，一门心思为着开明的再生而贡献力量。到1941年，在内地的各分支机构都能站住脚了。5月，范洗人带领章士敫、王清华等人从上海经广州湾到桂林，设立总办事处，为内地各办事处的总管理机构。①

这个过程中，开明协理范洗人发挥了重要作用，内地业务基本上由他指挥。另外值得注意的是，开明的下一代人已经顶了上来，尤其是卢芷芬、章士敫、王清华等人。王清华是王伯祥的女儿，章士敫是章雪村的儿子，二人于1941年结婚后一起前往桂林，成为桂林总办事处的重要成员。卢芷芬原是王伯祥的重要助手，后来成为王伯祥的女婿。1938年，卢芷芬自告奋勇到昆明开辟工作，设立开明书店在

---

①　唐锡光：《开明的历程》，载《我与开明》，中国青年出版社1985年版，第305、306页。

昆明的办事处，一个人兼管出版、发行、会计、运输等许多工作，在
人地两生的情况下，设法经营，广交朋友，很快打开了局面。"开设
在昆明的开明书店，成为当时西南联大许多师生买书、歇脚、议论时
政的地方。开明书店对西南联大等校的服务十分周到……西南联大编
辑的《国文月刊》就交开明出版。闻一多、李公朴、朱自清、华罗庚、
罗常培、唐兰、沈从文、刘薰宇、顾功叙等先生是书店的常客。"卢
芷芬还与巴金一见如故，并为巴金写作《火》的第一部提供了良好的
创作环境。在日寇狂轰滥炸昆明的日子里，巴金与卢芷芬互相戏称是
"身经百炸"的人。直到后来，巴金在信中还不无留恋地提到这段生
活："很希望和您一起在小西门外小河边树荫下睡油布躲警报，过过
安闲日子。"①

女儿、女婿们都有出息，这给沦陷区的王伯祥带来很大的安慰。
叶圣陶也在信中称道不已，说："我们在这里说笑话，兄诸爱几乎俱
已有婿，十余年后，诸郎亦皆娶妇，于是子、媳、女、婿满堂，兄为
半个郭子仪矣。"②看到这样的赞叹，王伯祥自然是美在心中。

生生不息，这就是希望呀！

与此同时，王伯祥等人在上海的业务也日渐繁忙，逐步进入佳
境。吕思勉的《中国通史》、《先秦史》、《秦汉史》，钱穆的《史记地
名考》，容肇祖的《明代思想史》，郭绍虞的《学文示例》、《语文通论》
等著作在开明书店出版发行，王伯祥均参与审定、校阅。

吕思勉（1884—1957），字诚之，著名史学家，直到如今，他的

---

① 卢元锴、卢元镇、卢元鉴：《快乐的书生、练达的事业家卢芷芬》，载《我与开明》，
第 136 页。

② 叶圣陶：《我与四川》，四川人民出版社 1984 年版，第 107 页。

《中国通史》、《先秦史》等历史著作仍受到众多出版社的高度重视，一版再版，普惠社会。而读《王伯祥日记》方知，对于吕思勉历史著作的出版，王伯祥的贡献不能不提。他不仅是吕思勉众多著作的责任编辑，在抗战期间向吕思勉约稿，为吕思勉按时预支稿费等，而且长年累月地认真校对，甚至扶病工作，体现了一位老出版家认真负责的工作态度。

1940 年 1 月、2 月，王伯祥的很多时光都花费在吕思勉《中国通史》上部的校对工作当中。他的日记有如下记录：

一月五日（十一月廿六日丁未，星期五）：校吕诚之《通史》。

一月九日（十二月大建丁丑初一日辛亥，星期二）：依时入馆办事。诚之来，谓《先秦史》将由商务收回交开明出版，并告宾四^①近状。

一月十五日（十二月初七日丁巳，星期一）：校吕著《通史》。
……

一月二十九日（十二月廿一日辛未，星期一）：校诚之《通史》排样。

一月三十日（十二月廿二日壬申，星期二）：校毕吕史一批，致书诚之送阅，并告颉刚之言，属转函宾四来会刘校长。

二月一日（十二月廿四日甲戌，星期四）：致书诚之取校样。

二月十六日（正月初九日己丑，星期五）：依时入馆办事。仍校吕史。

_____

① 宾四，即钱穆。

二月十九日（正月十二日壬辰，星期一）：依时入馆办事。丕绳、宽正来谈，移时去。吕史校毕一批即送去。旋有书来，属为齐大往北平图书馆办事处取《宋会要》。

二月廿一日（正月十四日甲午，星期三）：扶病强行如馆。续送校样与诚之。

二月廿六日（正月十九日己亥，星期一）：依时入馆办事。校吕史。

二月廿七日（正月二十日庚子，星期二）：校毕诚之《中国通史》上册，作书送之，请速作下册。

而从他在 5 月 16 日日记中所记："校吕诚之《先秦史》"，到 9 月 18 日所记："校毕《先秦史》一批，送诚之"，再到 12 月 11 日所记："校毕《先秦史》全部，致诚之看清样"等内容，可知在 1940 年下半年，虽然也夹杂了《齐鲁学报》、《学林》、《滇南碑传集》等书刊的编辑事务，但很多的时间都放在校读《先秦史》上了。

关于王伯祥与吕思勉之间的交往，王湜华曾这样描述："吕思勉先生是家父王伯祥先生的挚友，他比家父大六七岁，家父十分敬重他，情谊介于师友之间。抗战期间，两家都未能逃难去内地，家父把家从闸北搬到了法租界，即所谓孤岛之上；思勉先生则回老家常州去住，埋头著书。他的几部断代史，几乎都完成于这时期。陆续完稿陆续由上海开明书店出版。家父不但担任责任编辑，还亲自任校对。记得断代史的第一部《先秦史》的出版过程中，家父即把清样稿装订成册，并在封面上题了字，珍藏起来。当时思勉先生离开了大学的教席，全靠开明书店按时预支稿费，这些书稿联络、稿费汇寄等事务，都是由家父担任的。可惜这时期的信札，在日本帝国主义的控制下，不得不忍痛自行销毁了，想必思勉先生在常州亦复如此吧！"①

客观地讲，王伯祥耗费大量精力为吕著做编校工作，是非常令人敬佩的。早在商务印书馆时期，王伯祥便与吕思勉一起编历史教科书。二人都是史学方面的专家，但在吕思勉《中国通史》和《先秦史》的出版上，王伯祥心甘情愿地为他人做嫁衣裳，没有任何怨言，反而主动地将自己的很多精力和智慧放在吕著的出版上。在校读过程中，王伯祥必发现吕著原稿中可能出现的差错，并与吕思勉讨论商榷，而这些结果，最终都以吕思勉著作的方式流传于世。今天众多吕著爱好者，有几位知道王伯祥的贡献呢？

1940 年 8 月 1 日，何炳松等人倡议，发起编辑出版《学林》学术刊物，由开明书店出版发行，王伯祥出任《学林》编辑委员会常务委员。《学林》共出版十辑，第十辑出版于 1941 年 8 月，所有文章均经王伯祥之手编排校对。当时，不少文章都是不加标点的，编委会决定刊用后，加标点的任务基本都落在王伯祥的肩上。

1941 年 5 月底，迁入内地的华西、齐鲁、金陵三大学合办大学学刊的汇刊，由顾颉刚介绍，决定在上海开明书店公开出版，王伯祥则应邀主持此事。稿件与刊行经费 6000 元均收到后，王伯祥便开始认真审稿编稿。与此同时，他仍力所能及地自己编写一些书稿。

---

① 王湜华：《读〈吕思勉文史四讲〉所感》，载《传统文化研究》（第 16 辑），群言出版社 2008 年版。

六、编注出版《春秋左传读本》

1940 年 3 月,《春秋左传读本》出版。这是继《二十五史补编》之后,王伯祥对学术界和出版界的又一贡献。这虽是开明书店的选题,但王伯祥是用两年的业余时间完成的。他先是为《春秋左传》作注,后来以重要史事的本末完整为原则,同时兼顾文学价值进行编选。全书注释共 8300 余条,十分清晰,而且越是难懂的字词或句子,越是加以详尽而清晰的注释,处处显示出注释者的用心和功力。而在年代、地方、职官等专业性强的地方,也尽量古今对照,以使读者容易理解。

例如,下面一小段话,原文字数很少,但王伯祥的注释很详细。

初,郑武公娶于申,曰武姜,生庄公及共叔段。庄公寤生,惊姜氏,故名曰寤生,遂恶之。爱共叔段,欲立之,亟请于武公。公弗许。

王伯祥除断句外,作了以下七条注释:

郑武公,名掘突,郑国第二君,郑桓公友之子。在位二十七年。其元年当周宣王二十二年,乙未岁,西历纪元前八〇六年。郑国,姬姓,伯爵。周宣王庶弟友始受封,即桓公。初都棫林,在今陕西华县西北。武公始徙新郑,今河南县。

申,国,姜姓,侯爵,灭于楚。其地在今河南南阳县。

武姜，武公妻姜氏。当时妇人称谓，每系母家之姓，示所自来，故曰"姜"。"武"则所配偶之谥也。

庄公，在位四十三年。其元年当周平王二十八年戊戌岁，西历纪元前七四八年。二十二年入"春秋之世"。

共叔段，即京城太叔，庄公弟，其后出奔共国，故称"共叔"。犹晋侯在鄂则称之为"鄂侯"耳。

寤生，即难产，《史记》云"生之难"是也。盖先困而后寤，始得出生，故下云"惊姜氏"。因命名曰寤生。

亟，读如器，频数也。"亟请"即屡次请求。①

这样一番注释后，读者了解到的不只是字面含义，而且对郑国等相关历史知识也有较为丰富的了解了。

由于该书有很高的价值，所以虽然是用文言注释，但在新中国成立后，中华书局还是用开明书店原纸型再次重印出版，而商务印书馆也在 2018 年重新出版此书。

《序例》中，王伯祥中对于此书的背景、缘起、成因等，作如下说明：

经今古文之争起，《左传》一书遂成大问题。二千年来，异同党伐，历久难泯。迨至晚近，说逾纷纭：右之者，谓为亲见夫子，以事翼经。诋之者，谓出刘歆依托，欲以济阿世干位之私；是则不但载笔所及，致其疑诘，即作者主名，亦且惝恍难凭矣。

---

① 王伯祥选注：《春秋左传读本》，中华书局 1960 年版，第 3 页。

迄于今日，略得论定。虽翼经云云，宜可舍旃，而此书出于战国时人之手，追记东周前叶二百数十年间之事，则要可信也。然则欲治先秦旧闻及探讨文章流变者，此书犹当奉为大宗，承学之士，讵可恝置。矧当种性凋残之际，先民手泽之绵存，尤感有特殊之意义乎。二十七年春，违难孤岛，困心衡虑，百无一是，爰于事务之隙，取次选注，将纂为学校诵读之本，窃自比强挥鲁阳之戈。当时曾亦排日为程，而作辍靡恒，遂历两载，近方杀青。捃撦虫鱼，固不贤识小之本色；摘缪纠衍，实大雅宏达之盛心。述例如左，敬俟裁正。

接着，他便介绍此读本的编选、注解以及大致的编辑思路：

本选着眼在考史与学文，是以取材一以史事发展为纲领，兼以文采辞令为指归。即有略去正文者，亦必藉手释语，以为补缀联络之用，务期一事之始末，脉络分明，首尾完备；而高文妙辞，亦得有所附丽而益显。

也就是说，在这个读本中，王伯祥兼顾了历史和文学两个方面，兼顾了部分与全面的关系。读者虽然读的是《左传》的部分内容，但王伯祥在略去正文的同时，又以注释的形式，补说清楚事情的始末，使读者能有全面的了解。而在这样的读本中，王伯祥又引导读者抓住史事的精要部分，欣赏其辞令的高妙之处，获得历史与文学多方面的收益。这个过程中，王伯祥可谓煞费苦心。

对于选本中的史事，如何选择排序，以及如何编辑，王伯祥这样介绍："史事之发展，以段落为区别，前后互有关联者则集成一大段落。但依十二公纪年之统编，中间有删节处，概加……符号为别，与纪事本末之移动原文序次别立标题者不同。庶几克保完整编年之绪，藉免破碎之嫌。"

之后，他又对"地理沿革、官氏人名、诠事释训"的处理作说明：

> 地理沿革，代有变异。不悉今名，何取准望。此选与当时都邑山川等名，皆详注所在，并以现行政区之地名释之。其有异说者，亦必参考折中，以归一是。

> 官氏人名，随文注释，取足辨识邦族，略晓识守而已。若其人其官于当时有重要关系者，则特为加详。

> 诠事释训，并参诸家，而要以杜注孔疏为圭臬。清儒识解有突过前人者，则改从其说。通行本释者，每有胜义，辄加采获。初无是丹非素之见，蕲申近真求是之心云尔。

由上可见，王伯祥在这一读本中，其实是通过自己的选注解读，并与当时的具体情况（例如用当时行政区的地名与古地名对比解释）相结合，使得这一古书能够为当时的读者读懂。此外，他在选注此读本中，已对古今学者各种见解与诠释了然于心，然后经过对比、折中、思考、求真等过程，尽量为读者奉献出最合适、最公允的诠释，此工作，非功底深厚的大家不能为，非责任心非常强的作者不能为！

王伯祥之所以花很多工夫编写、注解《左传》，还寄托着他的人文情怀。他的外孙卢元锴回忆："（二十世纪）四十年代末，他面对黑暗的旧中国，愤然疾书，'翻过历史的这一页'。到了七十年代中，大家担心，叹息这种……混乱局面何日才了，他却叫我看看《左传》中第一篇中的一句话，'多行不义必自毙，子姑待之'。"①

这是王伯祥的历史观察和人生体悟，是他最基本的价值观之一。

七、特殊时期的"两个开明"

1941年12月8日，日寇偷袭珍珠港、向英美宣战后，时局突变。太平洋战争爆发，美英诸国向日本宣战，日军进入美英等国在上海的公共租界。王伯祥12月8日的日记中记载：

> 黎明闻飞机盘旋声甚厉，以沪上常例，未之异。匆匆早饭已，仍步入馆，地润如膏，到馆屦已湿透。

本来，抗战时期的上海公共租界相对安全，使得王伯祥等人以及上海开明书店在生存之余还可得到一些发展，然而，入侵的日军迅速将灾难带到这一地区，开明面临不可抗的突如其来的挑战，众多业务均面临迅速停顿的现实——大学学刊的汇刊不得不半途而废；已出十辑的《学林》决定停刊；《英语杂志》决定暂停；赵万里本来和王伯祥联系好，在开明书店出版《北平图书馆馆藏碑目》，而且已排出了几批校样，现在也不得不停下来；斐云也寄来明信片，告知王伯祥：原定在开明出版《校辑宋金元佚书》，因参考书无法获取，只好从缓……

---

① 卢元锴：《深深怀念我的外公》，载《追思集》，王伯祥家人2000年自印，第105页。

王伯祥 50 岁时留影

1950 年摄于清华园，左起：陆联棠、卢芷芬、叶至善、吕叔湘、范洗人、王伯祥、浦江清

20世纪五六十年代，王伯祥（前左一）、宋云彬（前左二）、叶圣陶（前左三）及其家属合影

20世纪60年代，王伯祥（右二）与叶圣陶（左二）、宋云彬（右一）、陈乃乾（左一）在文化俱乐部院内合影

1964 年 5 月，王伯祥（前左二）与宋云彬（右二）等登泰山时合影

20 世纪 70 年代，王伯祥与部分家人合影（中为大女儿，中右为儿媳王文修，后左为孙女王绪芳，后右为孙儿王绪茂，前左为孙女王绪芬，中左为照顾王伯祥的王彩英）

王伯祥（中）、叶圣陶（左）、顾颉刚（右）合影

　王伯祥（前右）与顾颉刚（前左）、叶圣陶（后左）、章元善（后中）、俞平伯（后右）诸老

《史记选》

《唐诗选》

《增订李太白年谱》

王伯祥在《书目答问补正（批注本）》中的题记

《资治通鉴补》

资治通鉴补

第一册

[宋]司马光 编集　[元]胡三省 音註
[明]严 衍补　　王伯祥 断句

一九七八年一月启功敬题

中华书局

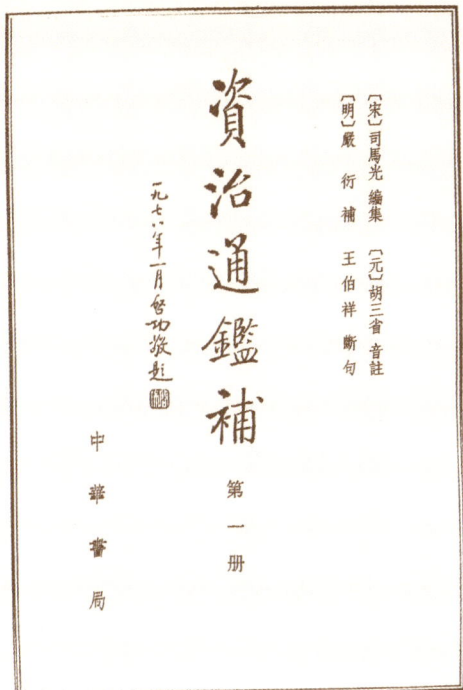

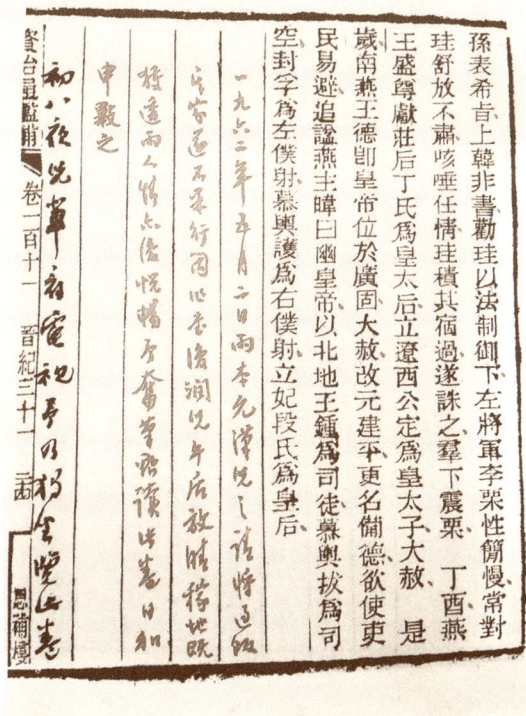

王伯祥在《资治通鉴补》内
页留下的朱笔手迹

《庋㩆偶识　旧学辨笺述》

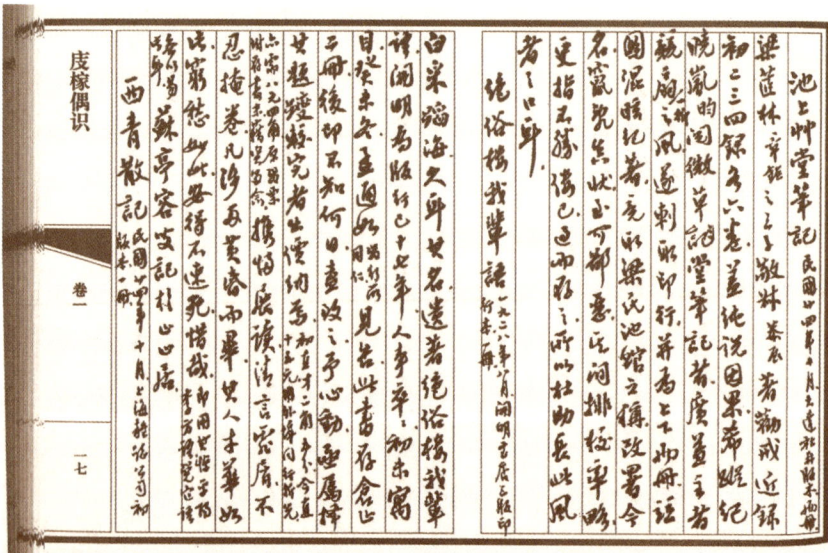

《庋㩆偶识　旧学辨笺述》内页

开明书店紧急召开董事会，收紧开支。首先决定将会计人员暂移到章守宪家中办事，而应付日常银钱出纳等事务，则暂时由大家都非常信任的王伯祥承担。

开明书店还被日寇整体查封过。赵家璧在《上海出版界的旧恨》中写道："1941 年 12 月 26 日，上海出版抗日及进步书报的八家同业遭日寇查封，计有中华书局、商务印书馆、开明书店、良友图书公司、世界书局、兄弟图书公司（即生活书店）、光明书局、大东书局等。所有被认为宣传抗日、共产的书刊，全部被劫。"不仅如此，日寇还强令这些出版机构宣传"大东亚共荣"，遭到一致拒绝。没过多久，日寇为营造占领区的表面繁华，遂改变做法，采取怀柔政策，让各家出版社照常营业。然而，各出版社又怎能像以往一样正常营业呢？上海开明书店的出版工作就此停顿，凡留在上海的同人、作者有生活困苦者，章雪村派人送去生活费，以解燃眉之急。章雪村自己则开始校注《马氏文通》。怀着对日寇的愤恨，虽然"上海已与内地交通阻断，但（王伯祥）他们仍想方设法与内地的叶圣陶先生等通信很勤，信中除相互鼓励、沟通情况外，对日寇法西斯统治的深恶痛绝也时有流露，尽管日伪对信件检查十分严密，也在所不惜"①。

上海形势恶劣，广西桂林却因为政治情况特殊，成为文化人、文化机构集中的地方。范洗人、章士敫、王清华等开明同人已在桂林设立"驻外总办事处"，管理开明在内地各分店的业务。陆续到达桂林的沈雁冰、金仲华、胡仲持等与开明关系密切的人士都很关心开明，认为其基础还好，除了印行教科书和旧有的繁销书之外，还

---

① 王清华：《王伯祥先生传略》，载《我与开明》，中国青年出版社 1985 年版，第 154 页。

可以出版些新书。金仲华、傅彬然、宋云彬等人都建议范洗人恢复开明编辑部，请叶圣陶主持。1942 年 4 月，傅彬然专程到成都邀请叶圣陶到桂林商量开明事务，叶圣陶遂于 5 月 2 日离开成都，经过一个月又三天的艰苦旅程，方到达桂林。王伯祥 5 月 6 日接到章士敩来信，知"圣陶将到桂重振编译事"。6 月 4 日，叶圣陶到达桂林，与范洗人、章士敩等开明同人相见，又与宋云彬、沈雁冰等老友相会，此后的事务便主要围绕开明业务展开。6 月 7 日，叶圣陶日记中记："与仲华、联棠谈《中学生》编辑事。"6 月 9 日日记中记："晨起看西南联大寄来付排之《国文月刊》稿凡三期，颇有佳作，殊觉惬心。作一书复沈从文，为其小说集交开明出版事。"6 月 13 日，叶圣陶、范洗人、金仲华、傅彬然、宋云彬、唐锡光、陆联棠一起谈设立编译机构事，最终议定设于成都，由叶圣陶主持，定名为"开明编译所成都办事处"。金仲华、傅彬然、宋云彬皆为编辑委员。6 月 25 日，叶圣陶与范洗人、宋云彬、傅彬然、金仲华续谈开明事，先谈分担《中学生》各门类作稿约稿事，次谈编译所事，委员除宋云彬、傅彬然、金仲华外，又加丰子恺、贾祖彰二人，并以叶圣陶的夫人胡墨林为办事处职员……

1942 年年底，开明改组董事会，范洗人担任总经理。1943 年秋，傅彬然辞去桂林文化供应社编辑部主任的职务，回到开明书店协助叶圣陶主持编辑工作。覃必陶、王知伊也到开明工作，使开明在桂林的编辑力量大大增加。1944 年年初，开明分店经理会议在桂林召开。各分店经理都来参加，有昆明的卢芷芬、顾惠民，成都的章锡舟，重庆的赏祥麟，桂林的陆联棠，衡阳的刘甫琴，金华的徐炳生，吉安的章士敏，贵阳的张镜波，还有在重庆、成都主持造货的金韵锵等。① 由这一名单可以看出，开明的业务已经又具规模了。可以说，从 1941 年到 1945 年的艰难岁月中，在范洗人、叶圣陶等的带领下，虽然仍备受颠簸战乱之苦，但开明仍在出版行业中占据着非常重要的位置。尤其是《中学生》、《开明少年》的复刊，使开明在全国青少年和知识群体中继续享有盛誉。

在这个特殊的时期，因交通受阻、信息不畅等原因，上海开明书店的同人不能与内地的同人及时沟通，以致出现一些较大的分歧，也使得一些颇具文献性的历史记载有看似矛盾之处。

开明老人唐锡光在《开明的历程》中记载："1942 年底，改组了董事会，邵力子、范寿康、范洗人、章锡琛、章锡珊、叶圣陶、丰子恺、傅彬然、宋云彬、胡仲持等都被选为董事，调整了资金，把各地的分支机构，一律改称为分店，范洗人任总经理，邵力子为董事长。在调整资金的时候，并提出一部分股份分给职工，代替战争以来未曾发过的红利。这种分给职工的股份，实际上是职工应得的奖金，不过不付现款，而以股份代替而已，同时也含有鼓励职工以店为家，安心为店工作的意思。"

王伯祥 1943 年 7 月 16 日的日记中则记载："第九届第一次董监事联席会议，推定达君为董事长，选任雪村为总经理并聘定洗人为经理，雪山、丐尊、圣陶为协理，允臧、索非、予同及余为襄理，议定董监及同人认股办法。"而这一开明书店重要的事件，唐锡光文中并没有提到。而且两个记载，透露出开明书店似乎有了两个班子了。

1943 年 11 月 26 日的王伯祥日记中则显示着他的担忧："接圣陶

---

① 唐锡光:《开明的历程》，载《我与开明》，中国青年出版社 1985 年版，第 307 页。

九月廿一蜀沪百十二号书，附来广告底稿就审，洗人等大有隔膜，内外之间其将起障翳乎，殊可虑也。夜归小饮，为此闷闷，不识雪村对此仍持无可无不可之态度乎？"此中提到范洗人、章雪村，一个是内地开明业务的总负责人，一位是开明书店的总负责人，如果他们二人"大有隔膜"，则开明的事业必将受到重大影响。为此，王伯祥一方面注意章雪村的态度，一方面通过书信与叶圣陶沟通。

1944 年 1 月 4 日，叶圣陶写信给上海的王伯祥、章雪村、徐调孚，日记中称："伯、村皆以为洗公与彼等有误会，嘱为解释。余言一店而分立，全缘彼此处境不同之故，实亦无所谓误会。书在二千字以上，犹觉言之未畅。作书致洗公（七十号），即告以此意。亦写千余言。"显然，在特殊时期，叶圣陶赞成不同处境中的"一店而分立"，其态度实际上是支持了范洗人。

"1 月 9 日，范洗人在桂林召开开明书店大后方股东会议，选出董事、监事，决定增资至六百万元。选叶圣陶为董事（叶圣陶 1 月 17 日日记）。在随后召开的董监联席会议上，范洗人当选为经理，叶圣陶和章雪山当选为协理（叶圣陶 2 月 7 日日记）。至此，开明书店实际上分成了两家，一在上海，一在桂林。"[①] 这对战时开明的发展应是有利的，但也在客观上埋下了日后开明内部出现矛盾的伏笔。对特殊时期出现的分歧，叶圣陶与王伯祥实际上都在尽量化解，最终使开明虽"一店而分立"，但仍然团结为一个整体的开明。

不久，章雪村、夏丏尊被日寇逮捕入狱，这使得叶圣陶等内地的开明同人甚为忧虑，不断写信询问，想办法搭救。与此同时，叶圣

---

① 商金林：《叶圣陶年谱长编》（第二卷），人民教育出版社 2004 年版，第 273 页。

陶又给王伯祥去信，信中申论内外隔膜必彼此谅解始可。王伯祥 3 月 11 日回信："详陈此间近况，对内地增资无间言。"表明对内地开明人的支持。

八、焚书救书·卖书买米

在王伯祥的朋友当中，不乏嗜书爱书之人，除了顾颉刚、叶圣陶外，郑振铎也是一个典型的例子。叶圣陶的孙儿叶兆言曾这样写道："祖父常用一个人在书店里的表现，来说明他的性格。郑振铎进了书店，立刻丢魂失魄，把带去的朋友忘得一干二净。王伯祥进书店就要发牢骚，红着脸说'根本就没有书'。郑是到处都有书，王是只知道找他需要的书。"[①] 不过，郑振铎虽然进书店就会把带去的朋友都忘记，在得到好书时却总忘不了王伯祥。

抗战时期，郑振铎不能离开上海，但又受到日寇的通缉，于是更名换姓隐藏起来。即便处境如此，他仍旧尽力挽救饱受蹂躏的旧书，而且与好友王伯祥保持着密切的联系。

1943 年 4 月 27 日，王伯祥的"书巢"意外地增加了一部乾隆癸丑（五十八年，1793）刻本《十国春秋》，非常欣喜。这套书共 116 卷，凡 20 册，王伯祥早想购买此书，却一直未能如愿，这次却是好友郑振铎从即将低价卖给纸商的旧书堆中抢救出来，又转而送给王伯祥的。虽然首册封面已残破，又有被蛀虫咬损之处，但仍旧是珍

---

① 　叶兆言：《陈旧人物》，上海书店出版社 2007 年版，第 81 页。

贵的古旧版本。为作纪念，郑振铎特在封面残存处书写题记："浩劫之后，继以焚毁，古籍之存世者鲜矣！近数月来纸商以重值搜罗旧书，为制纸原料，各书肆对于巨帙之廉价书，皆捆载出售，实图籍之又大厄也。予目击心伤，挽救无力。昨来青阁得中国书店存书八十余扎，亦欲售予纸商，予大愤，倾囊悉得之。此《十国春秋》即其中之一也。伯祥兄久欲得此书，谨以贻之，亦大劫中之一小纪念物也。谛[①]　三十二、四、二十七"[②]

不仅如此，郑振铎在第二天下午又送来一部霞城精舍藏版本《水道提纲》，共 8 册。也在封面上题字纪念："此书与《十国春秋》俱为予从纸商熔炉中救出者，伯祥欲得之，因并以奉贻。谛　三十二、四、廿八"[③]

王伯祥也在日记中记下了此事，还写道："乃乾日前亦有见告，谓杭州书贾颇有收买洋装书册，德、法、英文要籍俱有，撤去硬面，将其中道林纸部分，分打邮包寄沪作纸脚求善价者。呜呼！变相焚坑之祸，烈于祖龙远矣！（闻商务书馆之《四部丛刊》、《百衲本廿四史》、《续古逸丛书》等等母版铅皮，俱为人强车以去，且有立即磨去字迹，取用铅皮之讯，是真文献之浩劫，非意想之所及者矣！）"这是中国出版界一段令人伤痛的历史。

对于这两套书，王伯祥很珍惜。1964 年 1 月，郑振铎已去世多年，王伯祥睹物思人，让儿子王湜华在《十国春秋》封皮前另加牛皮纸护

---

① 谛：西谛，郑振铎的笔名。
② 王伯祥、王湜华：《皮椠偶识　旧学辨笺述》，华艺出版社 2014 年版，第 96、97 页。
③ 王伯祥、王湜华：《皮椠偶识　旧学辨笺述》，华艺出版社 2014 年版，第 95、96 页。

封，重新装订，又在新的封皮上作了一段题记，"志往事，念逝者"①。

王伯祥爱书如命，可是也有万不得已的时候。1945 年 4 月 18 日，他在日记中记录："余久困于日用，前日与雪村言，拟以所藏《四部备要》二千五百册售于开明图书馆，俾易米自救。几经措商，今日始由西谛、予同之居间，言明以储币八十万元为代价。一俟交割，当可稍纾积困也。"

王伯祥的女儿王漱华曾回忆过一件与粮食有关的故事：

    "孤岛"上的粮食是个大难题，靠日伪配给的户口碎米，是维持不了全家生命的，家家必须四出找粮。有一次，出于我的好奇，更出于我要为全家粮食出点力气（当时留在上海的子女，算我最大），在母亲的同意下，瞒过了父亲，跟邻居到远离租界几十里路外的西郊农村——七宝镇去收大米、年糕。正好那天碰上日本鬼子严密封锁，跟了人家兜了好大个圈子，又钻了几道封锁网，到家已是上灯时候了。父亲早已下班到家，急得如热锅上的蚂蚁一样在等我回家。当我兴冲冲地拎了十斤年糕进门，父亲劈头就责问我，声色俱厉地说："谁叫你去的？让家里人都为你担心，你知道去收大米有多危险，我宁愿饿死，也不准我的子女去乞求日本鬼子，向他们屈膝求生去冒这种风险。记住，以后不许再去。"我愕然了，满心委屈，差一点掉下泪来，原想我在子女中算个"老姐"（三个弟弟都这样称呼我），应该多为家里挑点担子，今

---

① 　王伯祥、王湜华：《庋榢偶识　旧学辨笺述》，华艺出版社 2014 年版，第 96 页。

天兴许还能听几句表扬，谁料反吃了批评。当晚晚餐时，父亲与往常不一样，一声不吭，独自喝闷酒。我望着父亲矛盾的神情，再一深思，就悟出道理来了，深深地体会到在父亲严厉批评声中蕴藏着对日寇的恨、对子女的爱的二重性。此时，我的委屈情绪就转化为感激之情。①

王漱华回忆的事情发生在"孤岛时期"，时间是从 1937 年 11 月上海沦陷到 1941 年 12 月珍珠港事件日军侵入上海租界为止。由于四面都是日军侵占的沦陷区，所以租界被称为"孤岛"。那个时期虽然艰难，王伯祥毕竟还能保证一家人有米吃。可是到了 1945 年抗日战争即将胜利的前夜，形势变得十分严峻。在这种情况下，即便再视书如命，他也不得不考虑家人的生存问题了。最后，只好忍痛卖书。

卖书之后，王伯祥自然是十分难受的。5 月 1 日，王伯祥在郑振铎家中看到一首吴眉孙写的《沁园春·卖书词》，有说不尽的自嘲之意，颇能宣泄自己的失书之痛，于是当场抄录下来，回家后又记于当天的日记。

对于卖书买粮的痛苦与无奈，郑振铎也深有同感。为了保护和抢救日寇铁蹄下处于危亡状态的中国珍本图书，郑振铎在抗战期间不顾个人的安危，一直坚守在上海。然而，当上海完全沦陷以后，他失去了经济来源，为了养活一家老小，他也不得不出售一些自己的藏书以换米。1943 年 5 月 30 日，郑振铎在日记中写道："如以'购'为'售'，视'书'为工具，为筹码，则购书亦未始非经商之一道。无奈予购之

① 王漱华：《中国知识分子的傲骨——忆父亲在"孤岛"时期的清贫生涯》，载于《追思集》，王伯祥家人 2000 年自印，第 43、44 页。

则不忍复'出'，万不得已欲出，则必踌躇万端，徒添一番苦痛。"

王伯祥被迫出售《四部备要》，郑振铎不得已出售的则有《四部丛刊》等书。两位老友可谓同病相怜，都迫切地期待抗战能早日胜利，也都不断打听内地叶圣陶等人的情况。

九、黑暗终将冲破

1944 年 6 月 22 日，叶圣陶日记中写："醴陵已陷，敌又攻湘乡。……桂林信来，稿子来。彬然言桂林人心惶恐，群谋疏散。我店总机构决迁重庆。锡光言已排将成之书，设法赶印，已排而距完成尚远之书，则收回原稿。清华拟即赴渝，加强渝地排印工作。初不料我店渐入轨道，而又须逃难，一切又得从头做起。"

6 月 24 日日记："桂林有两电来，嘱汇款贵阳，备疏散之用；又言洗公已离桂，总机构决迁渝，可见桂林之惶急。"

6 月 29 日，叶圣陶接到范洗人、章雪山、宋云彬、傅彬然信件，知桂林排印工作已经全部停顿。7 月 11 日，接到范洗人、傅彬然、唐锡光、王清华来信，知开明书店桂林总店在湘桂大撤退中损失惨重。

8 月 16 日，叶圣陶从成都前往重庆，见到范洗人、章雪山、傅彬然、章士敫、王清华、俞颂华等人，此后的一个多月时间，都在重庆与同人一起，为开明店务忙碌，参加开明书店编审、出版、推广三部联席会议等活动，同时也参加外界的多种文化活动。

1983 年叶圣陶在《〈蓉渝往返日记〉小记》中写道："那一次我从

成都去重庆，完全为开明书店的店务。那时候的情形与两年前有所不同，由于政治情况的转变和桂林的疏散，许多出版机构和'文化人'又集中到重庆。……那次在重庆，我与朋友的交往甚至比战时在上海的时候还频繁。"也就是说，开明从桂林移到重庆，虽然损失惨重，但各种业务都抓紧恢复，抓紧进行。

1944 年 12 月 12 日，叶圣陶在日记中写道："雪山来谈。书业营业范围益小，而制造工本益高，从今以后殆将真入困难之极境。我店一方与商务、中华为伍，一方又为新出版业之一员，徘徊于两个阵营之间，其势更难自如。如何勉力支持，立于不败，非易论也。洗公信来，皆商店事，此老不忧不惧，随机应付，殊可深佩。"①

一方面是形势似乎更加严峻；另一方面，开明同人则更加努力奋斗。他们依然坚持开明重视教育的出版方针。在叶圣陶的主编下，《中学生》杂志的读者越来越多，成为无数青少年的好友，并为他们在黑暗中带去光明。

1945 年 7 月 16 日，由叶圣陶主编、后由叶至善一人编辑的《开明少年》也创刊了，这可以说是《新少年》的复刊，昭示着开明在困难中又恢复了元气，拓出一条全新的宽广的路，而且还要引领中国少年走向真正的开明。为此，叶圣陶特在发刊词中写道："一方面，表示他是开明书店出版的少年杂志。另一方面，还有旁的意义。……在今后的我国，在今后的世界，个人必须做个全新的人。怎么叫做全新，说起来可以有很多话，但是'开明'两个字也可以包括了。开是开通，明是明白。……现在人们自己勉励的，就是作这样的人——开

---

① 商金林：《叶圣陶年谱长编》（第二卷），人民教育出版社 2004 年版，第 307 页。

明的人。读者诸君是少年，我们愿意诸君作开明的少年。"

越是艰难，越要奋斗，越要努力做冲破黑暗的人，做开明的人。1945 年 6 月 24 日，叶圣陶在沈雁冰 50 岁纪念茶会上致辞，情绪很是激昂，甚至站到了凳子上大声呐喊："我们要和茅盾一样提着灯笼在黑暗里行走，现在成都、重庆、昆明各地到处有人点着灯笼，光明越聚越多，黑暗终将冲破。"①

这段时间，在叶圣陶的主持下，开明书店不仅按期出版《中学生》、《开明少年》，而且编辑出版了《国文教学》以及不少新书。而在范洗人的带领下，开明在各地的发行也很有起色，有了不少收入，乃至于回到上海后，大家的工资福利均有了提升。②

1945 年 8 月 23 日，叶圣陶在日记中写：接范洗人、傅彬然信，"告以店事。一为先于重要地点恢复据点。二为与上海诸友商议，两地之店如何合流，印刷出版如何在沪进行"。10 月 6 日，叶圣陶接到范洗人、章雪村信件，知"上海之店已改为办事处名目，同人薪给亦按照内地标准"。10 月 11 日，叶圣陶写信两通，代四川明社全体同人慰问上海与广西的同人。同一天，叶圣陶收到王伯祥、章雪村、徐调孚三人的来信，愈发思念上海的亲友。10 月 19 日，叶圣陶出席开明书店工作会议，商量准备移沪事宜。

他迫切地想要回去，开明书店在内地的同人也多是这样的心情。可是，当时的船票根本就买不到，两年后的船票都预订出去了。怎么办？叶圣陶、卢芷芬等人最终想了个办法，共同租了两只手摇的木船，将家属带上（包括王伯祥在重庆的家人），一道返沪，路上整整

---

① 商金林：《叶圣陶年谱长编》（第二卷），人民教育出版社 2004 年版，第 335 页。
② 参见王知伊：《开明书店纪事》，书海出版社 1991 年版，第 108、109 页。

用了 47 天。

> 木船是开明书店雇的，大小两艘载了五十多人，有开明的同事，有搭载的亲友，有全家老小，有单身一人。年纪最大的是我的母亲，过了八十居然还能出川，看望她昼夜惦念的女儿——我的妹妹。最小的章建昌出世才一个来月，他是士敭和清华的孩子，锡琛先生的孙子，伯祥先生的外孙。伯祥先生还有一对女儿女婿在船上，就是汉华和卢芷芬，他们也带着儿女。即此可见上海有多少亲友的心系在这两艘木船上了。①

12 月 24 日，王伯祥接到叶圣陶来信，知道他们已经乘木船出发了，一颗心也便悬了起来，日记中祈祷："但愿平顺，则各家均得团圆吃年夜饭也。"

一路之上，颇多风险。1946 年 1 月 6 日，叶圣陶日记写："我店之另一船途中与军粮船相撞。损船舷一板。……后舱入水甚多，货物浸湿。"不得已，由船工修船。1 月 8 日，木船经白帝城下，历激滩数处；1 月 9 日入巫峡，停泊碚石，停靠时木船"触岸礁石者两次，水乃大入。……逮化欠物取出，水已齐舷，下搁礁石，不复沉"。1 月 12 日抵新滩，"入夜风益狂肆，吼声凄然。……寒甚。"总之，经过许多波折，终于在 2 月 9 日回到上海，见到夏丏尊、王伯祥、顾均正夫妇等朋友。与夏丏尊相见时，"丏尊坐床上，相见之顷，唯言'老了！老了！'彼此忍泪，不能为言。翁之肺病殆已犯实，时时发烧，而心绪复不佳，

---

① 叶圣陶：《我与四川》，四川人民出版社 1984 年版，第 290、291 页。

自家庭琐屑以至天下大事，皆感烦恼。"①

　　自亲友们返回后，王伯祥夫妇精神大佳。只要有时间，便与叶圣陶等人一起聚餐共饮。2 月 13 日夜，王伯祥夫妇请叶圣陶夫妇到家里赴宴。叶圣陶当天日记记载：王家"四女四婿齐集一堂，又兼老友全家同在，伯祥夫妇之乐可知。酒罢，杂坐笑谈，歌声间作，至十时许，始就睡"。②

　　对于开明书店而言，上海、内地的开明又可以合在一起了，这便有很多的事务需要处理。

---

① 商金林：《叶圣陶年谱长编》（第二卷），人民教育出版社 2004 年版，第 376 页。
② 商金林：《叶圣陶年谱长编》（第二卷），人民教育出版社 2004 年版，第 377 页。

第五章

"翻过这一页"

——开明书店第三时期（1946—1951）

一、《且等翻过这一页历史》

"今日国庆，兼祝胜利，举国狂欢自在意中。清晨即闻爆竹喧耳矣。晨餐后过丏尊，共徘徊于里口。"这是王伯祥 1945 年 10 月 10 日日记中的一些话。当时，抗战已经胜利，王伯祥和夏丏尊等同人非常愉快地度过了这一天。王伯祥的日记中还记着胜利游行、同人宴会、合家团聚的无上快乐："十一时出，途值胜利游行，肩摩背挨，不得速步，将十二时始到雪村家，参加开明同人胜利宴，与允臧、西谛、予同、调孚、均正、索非、雪村、守宪、绍虞、耕莘同席，子如等则别置一席，湜儿亦与焉。午后三时归，从人丛中行，苦挨甚。夜合家团饮，笙伯之友朱君、徐心君及江冬俱与，甚快，且将旧藏大双响爆杖二枚点放之，盖中华民国三十四年只有今天始不负国庆二字耳。"

然而，这种胜利后的愉悦并未能维持多久。而且，早在"国庆"之前，王伯祥和他的朋友们便看到了国民党接收大员在出版界的不可一世，心中不无厌恶与隐忧。

更令王伯祥痛恨的是，中国人民好不容易从长达十多年的抗战烽火中走出，又要被迫步入内战的岁月。

1946 年 4 月 23 日，王伯祥的同事、患难之交夏丏尊辞世，享年61 岁。夏丏尊临终前对叶圣陶说："胜利胜利，到底是啥人的胜利！"

夏丏尊辞世，是开明书店的损失，也是中国文化界、出版界的损失。

王伯祥当天日记记载："丏尊病革，夜九时逝世，一代文名，于焉结束，鸣呼！"

4 月 25 日，夏丏尊遗体入殓，开明书店为之停业一天，特志哀悼。开明同人纷纷前往吊唁。王伯祥不仅以同人和朋友的身份前往，还以其熟悉礼仪的特长，制定殡仪的次序，并在日记中记载："清晨洗、圣、芷等车过赴吊丏尊于上海殡仪馆，余与珏人附车同往。是日公司为丏尊之丧停业志哀，全体同人九时前俱到，十时后吊客络绎，午后三时半殡仪开始，余为定仪节如次：一、家属举哀；二、哀止；三、家属及来宾绕灵瞻视；四、恭扶遗体入殓；五、家属祭拜；六、来宾全体肃立致敬；七、恭送灵柩发引。四时礼毕，灵车即驶往鲁班路康衢路法藏寺化身窑安藏，两星期后请高僧举火，盖依遗命也。在殡仪馆晤柏丞、莲僧、西谛、存我、克明诸稔友，酬谈殊感疲倦。及灵车离馆，诸事料理后，始与予同、芷芬步归。"

时局日恶，各种矛盾不断激化，国民党政府各种恶行便不断进入王伯祥的日记。6月23日，发生了震惊中外的下关事件，国民党报纸还试图诬蔑马叙伦等"自称人民代表"，王伯祥、叶圣陶非常愤怒，写信给《大公报》，声明是他们亲自推选了马叙伦等人。

7月11日与15日，国民党特务在昆明先后暗杀民主人士李公朴、闻一多，王伯祥在18日的日记中写道："昆明特工横行，戕杀李公朴、闻一多，各地则钤束舆论。上海《文汇报》今起竟勒停一星期……昏虐至于此极，恐崩溃之日不远矣。"

8月，王伯祥身边又发生一起恶劣事件。柯灵、唐弢主编的《周报》创办于抗战胜利后的1945年9月，办刊宗旨是"加强团结，实行民主"，只因不愿粉饰太平，敢于揭露社会阴暗面，受到国民党当局三番五次的压制。办到第49期时，国民党当局干脆以"登记尚未准许"之名，禁止出刊。针对这一压制，《周报》决定在最后的49期刊物上加上50期的内容，一方面增加篇幅，另一方面特开《我们控诉》的栏目，向上海各界爱国人士约稿。

在这特定的历史环境中，王伯祥写下了《且等翻过这一页历史》一文，记下了出版界这件史事，并旗帜鲜明地公开表达了自己的态度：

> 《周报》是胜利的产儿，当日寇投降之顷，便是它诞生之期。所以自从它出版行世以来，一直为人们所欢迎，不但它的言论足以引起民主人士的共鸣，便是一般憧憬着胜利的人，也因为它的出生而联想到"胜利的光荣"而竭诚拥护。可是它不会撒谎，不

肯包瞒，对于这"光荣"渐渐暴露了反面的例证，于是粉饰"光荣"的人们便跟着憧憬胜利的人们一样地失望了。半载以来，明劫暗算，无所不用其极，现在据闻竟以"登记尚未准许，暂缓发行"的关系，四十九、五十合刊后，即行结束。我在想，这是"贤明"的办法，并无禁止字样而照样可以勒停，真所谓"不禁而自戢"了。但这理由是幼稚可笑的，无异于对尚未领到国民身份证的人说，"公民登记尚未准许，暂缓吃饭"啊！好在大家都知道刻下是"语言道断"之秋，且把这一"贤明"理由大书深刻在铁碑上，等翻过这一页历史后，再让人们来赞赏罢。

在这篇白话文短文中，王伯祥用了史笔直书与冷嘲热讽两种笔法，清晰而深刻地揭露了《周报》遭遇"暗算"的现实，也以史学家的眼光，明确地预言了时代的发展。这时国民党势力还很强大，但王伯祥断定国民党那一套必将失败，历史终将翻过这一页。

二、编辑《文汇·史地周刊》

说起《文汇·史地周刊》，其创刊号便是由王伯祥编辑而成的。1946 年 5 月，郑振铎敦请王伯祥为《文汇报》编《史地周刊》，王伯祥欣然同意，然后便着手筹划，又是拟定周刊的风格及方向，又是撰写发刊词，与此同时，则抓紧时间向史地界朋友们组稿。由于王伯祥本人即为史学界和出版界的名家，人脉资源十分丰富。因此，没有多长时间，便组来了王以中的《历史的地理与地理的历史》、周予同的

《考古与史学》等力作。顾颉刚正好从徐州来沪，看望王伯祥，阔别十年的好友相聚，自是十分亲热。王伯祥也不忘向顾颉刚组稿，于是又增添了顾颉刚的《辛未考古日记自序》。第一期《史地周刊》很快与读者见面，很受史学界重视。

此后，王伯祥向众多的史学界同人写信征稿，不仅满足下一期的版面，还存下一些储备稿，以保证每周能按期出版。按理说，编辑《史地周刊》，对王伯祥而言，是得心应手的；而对于《文汇报》而言，则找到了最合适的人选，也是一件大好事。然而，为什么当年11月，王伯祥就辞去此职？

对于此事，王伯祥在10月31日写日记称："接陈钦源书，告《史地》改于星期六出版，与《妇女》并版，缩篇幅二分之一，立催发稿。余觉《文汇》殊欠诚意，事前略不商量，遽尔出此，似非所宜，拟谢遣之。"

第二日又记："书与钦源，并属致意铸成，《史地》遽尔更张，且骤缩一半，殊难措手，即将誊稿移付之，声明十月止，正好结束，十一月起不负编辑之责矣，未识影响何如耳。"

《文汇报》虽让王伯祥负责《史地周刊》，但根本不征求王伯祥的意见，便突然将版面缩减一半，而且以行政命令式的强硬方式，催王伯祥马上按照新的变化发稿，这在王伯祥看来，显然是对自己的不尊重。而《文汇报》这样的态度，也势必会为以后的合作带来很多麻烦。王伯祥因此决定尽快辞去这份兼职。

不过，他仍然本着负责任的态度，将手头的一期编好，然后于1946年11月初，正式提出辞呈。

等王伯祥辞意已定，《文汇报》的负责人这才感到王伯祥的重要性，尽力予以挽留，但已无法挽回。

此后，王伯祥开始解决《史地周刊》的善后事宜，给《文汇报》负责人徐铸成写信，要 9 月、10 月的稿费。他没有想到另一位编辑王以中也在这一时期辞去了《文汇·图书周刊》的职位，一向厚道的他竟对自己急着向徐铸成要稿费有些过意不去，在 11 月 18 日的日记中写道："以中来谈，知《文汇·图书周刊》亦辞去编辑矣。余不自意，今午亦书与徐铸成，向索九、十两月《史地》稿费，似相约为之者，甚难为情也。"

三、庆祝开明书店 20 周年

1946 年，开明书店已成立 20 年了，20 周年庆祝活动在 10 月举行。作为与之风雨同舟 15 年的老馆员，王伯祥特地书写《开明二十周年纪念献辞》：

> 辛未之冬，室罹倭烽。荡然无归，越居沪东。开明见招，勉以同功。窃不自揆，亦尔奋庸。荏苒岁月，十五年中。拾遗补阙，靡役弗从。同仁过爱，始迄交融。专业见委，不敢怠封。籀典缉史，甘老蠹丛。陈编时出，亦颇自雄。抗战间作，四海辍春。九有鼎沸，摇虞倾钟。长夜不旦，道远任重。行者居者，分途折冲。八载以还，终见州同。心均迹异，幸守厥宗。新知旧雨，遂合云从。共周纪念，盛会适逢。抚今追昔，能无愧攻！所愿一德，共矢靖恭。安不忘危，乐当备凶。相成相须，明快从

容。庶几永保，开明之风。①

对于自己的工作态度，王伯祥自我评价：只要是馆里需要，他都会认真工作。

对于工作成绩，虽然他向来老成厚道，但由于自己在馆内所做的整理出版古籍工作可圈可点，为中国出版界都作了很大贡献，所以对这一点，他也颇客观地称"陈编时出，亦颇自雄"。

对于和同人们的关系，他觉得自己受到同人们的厚爱，而且从始至终都相处融洽。

对于开明书店，他则希望大家能团结一致，居安思危，永葆已有的开明之风。

叶圣陶也写了几篇文章，并概括开明办店的主要特点为："办书店原有各种做法，兼收并蓄，无所不包，是一种做法；规定范围，不出限度，是一种做法；漫无标的，唯利是图，又是一种做法；前一种做法需要大力量，不但财力要大，知力也要大，我们担当不了。后一种呢，与我们意趣不相容，当然不取。与我们相宜的只有中间一种，就是规定范围的做法。我们把我们的读者群规定为中等教育程度的青年，出版一些书刊，绝大部分是存心奉献给他们的。这与我们的学识修养和教育见解都有关系。我们自问并无专家之学，不过有些够得上水准的常识，编选些普通书刊，似乎能胜任愉快。这是一层。我们看出现在的教育继承着旧教育的传统，而新教育继承着的旧教育的传统是没有效果的。我们也知道教育不是孤立的事项，要改革教育必须其

① 中国出版工作者协会编：《我与开明》，中国青年出版社 1985 年版，目录前彩页最后一张。

他种种方面都改革，但是改革教育的意识不能不从早唤起，改革教育的工具不能不从早准备，这又是一层。"

10 月 10 日，在开明书店成立 20 周年庆祝大会上，担任会议主席的范洗人首致开会词，接着由章雪村报告开明书店的历史，马叙伦、吴觉农、沈雁冰等来宾也先后致辞。沈雁冰在致辞中对开明书店在中国出版界的地位、特色以及开明同人的精神，作一整体的评价，称："开明书店在出版界，规模不算大，可是精神却很活跃。例如在战时，我曾到过昆明、桂林、衡阳各地，看见开明在这些地方，短期内都将分店设立起来，做当地出版界的领袖。桂林文化城，是大后方的文化中心，其中的出版业以开明最为活跃。再如我胜利后到广州，便见广州分店在那里复业。开明的办事精神，是脚踏实地，迅赴事机。再如桂林撤退时，其慌乱情形非可形容。当时在桂林的开明，分向重庆、昭平撤退，倍极艰苦，所受的损失，拿别家书店比起来，还算小的。就靠有这种精神。再就兄弟数十年来对出版界的印象说，认为书店大致有两个极端，一个可以商务做代表，是老爷书店。一个可以生活做代表，作风特别。间乎中间的为开明。就以所出版的书论，开明所出的书，稳健而不落伍，亦不肯不顾一切，冲锋陷阵。在目前这样的时代，开明的稳扎稳打是很适宜的。鲁迅先生说的赤膊上阵，究竟不相宜的。再说出版业对一时风气的感应，商务太迟钝，生活太敏感，开明则介乎中间。我认为在目前开明还应保持这种精神。我和开明的创业者都是二十多年的老友。在大后方奋斗时，也常常和开明同人甘苦与共，故我与开明的感情特厚。谨祝开明五十年、一百年、二百年时候有更大的发展，以及中国的能够真正开明。"沈雁冰将开明书店与商务印书馆、生活书店进行对比，颇为公允，得到与会者的热烈欢迎。

等来宾致辞完毕，叶圣陶代表开明同人致答辞，以"有所爱，有所恶，有所为，有所不为"与众人共勉。会场氛围非常融洽。会后全体摄影留念、聚餐并有文艺节目助兴。王伯祥兴致很浓，还乘兴以扬州白演唱了 20 年未唱的《板桥道情·老书生》。

庆祝大会在江西路金城银行七楼金联食堂举办，开明书店全体同人及家属一起参加，气氛十分融洽。其中有一项内容是每位与会者带上一份小礼品，放在一起，编上号，每位与会者同时领一个号码，参加抽取礼品的活动。当时傅彬然所带上海艺苑真赏社珂罗版精印的《宋拓大观帖》颇受注目，此礼品正好被王伯祥之子王润华抽到，领取后十分得意地带到父亲面前。第二天开明书店又为全体同人包了一节车厢到无锡旅游，车中闲谈时，方知傅彬然最初的意愿，就是极想让王伯祥得到此书。二人一谈，感到天遂人愿，相对抚掌大笑。①

傅彬然（1899—1978），浙江萧山人，1931 年由夏丏尊介绍到开明书店当编辑，直至上海解放，大部分时间均在开明书店工作，也是开明的有功之士。

为了留下珍贵的记忆，叶圣陶还特地撰写《题开明二十周年纪念碑》，与当时开明书店全体同人的姓名一起铸于一块铜牌下。碑文为：

> 书林张一军，及今二十岁。
>
> 欣兹初度辰，缕金联同辈。

---

① 王湜华：《王伯祥传》，中华书局 2008 年版，第 173 页。

开明凤有风，思不出其位。

朴实而无华，求进弗欲锐。

惟愿文教敷，遑顾心力瘁。

此风永发扬，厥绩宜炳蔚。

以是交勉焉，各致功一篑。

堂堂开明人，俯仰两无愧。[①]

此外，开明书店还约请学者撰写论文，编辑出版《开明书店二十周年纪念文集》，同时出版《抗战八年未刻集》。如此，开明书店 20 周年纪念便圆满地完成了。

四、出版闻一多、钱钟书的著作

1947 年 9 月，开明书店决定出版爱国学者、清华大学教授闻一多的全集。1946 年 7 月 15 日，闻一多因争取民主而遭国民党特务暗杀。当年 11 月，清华大学校长梅贻琦聘请朱自清、雷海宗、潘光旦、吴晗、浦江清、许维遹、余冠英组成了"整理闻一多先生遗著委员会"，由朱自清担任召集人，12 月即开始工作，一个月便拟定了《闻一多全集》的目录，交大孚出版公司出版。然而，由于种种原因，大孚最终未能接手。闻一多家属代表人吴晗与开明书店联系，叶圣陶、王伯祥等人商议后，很快便同意出版。紧接着，近 70 万字的《闻一

---

① 商金林：《叶圣陶年谱长编》（第二卷），人民教育出版社 2004 年版，第 410 页。

多全集》正式进入开明书店的编校程序，由叶圣陶全面主持，同时摹写全集中金文、甲骨文以及点校《唐诗大系》和《周易义证类纂》。王伯祥、徐调孚、朱光暄分别担任校雠。

在叶圣陶、王伯祥等人的努力下，《闻一多全集》最终于1948年8月18日出版。第一版很快便销售一空。到1949年12月时，已是第四版。后来在1980年，内容更加丰富的《闻一多全集》由三联书店出版时，王伯祥的女儿王清华参与了通体校订。如此一来，《闻一多全集》便与王伯祥家两代人结下了不解之缘。

同一时期，经王伯祥、叶圣陶审定，开明书店还决定出版钱钟书的学术著作《谈艺录》。这是钱钟书在抗战时期所写的两本经典著作之一，另一本是小说《围城》。

王伯祥在1947年9月26日的日记中写道："下午四时出席八十五次经理室会议，决定收受钱钟书《谈艺录》稿。"9月27日又记："为闻一多校其遗稿《唐诗大系》，钱默存契约亦送出。"

《谈艺录》出版时，钱钟书在序言后的附记中，称此书脱稿后的六年内，只是偶供朋友借阅。沈兼士听徐森玉称赞此书，想要出版此书；柯灵、唐弢也曾想把此书收入到丛书中刊行；然而，总是因为各种原因未能出版。讲完这些经过后，钱钟书特地提到："卒由王伯祥、叶圣陶两先生审定，付开明书店出版；周振甫、华元龙二君于稿中失字破体，悉心雠正；周君并为标立目次，以便翻检，底下短书，重劳心力，尤所感愧。"[①] 这些文字也保存在包括商务印书馆后来出版的新版《谈艺录》中，让作者对编者的感谢永远留存下来。

---

① 钱钟书：《谈艺录》，商务印书馆2011年版，第4页。

五、叶圣陶辞职风波

抗战胜利后，管理开明经理室的担子落在了王伯祥身上。经理室分为四个小组，共十几个人员，所管事务包括文书、人事、股务、审计乃至分店管理等，复杂而烦琐。王伯祥领导这个机构时，自己抓重点，其他事务放手让下面的人员去干，同时又随时督促检查，给予指导。章士敦便曾在王伯祥的直接领导下工作。店里各种会议，往往由章士敦做记录，然后把头绪纷繁的记录送给王伯祥审阅。王伯祥一般很少改动，只是指出一些不够妥当的地方，然后让章士敦自己去修改。对于章士敦所写的公务信件，王伯祥也是如此处理。这种方式给章士敦留下深刻的印象，他的业务能力也因此不断提高。而给他印象最深的，是一份店务日记。在纪念王伯祥诞辰 100 周年时，章士敦特别强调：

> 给我印象最深的是岳父的一份店务日记。这是活页的专用日记纸，约有十二开大小，上面分门别类印了许多格子，岳父每天亲自用蝇头小楷的毛笔字，把当天全店的大事记在相应的格子里。积年累月，这本日记成了全店工作的索引。我到现在还猜不透岳父用什么方法，才能把全店发生的事情了解得那么清楚。在筹备开明书店建立六十周年时，我曾想找这份日记，据说已在"文革"中丢失，实在可惜。要不然，据此来写开明大事记该多有用。①

---

① 章士敦：《敬怀岳父》，载《追思集》，王伯祥家人 2000 年自印，第 11 页。

开明老员工王知伊曾对开明店风有一总结：

（1）开明书店不把出版图书仅仅看作是人类文化财富的积累和传播，而是作为一种有效的教育工具、教育事业来对待的。"惟愿文教敷，遑顾心力瘁"，正确无误地表达了同人的意志。

（2）开明同人的工作态度比较严肃认真，把出书工作当作一种事业来办，"思不出其位"，从来不搞投机，以求非分之财。

（3）无论在编辑业务和经营作风上，"稳"字当头，因此，遇到突然发生的重大事件，往往感到一时难以应付，处于被动地位。

（4）店风比较朴实，无论在约稿、审稿，以及在撰写图书广告、经营、管理等方面，均力求实事求是，无哗众取宠之意。同人的生活作风，一般也比较朴实。

（5）在政治上不敏感，趋向温和，但在事实面前能明辨是非，有正义感，对国民党蒋家王朝是憎恶的。[①]

如果作一番对比，王伯祥作风与店风的吻合程度，甚至要比章雪村、叶圣陶还高。

1947 年 2 月 9 日，开明书店开第十届第一次董事会，推邵力子为董事长，章雪村为常务董事，范洗人为总经理，叶圣陶与章雪山为协理，王伯祥、朱达君、卢芷芬、周予同为襄理，并修订董事会章程。2 月 27 日夜，王伯祥、叶圣陶、范洗人、周予同等人前往章雪

---

① 章雪峰：《中国出版家·章锡琛》，人民出版社 2016 年版，第 168、169 页。

村家，为第二天便要去台湾的范寿康、李季谷饯行。3 月 1 日中午，王伯祥、叶圣陶等人又在章雪村家会餐，商量如何加强店中同人的工作效能，以便应对此后的艰难时日。3 月 3 日夜，众人又在王伯祥家举行"九九"消寒酒会，"笑谈欢饮，几忘时艰之逼人"。

应该说，从 1946 年到 1948 年初，开明书店还是有不小的收获。《中学生》杂志依然办得有声有色；《开明新编国文读本（甲种）》第一至六册，从 1947 年 1 月由开明书店陆续出版，销量相当可观；紧接着，《少年国语读本》第一至四册、《开明新编国文读本（乙种）》也陆续出版；杨东莼的《开明新编高级本国史》，王了一的《中国语法纲要》，吕思勉的《三国史话》，吕叔湘的《中国人学英文》、《英译唐人绝句百首》，朱光潜等人的《近代英美散文选》，夏丏尊生前所编《字典》，《闻一多全集》等纷纷出版，均为开明书店注入了新的活力。业务方面，开明书店的分店有所增加，章雪村曾亲自前往台湾筹建开明书店台湾分店，章雪舟被任命为推广部主任兼渝分店经理，章士敔被任命为长沙分店经理……1947 年，章雪村先后到汉口、长沙、广州、贵阳、昆明、成都、重庆等地分店视察。与此同时，开明书店开始增资。1947 年 12 月 14 日，开明书店召开股东临时会议，由董事代表章雪村及监察人代表詹沛霖报告增资完成，并通过修改章程第五条。所有这些，都使得开明在恶劣的大环境中仍能较为稳步地经营。然而，由于国内局势的恶化，开明书店受到越来越大的压力，经营越来越难，内部也积累了不小的矛盾。王伯祥 1948 年 3 月 8 日的日记写："下午五时一刻出席廿三次业务常会，为薪给制度草案事研商至久，仍不能决。而雪村发言峻刻，圣陶纠弹之，几致不欢，比散已七时四十分，即席夜饭已八时矣。"这便涉及叶圣陶与章雪村发生的矛盾。

章雪村很有魄力，也有不少优点，但有时不免有"老板"架子，说话做事不管不顾，很是伤人。同一天的叶圣陶日记中便记着："（业务会议）无非谈局势益坏，营业益艰。于讨论改变薪水计算法时，雪村出言不逊，意颇刻酷，虽不为任何人而言，余闻之殊气愤。余因发言表示反感。洗公继谈店中会议制原于公司章程制度无据，唯为集思广益而设，余闻之亦不快。饭罢归家，写一书致洗公，表示拟辞去董事及协理之职，此后唯为普通编辑员。余既不能说服他人，又不欲听不愿听之言，则唯有消极自退耳。且余于店事，固亦无能为力也。"这则日记中，好像范洗人与章雪村的意见一致，其实他们之间也积累了一些矛盾。因此叶圣陶第二天的日记便有下列文字："午刻，洗公邀余与达彬二君同饮于永兴昌。谓余言昨夕余书所提，公甚表同情，唯须通过于董事会。公复言店事益难弄，拟引退，唯须得善者而交付之。达君亦表示消极，一由于身体不佳，二则渠负责调度经济之责，实甚重大。二时返店。经理室会议例会，余即不复出席。"如此，作为开明常务董事的章雪村实则与总经理范洗人、董事叶圣陶均出现了不小的矛盾，以致叶圣陶要辞去董事、协理之职。这件事还牵扯到很多别有用心的人，如果处理不好，必然对开明的前途造成极恶劣的影响。王伯祥为之忧心忡忡，3月9日的日记便表露了这样的心情："下午三时出席第一二七次经理室会议……圣陶仍缺席，不识酝酿何事耳。十时就寝，颇不能寐，公司前途殊堪忧也。野心者正协而相伺，村则瞢焉罔觉，仍一意孤行，师心愎谏而已，可胜叹感。"显然，王伯祥也知道是章雪村有错，但又不能直说，只能想办法调解。他又深知此事不好调解，所以很是费了一番心思，努力发挥"开明军师"的作用。

他自己并没有去找叶圣陶和章雪村，而是通过别人分别劝说两人，以缓和局面。与此同时，他也不断观察事态的变化，琢磨新的办法。

3月15日，王伯祥在日记中写道："午后彬然约谈明社章程兼及圣陶近态……大抵在村言语态度之得罪人，积衅已深，初非一朝一夕之故也。余以相忍勖彬然，并属转劝圣陶出席会议，未审能否以行耳。"3月16日日记："午后出席一二八次经理室会议，圣陶仍不出席。午前洗人以九日圣陶手书见示，谓辞去董事协理，不出席经理室及业务会议，专任编辑，与晓先、必陶比并，请减薪，置签到卡云云。书末且请在通讯录发表也。负气已深，无由疏解矣。耕莘适来，余以为症结仍在雪村，乃与予同约耕莘谈，属为向村切言以规之，或别有企画亦希转告，俾审进止，不知下文如何耳。"

范洗人等人也在努力做章雪村与叶圣陶的工作。王伯祥3月19日记："午间洗人约雪村、雪山、圣陶、予同、守宪、觉农、耕莘、彬然、达君及余饭功德林各诉近怀，劝圣陶不必如此，而彼甚执，仍无结果，殊可叹惋，三时半始返馆。"

事情显然越来越棘手，不仅牵动开明主要人员的进退，而且令外界喧腾。叶圣陶3月20日记："上午，晓先、均正、调孚、锡光、祖璋、彬然诸君邀余共谈，谓余若退缩，诸人之情绪皆受影响。晓先并谓诸人如共处一舟，不宜由一人动荡，使舟失其安稳。余谢诸君爱我之厚，而以为余甚微貌，其进其退，均不致有如何影响，诸君亦夸张言之耳。"同日的王伯祥日记则称："下午二时开十一届四次董事会，圣陶仍提出辞职，当然未出席。问题愈演愈复，无法即决。会中未及提及，留待明日晤（邵）力子再商之。……比晤西谛，即以圣陶事为问，似甚紧张，盖外界已喧腾矣。为剖析疏陈原委，彼此太息而已。"

不过，叶圣陶虽与章雪村闹矛盾，但二人毕竟是多年的老友。一码归一码，3月21日，叶圣陶还是到法藏寺，为章雪村的母亲拜奠。有人再次规劝叶圣陶不要辞职，但仍被叶圣陶谢绝。

直到3月22日，王伯祥偕周予同劝解叶圣陶，棘手的局面方得以舒缓。叶圣陶也在多日的郁闷后心情为之一快，在日记中写："放工后，伯祥予同来我家，共饮畅谈，剖析店中诸友之品性，及店事之前途。二君亦劝余取消初意，此则余所不肯，言出必践，固其守然也。唯当不为追迫，以免使人难堪耳。三人共饮酒四斤，历两小时，为快。"王伯祥在同一天的日记也写："余本往谊，力劝勿萌退志，反复剖陈，无话不谈，历二小时。总之，二者之间作风不同，嫌隙已深，恐终难于合辙矣。最后圣陶勉抑情绪，许不再提，且俟静观变化再定云云。"

3月23日下午三时，王伯祥出席开明书店一二九次经理室会议，见叶圣陶仍没有莅席，即便章雪村已转变态度并亲自电话催促也没有到，这使得王伯祥感到事态仍然严重。

3月26日中午，王伯祥"午约圣陶小饮永兴昌吃老半斋刀鱼面，纵谈近事，彼此得一倾吐，甚快"。

4月10日，叶圣陶、郑振铎到王伯祥住所小饮。叶圣陶日记中记：三人"无所不谈，历两时许，甚快"。

5月10日夜，叶圣陶终于应章雪村邀请，到章宅参加酒会，饮酒后还吹笛唱《游园》引子一曲。一场风波似乎就这样过去了。

5月24日，王伯祥在日记中欣慰地写道："定今日下午五时召集第十二届第一次董事会。……仍推邵力子为董事长，雪村为常务董事，经、协、襄理悉仍旧贯，会场形势甚佳，拨弄者无所施其技，移时毕会。"此时，虽然叶圣陶仍坚辞协理职务，但已是整个事件的余波，不久便得到调解。

此后，在章雪村、范洗人、叶圣陶、王伯祥等人的主持下，开明仍继续较为稳定地向前发展。不过，整个旧中国的局势却越来越糟糕了，开明书店的经营也遇到很大的困难。

7月9日，叶圣陶在开明书店主持杂志界聚餐会，后在日记中称："谈次诸人均言政府于军事、政治、经济皆无办法，一切措施，唯以人民为敌，垮台殆不远矣。"

1949年1月，叶圣陶最终离开开明书店，先去香港，然后北上。不过这一次离开开明，并非因为内部有什么矛盾，而是要为新中国的文化、教育、出版事业效力。

六、终不易赤子之心

1948年10月29日，王伯祥出席开明书店日常例会，仍本着对图书事业的挚爱，和以前一样无所避讳地说出自己的想法。然而，当时开明书店境况不佳，王伯祥的话没能像以前那样得到多数人的认同。晚上回家后，王伯祥在日记中写道：

> 余心直口快，自谓无隐，乃人多不察，颇致诮让，因作最近小照题辞以自解。取示圣陶、孝先，彼亦首肯，录存于左，用暴

近情：

> 中有所感，矢口直肠。
>
> 知我者，谓我直谅；
>
> 不知我者，疾我阳狂。
>
> 我终不易我赤子之心，
>
> 以应彼世俗之炎凉。

这是王伯祥的内心写照。

1943 年 11 月 11 日，王伯祥曾与郭绍虞、陈乃乾聊天，晚上回去便在日记中写道：

> 偶与绍虞、乃乾谈，余谓必内有所自足，然后可以不假外求，而植品自高。盖己之所守，不必尽见施用，退藏于密，堪自怡悦，亦可人不知而不愠。
>
> 又谓是非取舍，在自己胸中必确有所持，绝无游移，始克自守。为应世计，稍稍谐俗，犹当独处检点，无致迷放；若以和光同尘，涅而不淄，自诩直文过之互符、饰非之坚盾耳。吾宁甘硁硁之诮，决不为此违心之论也。

这些话谈及如何做人、如何自守，道出王伯祥多年形成的人生观、价值观。

顾颉刚晚年时曾在王伯祥的《书巢图卷》题记中，对比了他与王伯祥三个方面的不同，对王伯祥多有所称道。

第一个不同是："予自幼家教过严，日夜诵读，不许息声。以是鬈龁之年即得神经衰弱之症，记忆力浸以衰退。非堆书满案，不特不足资撰述，亦且无以答客问。而伯祥读后便能省记，胸罗全史，如钱在串，娓娓而谈。匡鼎解颐，不肯临时乞灵于故籍。此我在体质上大不如君者，一也。"

第二个不同是："予好事考核，甲乙牵连，以至无穷。平生所得，止足供专家之稽考。而伯祥取精遗粕，存大略小，所注《左传》、《史记》，皆可以应大众学习文化遗产之需求；所编《二十五史补编》，凡前人所补各代志书，咸备于是，为治史者所不可废。此我在服务上大不如君者，二也。"

第三个不同是："予性愎而自用，凡所为，必成乃已。虽时移世易，终不肯改其故步。胸中积叠之问题，亦必解决而后快，以是时间恒苦不足。人情世故，不暇顾及。驯至开罪于人而不自觉；背于时代潮流而不自恤。是好书而为书所制也。谥曰'书癖'，谁曰不宜？伯祥则读书如行云流水，毋固毋必，不屑屑成一专家以别异于他人，故于人无所不容，无求于人亦无戾于人。年垂八十，怡怡如也。此我在处世上大不如君者，三也。"

在这些文字中，顾颉刚虽然以君子之道，尽力自省其身，并以己之所短褒扬老友之长。但抛却情感方面的因素，他确实深深了解王伯祥的治学与为人，故能将其特长和风范概括得如此清晰明了：第一，在读书方面，博闻强记，胸罗全史，长期积累，不肯临时抱佛脚；第二，在治学方面，有宏观巨眼，能取其精华，能普及大众惠及学界；第三，在读书和为人方面，都能平和中正，能宽容，不强求，能独立，不求人，行云流水，怡然自得，称得上一位得道的长者。

顾颉刚晚年赠王伯祥诗句中，还有"七十年来推大哥，我狂君狷久相和"。《论语》称："狂者进取，狷者有所不为也。"顾颉刚眼中的王伯祥，洁身自好，笃定人生轨迹后便矢志不移、赤心不改，是不会因外界的干扰而轻易转变方向的。这其实正是王伯祥成为开明书店最稳定因素的原因之一，也是他能够在出版界、文史界踏踏实实做出很多成绩的重要原因。

七、未能出版的《二十五史外编》

能够出版好书，是王伯祥最大的心愿。然而，由于种种原因，王伯祥的出版生涯中也有不小的遗憾。1949 年 2 月 24 日，王伯祥在日记中写："旋由四马路转到西谛前五日港发信，知已安抵，晤圣陶，且住同一旅邸，信中所言大旨与圣同，谆谆以完成《廿五史外编》等计划为勖。故人殷望，思不能遽副之耳！"① 在这一年，王伯祥曾打算完成另一项创举，即编辑出版《二十五史外编》。他将此事告知郑振铎，郑振铎到香港又告知叶圣陶，郑、叶两位好友都期待老友王伯祥能做成此事，特写信为之鼓劲。老友们的支持与厚望，自然使王伯祥内心涌起一股热潮，希望像当年编《二十五史补编》一样，为出版界、文化界作出自己的贡献。

对于此事，贺昌群也是积极的提倡者与推动者。贺昌群生于1903 年，四川人，著名的历史学家、教育家。曾担任过商务印书馆编辑、北平图书馆编纂委员、《大公报·图书副刊》主编、浙江大学

---

① 王湜华：《王伯祥传》，中华书局 2008 年版，第 237 页。

教授、中央大学教授及历史系主任等职，出版的代表作有《元曲概论》、《魏晋清谈思想初论》等。他是王伯祥在商务印书馆工作时期的老同事和老朋友，有很多共同话题和共同爱好。

1939 年，王伯祥 50 岁生日时，贺昌群曾写一诗以祝寿：

赠伯祥五秩生辰

霜后精神两鬓华，维摩旧貌想云霞。

江山故国三年战，世路风波一梦奢。

海上书巢容仰屋，峨眉寒翠映山家。

乱离终日思无尽，为问年来酒量加。①

1949 年，王伯祥 60 岁生日时，贺昌群又写一首祝寿诗：

伯翁六旬之庆谨载酒袖诗以为寿

摇落飞栖借一枝，冥搜刻意叹何为。

十年再拜揽揆日，四海凋伤丧乱时。

砚儿清严书几架，情怀坦荡酒千卮。

侧身天地更怀古，独立苍茫自咏诗。②

他对王伯祥组织编辑《二十五史补编》非常钦佩，愿意加入编史队伍当中。1949 年 2 月 18 日，王伯祥将编辑《二十五史外编》的大致想法告诉贺昌群，全书拟分编年、典制、地志等部，但细目尚未写

---

① 贺昌群：《贺昌群文集》（第 3 卷），商务印书馆 2003 年版，第 606 页。
② 贺昌群：《贺昌群文集》（第 3 卷），商务印书馆 2003 年版，第 644 页。

出，所以正式委托贺昌群开齐细目后再谈。贺昌群对此很是用心，不久便拟好了草目。然而由于时局变动，更多的事务接踵而来，这一出版项目最终未能完成。

八、迎来上海解放

1949 年 5 月 25 日，王伯祥的日记洋溢着迫不及待、兴奋乃至狂喜的心情："黎明即起，枪声渐稀，而里弄内外寂然。日高后，枪声几乎不闻矣。漱儿继起，披衣外出探视，遇西邻陈四，据告其戚在警局任事，顷归来，知解放军已开入市区，即由愚园路、霞飞路等大道东来。常熟路区、嵩山路区等警察分局俱已接收，门悬白旗矣。方悟昨宵紧密枪声之由来，确在里口门外也。连日紧张，骤获此讯，大为奋兴。即出访均正与龙文，转相告语。有顷购得《新闻报》及《申报》阅之，最前之大标题赫然，上海今晨解放也。不暇细读，即为狂喜，如梦初醒，奈之何不大快也耶！！！"

当天《申报》的一篇文章必定是王伯祥所看到的，标题为"枪炮声昨彻夜不绝，解放军今晨入市区"，内容为：

【本报讯】人民解放军已于今晨进入上海市区，同时市区守军亦已撤散。徐家汇常熟嵩山等区，约于今晨一时起陆续有共军开入，至今晨四时左右，老闸黄浦等区亦已到达。旧法租界若干区域，曾发生局部小接触，枪声四起，居民大都从梦中惊醒，但因无炮击事件发生，故市区精华，未受损失。共军自衡山路一带，分队向东徐徐推进，纪律甚佳，秩序井然。有公私机关职员与之遭遇者，于检查身份后，并不留难，但嘱归返办公地点，保留物资静待接收而已。至郊区炮战声昨仍彻夜不眠。

按上海之战，自本月十二日正式揭幕，迄昨逾旬，双方争夺重心，始终为浦江出海口之两岸战略要地，重心北移，市区在事实上已无军事价值，兼以双方珍视上海百年来之建设成绩，故在最后阶段中，上海精华之区能幸免战争之破坏。[1]

将王伯祥的日记与《申报》文章结合起来，可了解当时解放上海的真实情况。

5月26日，王伯祥的日记则披露出见到人民解放军后喜极欲涕的心情，称："余与滋儿出散步，徜徉于辣斐德路、贝当路、巨福路、霞飞路一带，境殊静适，摊贩行人已如往日，所异者沿途有解放军担饭分饷站岗之士，朴诚之气，诚令人感动欲涕耳。"

5月27日，上海市全部解放。王伯祥等人亲眼目睹解放军战士宁愿站在外面淋雨，也不进商店、民房避雨，备受感动，开始认真阅读《新民主主义论》等小册子。7月6日，举行解放军入城式。王伯祥带着全家老小，冒雨站在淮南路、茂名南路口，不断地向解放军欢呼致意，心情之激动无以言表，不知不觉在小雨中停留了好几个小时，以致衣服里外皆湿透。

是的，历史终于翻过旧的一页，崭新的时代来临了！而在这新旧时代更替的日子里，必然会发生很多意想不到的事情。

---

① 转引自王昆江、徐凤文、李家璐选编：《老新闻——民国旧事（1947—1949）》，天津人民出版社1998年版，第257、258页。

九、章雪村退休事件

1949年8月3日，宋云彬日记中记载了一件意想不到的事情："从彬然方面得来消息，上海开明书店同人组织店务委员会，联名函请常务董事章锡琛退休。二十年前雪村策动同人，联名请经理杜海生辞职，'后之视今，亦犹今之视昔，悲夫'。"[①]

对于章雪村被迫退休的事情，说法不一。王伯祥在1949年7月17日的日记中提到一件事，或可视为此事发生的导火索：这一天中午，卢芷芬等人与章雪村在衍福楼宴请蒋瑞山等人，大家一起谈华中联合出版社事。宴会结束后，卢芷芬找到王伯祥，讲述章雪村酒后再次失态，导致大家不快。王伯祥因此为章雪村感到忧虑，日记中称："此君予智自雄，愎戾日恣，一再发展，恐将及祸，为之奈何？惋叹而已。"

此时，王伯祥与章雪村的关系仍然十分密切，公交私谊均很好，日记中常常提到二人一起处事。有与章雪村一起主持开明事务的记载，也有彼此互相关照的私事。7月18日日记中记着："雪村在地摊上为余购到中华书局旧印《清史列传》七九册（原八十册，缺第廿五册），价值四千五百元。"

7月27日，一夜大雷雨后，王伯祥担心的事突然发生了。上午10点，王伯祥出席第17次编审常会，顾均正、徐调孚等人突然出示16人联名给章雪村的信，并希望王伯祥、周予同予以谅解。这份信

---

① 海宁市档案局（馆）整理：《宋云彬日记》，中华书局2016年版，第202页。

竟然是请章雪村"功成身退，暂息仔肩"，说白了就是大家不愿意章雪村在上面指手画脚了。这里面除了与章雪村相交数十年的徐调孚外，还包括卢芷芬、叶至善、周振甫等开明的中坚力量，显然，章雪村的一些做法已令大家难以忍受了。事到临头，王伯祥感到十分难受，在日记中写道："此事积因甚远，非一朝一夕之故。苦心调护，终等空花。不图其遽发，一至斯也。后果如何，殊难设想。总之，痛心万分而已。"

7月28日，王伯祥在日记中称："十一时半，予同来。谓已与雪村谈过，约明日上午九时，均正等与村当面畅谈，如获妥协，可不发此信矣。然则或可免除难堪乎？"

7月29日，王伯祥在日记中写道："村表示甚佳云云，惟信仍索去也。"章雪村已答应退休，辞去开明书店常务董事职务。

为什么章雪村这样容易就答应呢？

第一，章雪村虽是开明书店的创办者，但开明从一开始就是股份制经营，章雪村并不是完全的老板。再经过"八一三"开明被炸，抗战时期分为两个部分，范洗人出任开明总经理以及开明增资等股份改革，章雪村在开明的地位有所下落。

第二，章雪村是聪明人，他何尝不知道自己的问题，尤其是酒后失态伤人的问题。这一次见这么多开明的中坚都劝他退休，他当然明白如果自己坚持对抗，无论对自己对开明都没什么好处。

第三，时代已发生巨变，上海已经解放，新中国马上就要成立。他已经意识到开明书店必然要迅速面临新的抉择了。这个抉择，不决定于上海，而决定于北京。

第四，叶圣陶等人均已北上，他也该北上，开始一种新生活了。

当年 8 月 8 日，章雪村携家眷离开上海，前往北京，与叶圣陶、胡愈之等人会合，参与到新中国的出版事业当中，很快便写出《中国出版业之过去、现在与将来改进的途径》一文。而事实上，在当时的北京，章雪村仍是开明书店的代表，仍然为开明的未来作最后的贡献。

1949 年 10 月 20 日，胡愈之被任命为中央人民政府出版总署署长，叶圣陶被任命为副署长。12 月，章雪村被任命为出版总署专员，着手起草《著作权暂行法》及其《细则》。不久，章雪村调任出版总署调查研究处处长，在处理出版总署事务的同时，也参与开明书店公私合营的一些事宜。

十、站好开明的最后一班岗

章雪村辞去开明常务董事职务后，开明书店由范洗人全面主持，王伯祥等人予以协助。由于受国家大环境的影响，大家的目光不时地望向北方，了解北京的动向。而老友叶圣陶等人也惦记着开明以及王伯祥等人。

1949 年 10 月 3 日，第一届"全国新华书店出版工作会议"在北京召开，会议由中共中央宣传部发出开会通知，由中宣部出版委员会承担会务工作。新华书店总编辑胡愈之主持会议，并在致开幕词时宣布："我们过去是分散的，我们的工作是局限性的。现在全国快要完全统一了，我们必须由分散走向集中，由面对局部趋向于面对全国。因此怎样使新华书店有计划地、有步骤地走向统一领导，集中经营，这是这次会议所担负的主要任务。"这是新中国出版史上的一次重要会议，其意义不局限于新华书店。正如当年《人民日报》短评《祝全国新华书店出版会议》中所说：（这次会议）"标志着全国出版事业适应着新的情况开始走向全国范围的统一"，"解放区和过去国民党统治区两支文化出版工作的队伍必须汇合成一股巨大力量来更好地为人民的需要而工作。必须很好地团结一切有利于人民的私营的和公私合营的出版业，随时随地反对关门主义倾向"。章雪村出席此次会议，并代表开明书店在会上讲话。他还率先提出将开明书店交给国家的倡议。

1950 年 2 月 16 日，开明董事会向出版总署报送《开明书店请求与国家合营呈文》，正式向政府申请公私合营。

这件事，除了章雪村积极推动外，范洗人、王伯祥等开明负责人也先后到达北京，与叶圣陶、胡愈之等人交流，大家达成共识，然后便是正式的申请与批复。

1950 年 4 月 3 日，出版总署批复：开明过去为人民出版过好书，对出版事业有过贡献，但按目前国家经济情况，以及开明现有资金、物资和所拟出版计划看来，尚可支付，不需要国家投资。现开明既迫切希望国家领导，决定先予以公私合作，国家先从技术上给以帮助和指导。由出版总署、董事会、职工三方面，各派代表三人，组织业务委员会作为具体指导业务的机构。开明应立即将总管理处和编译所迁往北京，以便就近合作。

1950 年 6 月 17 日到 7 月 7 日，开明书店在北京召开"第一届各单位负责干部会议"，公私合营的步伐也就正式启动起来。可是就在这个重要的阶段，开明书店总经理范洗人于 1951 年 2 月 4 日在上海去世。王伯祥为此不胜伤感，2 月 5 日 9 时策杖出门，徐步到北京西总布胡同出席开明书店董事会。因只到邵力子、章雪村、傅彬然、章雪山及王伯祥五人，遂改开谈话会，就急待处理事项进行安排，第一项就是确定范故总经理丧葬费用由公司承付家属。晚上回家后，王伯祥又在日记中表述自己的伤感之情："缅想畴昔联杯援欢，如在目前，不图车站送别，竟称永诀，伤矣！"

开明同人以王伯祥与之交往甚长，熟知其事略，于是请王伯祥辑写范洗人事略，以作纪念。王伯祥没有推辞，写出《故总经理范公史略》。①

范洗人去世，对王伯祥的影响很大，他因此成为开明书店主要事务的实际负责人，在开明书店的公私合营以及开明书店与中国青年出版社合并中努力地工作，处理各种各样从未遇到的事项，可说是殚精竭虑，发挥了积极作用。不过他也遇到了很大的烦恼。这从叶圣陶的记载中可以看出一些端倪："建国以后，开明书店迁到北京，在出版总署的指导下，跟青年出版社开始洽谈合并的事宜。可是不久，总经理范洗人先生患癌症逝世了，经理部门只剩下了王伯祥先生，其余的负责人在上海解放前后已经离开了开明。王先生是研究文史的学者，不是管理人才。"

他又这样介绍另一位与开明有关的重要人士邵力子以及当时的情况："朋友们于是商量请邵力子先生暂时管一下，他在开明还挂着董事长的衔头，是名正言顺的。邵先生很爽快地答应了，既然答应了，他就踏踏实实干，每天上午到开明坐半天班，处理日常事务。这时候正赶上'三反五反'，开明书店是私营企业，当然得按照'五反'的

---

① 该文见王湜华：《王伯祥传》，中华书局 2008 年版，第 255、256 页。

五条进行清查。这样的群众运动，邵先生是头一次遭遇，难免有些言语使他不大愉快；清查结果是'基本守法户'，在领到证书那天，邵先生才释然于怀。运动结束，邵先生作为开明书店的私方首席代表跟青年出版社达成了合并的协议，成立了公私合营的中国青年出版社。那是一九五三年四月的事。"①

在这短短的文字中，我们不难读出，在当时新旧改变的复杂环境中，不只是王伯祥，即便早年参加同盟会、主编过《民国日报》、担任过上海大学副校长、全国人大常委等领导职务、有着丰富管理经验的邵力子也不免遇到不好处理的事情。

顾颉刚则在 1952 年 10 月 29 日给王伯祥写信，一方面为处境不佳的王伯祥出谋划策，另一方面希望通过王伯祥进言，共同担起整理古书、整理民族文化的重任。信中称："入冬后体气如何？喘嗽不遽否？念念。开明既与青年社合并，出版方向转移，兄支持其间自不相宜。日前，弟与平心谈及，渠谓兄不如仍进商务，因政府要商务、中华印旧书，兄以前主编《廿五史补编》，大有功于学术界，应照此方向走下去也。以前印古书可以不甚负责，只须无讹字即为大成绩；此后则必须加以整理批判，庶民族文化可以确定地位。平心又谓愈之、圣陶两兄对兄转移机关必然赞同，不知可将此函与一览否？弟意，毛主席一再宣示，文化有三种，民族的、科学的、大众的，写入《共同纲领》。现在科学的、大众的文化俱已发动，而民族的文化则置之高阁，视为不急之务。上周锡兰和平代表某君莅沪，告人曰：'上海偌大一个都市，而上海图书馆之藏书乃不及我家！'其实馆中有书百万

---

① 叶圣陶：《邵力子先生和开明书店》，载《我与开明》，中国青年出版社 1985 年版，第 107 页。

册，只缘干部不重视线装书，不但不买，即没收及捐赠者皆装箱锁置仓库，陈列者皆新华、中图所出小册，故以为不及其家也。故民族文化之不整理，不但有负先民之劳动成绩，并将贻羞国际，视我为无文化之国家。现在私家图书已集中国家图书馆，诚能早些编目，则集合各本而校一定本，集合各家说而编一集解，事不为难；更请精通马列主义者予以批评，亦不致贻读者以毒素。此事只有现在可做，若再迟十年，我辈纵不死亦必不能工作，待后起者则不知何时，此学势将中断。弟卅年前本期专治古史，后知不先整理古书即是失却研究基础，故专力于古书。现在弟于文管会不过伴食耳，于书局不过作外行事耳，即专任教授，而现在大学生对此方面毫无根柢，言者谆谆，听者藐藐，亦不过浪费时间而已。日夕望政府整理民族文化，俾有以自献其才力，为文化建设之一助，而时会未至，有如卞和之抱璞而泣。窃以为兄与平心及弟等皆此类人才，而主持出版之愈之、圣陶两兄复为稔友，若不努力开此道路，岂不苟生于新民主主义时代。故愿兄之进一言也。"

顾颉刚这封信道出了他与王伯祥当时共同的状态，一方面期待在新中国发挥更大的作用，另一方面其实还没有找到合适的位置。对于王伯祥而言，他最适合做的是古籍整理和研究工作，而不是做行政方面的事务。

关于这段时间的王伯祥，叶至善也是知情人，他曾这样回顾"三反五反"运动中的王伯祥："伯祥先生那时烦恼更多。他仍在开明当襄理，没摆脱资本家代理人的身份，'五反运动'中变得更难听，成了工人阶级的对立面。那些天他上班不是，不上班也不是，整天一个人坐在经理室里，没人理他。有位年轻同人在小黑板上给他画了幅漫画像，拢着袖管坐在办公桌后头望天。在群众运动中，本不是件什么大不了的事，伯祥先生可受不住了，星期天跑来跟我父亲说：大家走的走了，死的死了，其余的都远在上海，到北京的也有几位，如今却什么都让他一个人兜着；又说公私合营如果早几天谈成，他不就早已抽身了吗？伯祥先生可不轻易为个己的事发牢骚，父亲留他一边喝酒，一边慢慢儿谈，听他发泄得差不多了，才说大家都知道他在开明不管什么事，开明也不会有什么事，在'五反'中，私营书店大概不至于成为重点，查一查账也就完了。伯祥先生指摘的几位，'走的'指雪村先生，没等到上海解放他先辞职了，早已进了出版总署；'死的'指范老太公，前一年在上海因癌症过世了。父亲一个也没提，免得给伯祥先生火头上浇油。第二天我父亲到总署，跟愈之先生说了，愈之先生说：'开明总经理的头衔不是邵力子挂着吗？他不能不上班，我去说。'愈之先生去说了，力子先生果然到开明接了伯祥先生的班，隔三岔五的到经理室坐一会儿，直到'五反'进入查账阶段才作罢。'五反'结束，开明被宣布是基本守法户，伯祥先生心上这块石头落了地。没料到公私合营后，他被安排为办公室副主任，又跟我父亲发起牢骚来了。在庆祝合营的酒会上，我父亲才讲过要做到'化合'的话，可是要这位老朋友跟青年社的年轻领导共事，简直是不能想象的；于是同振铎先生商量，把伯祥先生介绍给了社科院的文学研究所；又把调孚先生安排进了古籍出版社，后来公私合营，并入了中华书局。"①

从《王伯祥日记》中可以看到，王伯祥即便要离开出版社，仍然坚持自己的原则，极力站好最后一班岗。他在 1952 年 12 月 12 日正

---

① 叶至善：《父亲长长的一生》，四川文艺出版社 2015 年版，第 333、334 页。

式接到北大校长马寅初延聘他为北大文学研究所研究员的聘书，而在这一天的前几天，他仍每天到出版社，尽心尽力地处理各种事务。12月9日，王伯祥早上7点半即到出版社，与几位负责人开会决定搬移步骤及安置办法，近中午时方散会。中午1点半后再到出版社，2点召开会议，与新旧行政人员会谈，并提出自己的四项问题，分别是新旧印章、移交管理、文书收发、收支出纳等问题；12月10日，7点3刻到出版社，就公私各物整理事宜忙碌一天；12月11日，8点半到出版社，各处巡视搬移交接事务。即便到了12月12日，王伯祥也是在上午7点半到出版社，8点半郑振铎到出版社出示了对王伯祥的聘书。

由上可见，王伯祥称得上站好最后一班岗、最后告别开明书店的代表人物。

第六章

文史研究与古籍整理

——文学研究所工作时期（1951—1965）

一、《史记选》的选注与出版

1953 年，64 岁的王伯祥应郑振铎邀请，到北京大学文学研究所（后属中国科学院，今属中国社会科学院）担任研究员。从此时起，王伯祥便不再是出版行业的工作人员，然而，一直到生命的最后一年，他所做的工作都与文史研究与古籍整理有关，当然也与古籍出版有着密切的联系。

刚到文学研究所时，所里正选编一套《中国古典文学作品选》，有《先秦散文选》、《唐诗选》、《杜甫诗选》、《宋诗选》，等等，编选者都是负有盛名的专家。王伯祥也开始了《史记》

的选注工作。

　　两年后的 1955 年 8 月，《史记选》定稿完成，然后他便习惯性地从作者和编辑的角度，在"序例"中阐述了本书的选编校注工作：

　　　　这个选本的目的，在于向一般爱好文艺的读者介绍这部祖国文学遗产的名著，同时提供一个便于诵读的本子，因此，只选了描写生动而故事性较强的记叙文二十篇，凡是"表""志"和其它偏重年代、世系或议论的"纪""传"概从割舍。为要保持原来的面目，入选的各篇都照录全文，不加删节；篇次的前后也悉照原本的顺序。但迻写的形式却照现今的惯例，每篇都分段提行，施以标点。

　　　　校勘古书是批判接受文化遗产的第一步工作。因为传本中语句的"异""同"固然要引起解释的纠纷，就是字面的"正""伪"也会影响到意义的分歧，所以历来严谨的学者往往对古书的校勘是不惮烦琐，不避迂拙地干着的。这一选本的任务虽没有搞校勘事业的必要，但为了帮助批判接受加一点力，乘便向读者提供几条校勘的例子，想来也不是多余的。因此，把手头容易得到的覆刻宋蜀大字本（简称蜀本）、覆刻百衲宋本（简称百衲本）、影印南宋黄善夫刻本（简称黄本）、原刻汲古阁十七史本（简称汲古本）和日本排印的泷川资言的史记会注考证本（简称会注本）来跟采定的张校本互相对勘，凡文字的异同正伪，一一随手作成"校记"若干则，散附在各篇的注释之中。

　　　　这一选本，为了便于诵读，凡各篇中涉及的音读、字义、语汇、地名、人名、官名、器物名……和彼此牵涉的事件必须互相阐明的地方，都作成简单的注释，跟校对并合起来，总称"校释"，用〔一〕〔二〕〔三〕……号码分系在白文中每一需要说明的逗号或句号旁边，然后把这些校释的条文顺次总录在每篇的后面，用备读者的参考。

校释的条文，当然尽量使用语体，但也有难以表达而不得不采用浅近文言的。音读一般都用直音，但也有难觅恰当的字面而变例用"读某字某声（分别四声）"或偶采切音的。解释字义，大都利用习熟的连语，但有时也不得不仍取旧时的形式而写作"某，某也"；"某某，某某貌"。又为了进一步了解古书的异体字，有时也不避生僻，引用一些异文，以资比对。地名的考释，一以今地为归结，凡遇名称疆界有变动的地方，都根据内务部编行的《中华人民共和国行政区划简册》和最近区划变动的情况来改定它；也有彼此关涉必须搞清楚它的沿革的，也就不避烦琐地加以说明。人名只详简历，但关涉较广的人物而并无他的传记人选的，叙述也略为加详，并且注明《史记》本书中有他的传，以便读者需要时的考索。官名只说明它当时的职掌，但又涉及阶位、禄秩等必须前后参照的，也详予叙述。器物名只能随顺旧注意，加以今释，无法跟现制比附的，不敢穿凿。①

这些文字，不仅值得《史记》研究者、史学研究者、古典文学研究者认真揣摩，也值得古籍出版者、古籍整理者、文史出版者再三玩味和学习。

---

①　王伯祥：《史记选》，人民文学出版社 1957 年版，"序例"第 3—6 页。

这本书融入王伯祥研究文史、研究《史记》的重要成果，也融入了他数十年从事古籍出版以及教科普及出版的经验和心得，为此，他付出了巨大的心血。

全书只选了 20 篇文章，但仅仅《项羽本纪》一篇，就有 622 条注释。

叶兆言曾将此书与钱钟书的《宋诗选注》作对比，认为："钱钟书先生的《宋诗选注》以精深取胜，王伯祥的《史记选》以博大见长，相形之下，《史记选》照顾的面更广，更实用。对于一般中学水平的人来说，这种逐词逐句详注，一句一句串讲，能够帮助进一步学习古代汉语，又能够很好地提高古典文化知识。既是普及读物，同时也可以登堂入室，经过反复研读，直抵中国古文化的纵深。"①

1957 年 4 月，《史记选》由人民文学出版社出版发行。到 1973 年 1 月，此书已是竖排第 1 版第 5 次印刷。究竟有多少印数？无法统计。

叶兆言这样介绍："《史记选》是深入浅出的一个好例子，自五十年代出版以后，立刻成为大家热烈欢迎的一本书。它非常适合作为自学教材，在工厂，在农村，在边防哨所，落难的右派，插队的知青，站岗的解放军战士，大中小学的教员，很自然都成为这本书的受益者。'文化大革命'中，相当数量的书遭禁，禁书面之广，创造了中国历史之最，偏偏《史记选》不仅没禁，而且还几次再版。粉碎'四人帮'以后，这本书因为印得太多，纸型已不能再用，不得不重新排版。"②

---

① 叶兆言：《陈旧人物》，上海书店出版社 2007 年版，第 78 页。
② 叶兆言：《陈旧人物》，上海书店出版社 2007 年版，第 78 页。

唐弢则有这样的评价：

　　比如这部《史记选》吧，我就觉得很好，中国古代文史不分，《史记》更是如此，这部书既是文学研究所的选本，自应以文学性为主，王伯祥先生选《本纪》一篇，《世家》三篇，《列传》十六篇，故事情节别致，人物性格鲜明，语言活泼，描写生动，几乎每一篇都是文学艺术的珍品。伯翁从历史角度说明"本纪"、"世家"、"列传"的特点，指出"论赞"在司马迁笔下，"多半是引据异闻来补充流传的史实，或者根据实地调查来避去相传的谬说，绝不像后世人作史论那样的任意翻案或者故作苛论。"称道了司马迁的史德，表扬了他对历史负责的态度。除此以外，他的大部分笔墨放在《史记》对后世文学的影响上，从"文起八代之衰"的韩愈到宋代散文、元明杂剧，直至清朝蒲松龄的《聊斋志异》为止，他认为从这些作品里都可以看出《史记》所开拓的艺术方法和手段。《序例》还特别提到垓下突围的项羽，鸿门闯宴的樊哙，大泽乡民的朴愿，圯上老者的机智，窦田争权，灌夫骂座，信陵君夷门执辔神色谦恭，李将军夺马飞奔，意气自如，以及淳于髡"一斗亦醉、一石亦醉"的妙喻，真可谓绘声绘色，惟妙惟肖。伯翁还特别称道司马迁对场面的绘状，气氛的渲染，使文章有血有肉，处处生色。在我看来，选本的确是个好选本，《序例》也是一篇好《序例》。①

---

① 《追思集》，王伯祥家人 2000 年自印，第 203 页。

1982 年，此书发行横排第 2 版。直到现在，此书仍是教育部全国高等学校中文学科教学指导委员会指定的大学生必读图书，也是王伯祥对人民文学出版社的贡献。就笔者所知，每每有别的出版社找王湜华商讨出版此书时，他总是说："这本书一直在人民文学出版社出版，不打算换出版社。"

王伯祥的《史记选》还被很多学者视为古籍整理的典范。时永乐在《古籍整理教程》中写到"选注本"时，称："选注本一般说来多是普及性的，供具有中等文化程度以上的读者提高文化素质，了解古籍中的精华之用。""越是普及性的，越要注重质量。"他将古籍选注本大体分成四种类型，其中，第二种是"某一作家的作品选"；第三种是"历代或断代某一体裁的选注本"；第四种是"专题性作品选"；而第一种是"从某部分量较重、内容较多的古籍中，选择一些有代表性的篇章加以注释"。他为第一种举了两本著作，第一本便是王伯祥的《史记选》。①

二、帮助同事完成《唐诗选》

与《史记选》一样，文学研究所组织选编的《唐诗选》也是一本影响很大的图书；不过与《史记选》不一样的是，这是一个集体项目，从 20 世纪 50 年代开始策划，1966 年初稿完成，1975 年进行修订，1977 年正式出版，可谓旷日持久，不少名家为此书耗费了很大

---

① 时永乐：《古籍整理教程》，人民出版社 2016 年版，第 208 页。

的精力，如余冠英、钱钟书、何其芳等人。王伯祥虽不是该书的选编人员，但他也尽了很大的力，对该书有不小的贡献。

余冠英、王水照在 1977 年 10 月为该书所写的前言中提到："参加初稿和修订工作的有余冠英（负责人）、陈友琴、乔象钟、王水照同志。钱钟书同志参加了初稿的选注、审订工作，后因另有任务，没有继续参加。吴庚舜同志从一九七五年起参加了修订工作；范之麟、董乃斌同志也曾短期参加。""何其芳同志生前对本书的工作十分关心和重视，把它作为我们文学研究所一项比较重要的业务项目抓得很紧很细；王伯祥同志在世时也对这项工作给予不少帮助。但他们已不能看到它的出版，使我们备感怀念。"①

王水照后来又写了一篇《〈唐诗选〉编注工作的回顾》，其中回忆了众人讨论时的一些细节："会议在王伯祥先生寓所举行。先由我从传阅初稿中整理出疑问发给诸位先生，定期讨论。因事前有一定准备，讨论相当深入。余、钱、陈②三位和王伯祥都有旧诗创作的经验，他们对诗意、诗境、诗风的评赏剖析，都能切中肯綮。钱先生尤其论辩滔滔，犀利明快，大部分时间常在听他说讲；余先生慎于言辞，却一语破的，点到即止；王伯祥对职官、地理这两方面的博识与熟稔，则令人惊愕。陈友琴先生在资料考订方面的严谨，乔象钟先生的不少独具心得的见解，都给我留下深刻的印象。这多次讨论会，无拘无束，轻松活泼，笑语不绝，而对我来说，不啻是对中国古代诗学的真正启蒙，这非一般课堂教学所能获得的。平生初闻，刻骨铭心，

① 中国社会科学院文学研究所编：《唐诗选》，人民文学出版社 2003 年版，"前言"第24 页。

② 指余冠英、钱钟书、陈友琴。

至今回想起来啊，犹觉兴味盎然。"

对于这段时间的王伯祥，王汉华也有一段回忆文字："文研所自进驻工军宣队以后，就将爹爹的工资改为病假工资，照例他也应该心安理得地休息了，可爹爹对编选唐诗的工作一直没放下。文研所的年轻同志常有到家里来提问题的，一谈就两三个小时，有时要证实一个字或一句诗，他叫我拿钥匙开第几个书柜，在第几层大概第几本，翻开了那一段，问题解决了。每次同志们拿着一大堆问题来，临行往往感谢爹爹惊人的记忆力，满意而归。"①

事实上，王伯祥虽然没有具体地去选编注释《唐诗选》，但他为此做了很多准备工作。为考证唐代诗人的身世，他特地从李白入手，进行认真的研究。不仅通点了清乾隆年间王琦辑注的《李太白年谱》，而且用另外的本子进行参校。王伯祥因此还意外地写成一本关于李白的著作。

三、完成《增订李太白年谱》初稿

1957 年 2 月，王伯祥完成《增订李太白年谱》初稿。写一本好的年谱实非易事，尤其是有着种种矛盾说法甚至神话传说的历史人物，如何完整地还原出该人物真实的生平，需要做大量细致而专业的工作。为此，王伯祥特写《增订李太白年谱初稿说略》，在第一部分列举关于李白生平的各种资料、文献乃至故事、神话，指出牵涉李白

---

① 王汉华：《怀念爹爹》，载《追思集》，王伯祥家人 2000 年自印，第 30 页。

的种种假象以及所搜求的珍惜古书，概括介绍了该年谱所用的对比分析、严谨考证、去伪存真等方法，以便读者对该书价值有一大致的了解。

第二部分概述了全谱的四个分项——"纪年"、"当时的政治措施和社会情况"、"谱主的事迹"、"谱主同时的历史人物或与谱主有关诸人的动态"，按照这四个分项，我们可以看到王伯祥的李白年谱，实际上把李白放在了他本人以及与他本人相关的人物和背景纵横交织的坐标中，不仅能使人清晰地了解李白各个时期的情况，而且通过李白，对李白所处时代的历史也能有较好的了解。

本书的第三部分，也就是结尾的补充说明部分：

> 这一年谱，大都"直录旧文"，除较为奥僻的字面稍加改易，或于旧文之下略加简注外，一般的以保存原文为主，力避点窜。对于当时的地名和地区的从属关系，尽可能加以说明，并概注今地所在，以便覆按。但限于知见，挂漏失检之处必多。览者如肯惠予匡谬，实为至幸！

这本年谱后来基本上没有再修订过，王伯祥在世时也没有正式出版。王湜华在《王伯祥传》中介绍："1973 年家父又借到世界书局排印本《李太白集》，其中杭世骏的一篇序是这部刻本原缺的，所以家父即命我钞录一份附在刻本之中，时癸丑九月十七日也。""伯祥先生身后，我将这部遗稿《增订李太白年谱》交圣陶仁丈看，经他老人家推荐，交四川人民出版社，作为'四川古典文学研究丛书'之一，于 1981 年 1 月正式出版了。这也是件值得告慰父亲的好事。此书印数不多，也始终没有机会再版，故知之者不多，现在要找一本已十分困难……"

四、校点《黄书》、《噩梦》等古籍

校点古籍，主要包括对古籍的校勘、标点以及分段等，向来是古籍整理中的基本内容和重要内容，对于学术界、出版界的意义也非常重大。这项工作看似简单，实则非博学严谨之人无法胜任。鲁迅曾说："标点古文，不但使应试的学生为难，也往往害得有名的学者出丑。"为什么会这样？因为它不仅关系到对原著内容的理解是否正确，而且涉及包括典章制度、天文地理等传统文化，要了解不同版本的异同并加以断定是非，运用标点符号把原文的结构、语气等表达出来。1958 年着手的《二十四史》校点工作，由毛泽东主席亲自指示，从全国院校抽调专家学者，历时近 20 年才完成，是中国学术史和出版史上的大事。参与《二十四史》校点工作的不少学者都是王伯祥的朋友，比如，担任《二十四史》和《清史稿》校点工作"总其成"的顾颉刚，整理校点《史记》的顾颉刚、宋云彬，校点《汉书》的傅东华，校点《三国志》的陈乃乾，等等。其中，《史记》先由顾颉刚校点，后由宋云彬再次加工整理完成，这在史学界也是一件不小的事情。其间还请专家学者讨论，王伯祥便是其一。

王伯祥虽然没有校点《二十四史》，但始终校点着重要古籍。清代王夫之的《黄书》、《噩梦》、《思问录》、《俟解》等书，早在 1956 年，便由王伯祥校点后在中华书局出版。其中，《黄书》、《噩梦》是合成一册出版的，其"出版说明"前半部分介绍了王夫之及其著述，并介绍了王夫之著述通行的两种版本，即曾国荃刻本和太平洋书店排印的两种《船山遗书》。

后半部分则是《黄书》、《噩梦》二书的内容简介以及校点二书时一些文字处理方式：

> 《黄书》和《噩梦》，是他（王夫之）关于政治问题的著作。《黄书》著成于一六五六年（明永历一〇年，清顺治一三年),《噩梦》著成于一六八一年（清康熙二一年）。因为他一生坚持反清，所以对异族的侵入中原，十分痛恨。《黄书》的主旨，他"后序"里说得很明白，就是"拒间气殊类之灾，扶长中夏以尽其材"。首篇"原极"的结末，说蚂蚁（玄驹）尚且能够保护族类，不受别种虫类的侵犯，做了人类的君主，却专为保有一家的富贵，对本族臣民极端的猜忌防制，以致不能抵御外患，可说连蚂蚁都不如。在"古仪篇"里说历代王朝一姓的更换，算不了什么，最可痛恨的是宋朝的被女直、鞑靼所覆灭，才是"生民以来未有之祸"。推究原因，是从秦起头，把天下当做一姓的私产，极端中央集权；到了宋朝，"削节镇，领宿卫"，"以溃无穷之防"，所以他骂他们是"孤秦陋宋"。为了抵抗异族，他主张地方分权，增强边区的防御武力，优待中央和地方的官员，给以相当的职权，不要加以牵制。这一类意见，在他所著《读通鉴论》、《宋论》等书，更其发挥得透彻。《噩梦》是就他看到的当时实际政治情况提出改革的意见，他自序说明只是"因时之极敝而补之，非其至者也"。虽然现在事过境迁，却因此可以看到他对于实际事务的

紧密的观察和周详的规画。

原书中有许多作□□的缺字，大概系"华夏"、"夷狄"一类的字，刻本为了避清廷的忌讳，不敢刻出。现在除《黄书》"原极篇"根据《船山学报》曾庆榜《黄书宣义》加以填补外，其余虽可从文义推知，不敢径改。又，原稿对于少数民族如"仡伶"等都照旧文作"◎"旁，现在也暂仍其旧。

由上可见，检点古籍时不仅要研究原著，还要熟悉原著的作者以及原著产生的时代。对于特殊时代的"缺字"等处理，也要做到心中有数。

五、悼念郑振铎

1958 年 10 月 17 日，因飞机失事，王伯祥的挚友郑振铎在前往苏联途中遇难。王伯祥与郑振铎相识于商务印书馆，二人都是编书嗜书、性情磊落之人，相交 40 余年，可谓肝胆相照、交情深厚。噩耗传来，王伯祥悲痛不已，多天的日记中均写到此事。

1958 年 10 月 20 日的日记中写道："晨五时半听广播，知十七日由北京开往莫斯科之图一〇四号飞机在苏联境中途失事，全机炸毁，乘客全部牺牲。谛听报名，则西谛赫然首列！（充政府文化访问团长赴阿富汗国及阿联等处访问。）周身突如触电，须发为震，难过极矣！七时半，所中车来，乃乘以过接平伯，车中以西谛事告之，同深悲悼。八时十分抵文研所，遇冠英、棣华，皆为谛遇难相愕。其芳、棣华先驱车往唁其家，属余等开会后再往。……会未半，其芳电话来，谓余等不必前往郑宅，因宅中混乱，未宜再加刺戟云。……到家知藏云曾来看我，欲同往郑宅慰谛母。余午饭后即往答访，告之故，并偕同往八条访圣陶，相对唏嘘，亦皆主暂不往郑宅，免更触悲绪。"

10月21日的日记："早饭后默坐寡欢，百念俱枯。勉事摊书，期有所解，卒不可得。欲草西谛悼词，更茫茫惚惚，如堕云雾。……午后三时半，挈元孙出散步，……到家，接平伯简，抄示挽西谛一联，颇切，道最近两面，实与同感，且同遭此境也。亟录之，藉志吾悲：'两杯清茗，列坐并长筵，会后分襟悲永别；一角小园，同车曾暂赏，风前挥泪望重云。'"

10月22日的日记："八时半，草拟悼念西谛文，心酸气涌，不忍回忆。至下午五时，仅得千余言，实已写不下去矣！只得搁笔，且待明日。"

10月23日："八时……余续草悼西谛文。十一时，接刚主电话来看我，只得停笔。"

10月24日："八时后，续写悼郑文，完，凡二千余言。十一时缮毕，即书寄冠英。"

10月25日："晨六时一刻起，写信与空了、小箴，慰唁西谛遇难，说明未能往谒其家之故，属为婉达君箴。"

10月27日："（下午）余乃写信复予同信，为悼念西谛事，竟哽咽难着笔，直至四时始草草完事。"

10月28日："（午）饭后，……余则往八条访圣陶，因卅一日首都剧场将举行此次出国遇难同志追悼会，特与一商谈也。至则圣陶正预备写其悼振铎七言十六韵。余为帮拉纸幅。此情此景已十余年无此状（往昔常常如此），不图为西谛挽言而再作此事，情实难堪！余仓猝无以表意，且亦拙于诗词，只得托其家工友老高为购一大花圈，用颉刚、乃乾及余名，属于明日同送会场。以颉、乾皆有电话见托也。"

10 月 29 日："连日来，神思恍惚，痰喘剧增，且时感头痛，至为不适。无已，摊《清明上河图》排比印片展看之，又看西谛所作《〈清明上河图〉的研究》（文物出版社之附册），睹物思人，益增唏嘘！"

之后不久的《中华文史论坛》第 4 期，刊登了王伯祥在 1949 年后唯一公开发表的文章《悼念铎兄》，在讲述他与郑振铎缔交 40 年的深厚友谊外，还特地在文章末尾提到了两封信：

近年他时常出国，每在旅途的寂寞中倒常有信寄我。但都只是略谈行程和关心我的健康，没有什么特别可记的。惟有去年他在捷克讲学和回到莫斯科时候连来的两封信却颇道出了他的真实生活和关心朋友的热忱，应有一记的必要。更因为这两信是我最后接到的他的手迹。

十月二十九日我接到他二十四日在布拉格发的信。他说："现在我坐在捷克首都布拉格的一家旅馆里，窗外就是一个山岗，薄雾笼罩着一切，看起来很像米家山。除了不知名的小鸟在叫着之外，别的声音一点也没有。很幽静，但也很寂寞。我是一个人独自住在这家旅馆里。每天要花不少时间来准备讲演的稿子，无人打扰是很好的。此刻，讲稿提纲已经写好了，可以有些时间来写信。我身体还算好，周游列国，并不见得累。当时应酬多，忙得喘不过气来，但休息了一夜，也就恢复疲劳了。……故不会感到太紧张。……除了'独学无侣'之外，倒也生活得很愉快。很想写些文章，但实在没有时间写。像我讲的《中国小说》，本来想写下来再讲，结果却只写了'提纲'，没法动笔写'本文'。到底什么时候才能把《中国小说八讲》写出来呢？……"在这一信里，可以看出他的精力还是那样弥满。为了写稿不能及时完成而焦躁，依然是三十年前的豪迈之态。如今突遭惨变，我想这一部大讲稿恐怕终于是他的莫大遗憾了。

第二封信是他在十一月七日在莫斯科住所的灯下写的，十五日我就接到了。他首先用歆动的笔调，描述他参加十月革命典礼的盛况。接着告诉我："中国小说已讲了三次，十六日可以讲毕，当夜即赴列宁格勒，月底一定可以回京。"那时浦江清兄因病逝世的消息他在国外也知道了。信的末了特为郑而重之地说："浦江清兄病逝，甚为悲痛！搞古典文学的学者又弱一个了！能不及时努力工作吗！"他的笃念老友，和随时为同道打气的精神，在这短短的几句话里，不都很亲切地表现出来了么！

现在距离收到这两信的日子仅仅不过一年，真是纸墨如新，言犹在耳，不料他在这一回的出国途中，竟于顷刻之间，身化轻烟！古人悼念亡友，每说"黄垆""腹痛"等话语，为的是不忍重过旧游之地，免得触境生悲。而今振铎惨死天空，招魂无地，使我仰视彼苍，便等黄垆，那么腹痛之感又怎么能够遽然挥遣呢！写到这里，我实在没有勇气再往下思索了。①

---

① 陈福康：《追念郑振铎》，上海交通大学出版社 2016 年版，第 73、74 页。

六、点读、辑录《四库全书总目》

王伯祥虽然离开了出版社，但对出版工作和出版信息一直非常关注。有一次，女婿章士敔在太原见到上海书店编印的《丛书集成目录》，感到查检起来较为方便，便给岳父王伯祥和父亲章雪村各寄一本。对此，王伯祥特地回信说："丛书集成新编目录昨已收到，编次尚有条理。如此好书竟出于发行部门（从此我竟未有所闻，遑论看到），使编辑部门之人见之，不且愧煞耶！"读完回信，章士敔禁不住感慨："岳父就是这样关心图书的出版信息。"①

章士敔是在 1961 年到山西改行从事图书馆工作的，但当时对图书馆工作及中国古籍方面的知识了解不多，所以常常翻阅相关图书。有一次，他突然有一意外的惊喜——他发现中华书局出版的《四库全书总目》竟是岳父王伯祥断句的，这使他更理解岳父为什么对中国古代典籍了如指掌，更增敬佩之心。

《四库全书》是清乾隆年间官方编订的丛书，据《四库全书总目》记载，共收书 3461 种 79309 卷，是中国古代卷帙最大的丛书。《四库全书》收书的范围极广，按内容分类，包括经、史、子、集四大部，又在四大部下面分为 44 类 66 属。

《四库全书总目》则是一部规模庞大的对《四库全书》的解题书目，图书提要包括作者简介、著述情况、内容评述、常见版本等内容，可谓天文地理人文职官典制无所不包。那么，要对如此一部古书进行断

---

① 章士敔：《敬怀岳父》，载《追思集》，王伯祥家人 2000 年自印，第 9 页。

句，非具有扎实、丰富、大百科全书般的传统文化知识无法做到。而王伯祥正具备这样的素质，而且对这样的事情有独钟。

王伯祥断句的《四库全书总目》，中华书局 1965 年 6 月出版。而这项工作，早在中华书局约稿前，王伯祥就已经按照自己的兴趣进行了。

1958 年，69 岁的王伯祥托陈乃乾购置了一套同治七年广东书局《钦定四库全书总目》重刊本，共 200 卷，112 册。本来他以前也曾藏有粤刻本《四库全书提要》，并且还点读过一次，可惜此书毁于"一·二八"战火，成为王伯祥巨大的遗憾，总想重新购置，如今多年宿愿总算完成，心情十分快慰，如逢多年失散的旧友，感慨万千，于是在首册封面上作如下题记：

> 粤刻《四库总目提要》，旧尝蓄此，且曾手点一过。辛壬之交，倭犯淞沪，罹于燹。其后获点石斋及中华图书馆两缩印本，聊资翻检。而字小费力，时不免萦念囊帙。二十五六年来，每往来胸中，迄未一遇此本。今夏之盂，以乃乾之介，得此于隆福寺街修绠堂，是帙固非奇文秘册，以予视之，如逢旧雨，如获至宝，盖香火因缘有难于恝者在焉，爰乐而记其端。容叟记于小雅一廛，时年六十有九，岁次戊戌。

接着，他便第二次用朱笔点读全书，又做了一次扎实的古籍整理。不仅如此，王伯祥还将《四库全书总目提要》中的重要论述辑录出来，编成《书林蠹句》一书，此书尤其详于集部的评论，于 1963 年 7 月 11 日全部完工。

七、审读注释《不怕鬼的故事》

20 世纪 60 年代初，文学研究所选编了《不怕鬼的故事》，由所长何其芳作序，是当时充斥书肆的畅销书。但很少有人知道，王伯祥对此书有不小的贡献。《不怕鬼的故事》中有很多需要注释的地方，涉及古代的典章制度、地理沿革、官阶等级、历法典故等等。最初，也许是出于注释者或者编辑的水平等缘故，其中的很多注释并不理想。对此，叶圣陶从读者的角度出发，于 1961 年 3 月 8 日向文研所提出书面意见，并建议请王伯祥参与注释的审阅，称：

> 观所作注，似为不甚习文言者着想。若所料不误，则颇嫌不够。我有如是印象，一篇之中往往难者失注，而注其较易者。亦有全句不通晓，而仅注句中一词一语者。全句解释处，多用串讲办法。串讲之法，仅能使读者知此句相当于今语如何说法，而不能使读者明晓原句之组织结构，如是理解，第含糊之理解耳。来示云将修改注释，敢希设身处地为读者着想，凡料知读者将感觉其难通者，悉为注释，其道不一，因此而施，简明扼要，务求其谛。如实则读者称便矣。
>
> 所选皆笔记文，作者选词遣词比较随便，未必尽合法度。亦有简略朦胧，须为补充点明乃可通晓者。注释似宜注意此等处，庶于读者之理解本书各篇与增进文言知能，两有裨益。
>
> 建议请王伯祥先生看一过有关典章制度与地理沿革之注释。王伯祥先生于此方面颇熟，或将有所补益。

　　叶圣陶的意见实则涉及了古籍注释中容易出现的问题：（一）当注而不注。这是一个常见的问题，正如时永乐在《古籍整理教程》中所说："注释古书的目的，就是为了帮助别人把古书读懂，把别人不懂的难点注释出来。可是我们在阅读古书的过程中时常发现，比较浅显、人们都懂的地方，书中却不厌其烦地注释，到了难解之处，却偏偏没有注释。后一种情况就是所谓当注而不注。造成当注而不注的原因有两个：一是没有看出问题，把难懂的地方给忽略过去了；二是注不出来，注释者自己也不懂，又不愿意承认自己不懂，故意回避。不管哪一种情况，都是古籍注释中的缺陷。"①（二）含糊，不准确。注释者用串讲的方法来解释，其实常为偷懒或不负责任的办法。这样就可以把自己不够清楚或者根本就不明白的话一带而过，只讲个大概意思。这里面其实还暗藏着很多隐患，比如好像解释通了，其实没有阐述出原文的深层含义，甚至根本就解释错了。更有"不能使读者明晓原句之组织结构"等缺陷。（三）没有对原文不合法度或简略朦胧之处加以补充说明。古籍注释其实是古籍整理的一部分，不是简单地将原文翻译出来就行了。一个负责任的古籍注释者，还有在注释中对原文加以补充说明，以便让读者更好地学习文化知识的责任。（四）不熟悉古代的典章制度与地理沿革，实际上很难成为合格的古籍注释者。这种能力需要常年的学习和积累。

　　王伯祥是古籍注释方面的专家和权威，这一点，文研所的领导自然是清楚的。所以，收到叶圣陶的书面意见后，他们马上着手此事，请王伯祥审读注释。而王伯祥既然接受邀请，便尽心尽

---

　　①　时永乐：《古籍整理教程》，人民出版社 2016 年版，第 223 页。

力。最终，在他的支持和帮助下，《不怕鬼的故事》活泼而厚重，非常畅销，成为很多年轻读者借以学习文言文、提高传统文化水平的难得的读物。

第七章

小雅一廛老学者

——晚年的生活与思考（1965—1975）

一、小雅一廛旧书房

　　王伯祥晚年住在北京小雅宝胡同一个普通的四合院内，院子并不很大。北屋青瓦明窗，还显宽敞。南屋已低矮了许多，东西二屋均向院内跨进一步，使院子变小了，就像一个大的"天井"。王伯祥显然是位雅人，为宅院起了一个好听的名字，叫"小雅一廛"。

　　"小雅一廛"中，最有特色的地方是它的正屋。一进屋门，满屋的书便迎面而来，仿佛进入书海。书架从地面直到屋顶，整整占一面墙。书架是定做的，上面的格子窄小，刚好可以放进普通的书籍，下面的格子宽大，可放十六开以上的资料。除书架外，另有十几个书橱环屋而立，并将三间北屋隔开，每进一屋都有淡雅而浓重的书香包围着，这正是读书人最喜好的味道。两万多册书分门别类地排列着，很多书都包了书皮，重新题了书脊，可以看出书的主人是多么爱惜它们。

女婿章士敫永远忘不了王伯祥对图书那种超乎寻常的酷爱。他说："还记得刚搬进小雅宝时，岳父急切要把从上海运来的图书发箱的情态。岳父让我替他尽北屋西墙设计一壁书架，当木工安装一完工，岳父就要芷芬兄和我帮他把书上架。什么书该按开本大小、门类，放在哪一格，似乎岳父都早已胸有成竹，指挥若定。等到上完架，满壁已成书林，岳父那惬意的深情，至今犹在目前。后来我在山西干了图书馆工作，曾几次搬过书库，每当图书搬好上架完毕，也有过任务完成的喜悦，但总没有岳父当时那样心满意足的感受。"①

王伯祥晚年仍经常购书。1967年（丁未年），王伯祥重购《古今图书集成》，并为之题记。题记的前半部分将《古今图书集成》与《太平御览》等其他类书比较，道出《古今图书集成》的重要价值；后半部分，则讲述王伯祥自己两次缩衣节食购买《古今图书集成》的曲折经历，读后令人不胜感慨，又心存敬意。原文如下：

> 予初亦惑于人言，以为陈梦雷为藩邸仓猝撰成，雍正厌恶其人，乃托康熙御定，故抑陈名而序印之，想其书亦仅杂辏类书而急就之章耳。乃佣书涵芬楼，常以铅印本翻检故实，颇窥其蕴，尤珍惜其保存禁书颇夥，因节衣缩食，购致一部扁体字者藏于

---

① 章士敫：《敬怀岳父》，载《追思集》，王伯祥家人 2000 年自印，第 8 页。

家。倭燹毁去，迄无力再致，每用恨。乃来北京五六年，又稍稍买书。至己亥岁，已逮十载，复得以积年节缩之资，购得中华书局影缩孔氏岳雪楼藏铜版印本八百册，又考证八册（都六大箱，三幢，连底脚）。获此至慰，乃得与中华新影行之《艺文类聚》《太平御览》《册府元龟》及排印之《初学记》等并列，为寒斋考索故实之渊薮。（予好蓄类书，先后购致不少。尚有敷文阁刻《玉海》并附录一百二十册，已于避难孤岛时易类矣，今竟未能再致，亦缘有《集成》弥失也。）俭陋如予，亦中娱老。因记述《答问》《备要》，偶忆昔情，附识于此。丁未十月十九日晨。

此外，王伯祥还有另外一套 20 册的《古今图书集成目录》。对此，他也写了题记，称："乙亥岁暮，道始以予之介，购得梓生族人所藏铅印《集成》，交割之初，缺《目录》七册，道始因别求此帙以弥之。未几，梓生检出原目，重付道始，道始遂以是录见贻，予自旧藏灰灭，获此亦正复稍纾郁结，书至，爱记其因缘如此。丙子春。"

此题记也令人感慨，像王伯祥这样的嗜书人，自己多年缩衣节食才购买的好书《古今图书集成》被烧毁后，没有财力购买新书，而只好以朋友所送《古今图书集成目录》暂时缓解郁闷之情。此种心情，非好书者无法体会！

1969 年初冬，国际风云变化莫测，甚至有爆发世界大战的危险。王伯祥工作的文学研究所曾一度从北京迁往豫南，所里大部分同事都跟着南下。王伯祥因年老病弱，没有同行。然而王伯祥等人的图书甚多，所里决定先将其家藏图书转送到所里，以便一旦情况紧急，所里可以统一安排，而个人也可随时追赴南下。根据王伯祥本人的记载，我们可以了解到他当时所藏的大部头书籍：《图书集成》6箱，《丛书集成》12箱，《三希堂帖》4箱，《金石索》1箱，《艺文类聚》、《五礼通考》等书3橱，《四部备要》、《清经解》等书3橱，此外《太平御览》、《册府元龟》、《百衲本二十四史》、《十通》、《宋会要辑稿》等书116扎。[①]

1971年，当这些书重新回到自己的屋子时，主人高兴得不得了，迫不及待地将家属叫来，重新摆放。王伯祥的外孙卢元错这样回忆当时的情形：

> 我的外公一辈子教书、藏书、编书、著书，终生以书为友。一九六九年进驻文研所的军工宣队，要把他的书"保护"起来。把书拉走的那天，他深情凝重，脸色冷峻，给我留下极深的印象。两年后，听说可以将书搬回时，他立刻写信把我从郊区叫回城，赶紧把书拉回家，那时他的兴奋、喜悦的心情，也给我留下了极深的印象。
>
> 把上万册书上架归原，谈何容易。当时，外公已年逾八十，让他坐在屋子中央的沙发上做"指挥"，观剧用的望远镜就派上了用场，他俨然"司令"，调动着他的久别重逢的"部下"。我一边用梯子上下找书、理书，他一边给我讲这些书的知识。在这搬书理书的几天里，我上了一次中国古籍的目录课，又分享了外公热爱书籍的无比快乐。[②]

---

① 王伯祥、王湜华：《庋榢偶识　旧学辨笺述》，华艺出版社2014年版，第178、179页。

② 卢元错：《深深怀念我的外公》，载《追思集》，王伯祥家人2000年自印，第102、103页。

确实，王伯祥是地地道道的书痴。他终生离不开书，只要看见这些心爱的书籍，心中便有一种踏实的感觉。这些书，是他的伴侣，是他的密友，是他一辈子的寄托所在呀！

二、二次点读《资治通鉴补》

从 1972 年 1 月 25 日起，王伯祥开始第二次点读严衍的《资治通鉴补》，每点完一卷，在原来的卷尾朱笔题记后再加墨笔题记。到 1973 年 1 月 23 日，点读完毕。此书共 294 卷，有宋代史学家司马光所著的《资治通鉴》内容，有元代史学家胡三省所注的内容，而且加上了明代史学家严衍的补注。

严衍一生潜心治史，41 岁起肆力阅读《资治通鉴》全书，朝夕探索，废寝忘食。沉潜其中，渐渐发觉这本不朽的著作也有不足之处，认为司马光因侧重于"资治"而对其他史实的叙述有所简略，于是与学生谈允厚一起，30 余年，竭尽耳目心思，广求繁浩史籍，在正史和他书的记载中校勘异同，以补正此书，最终成《资治通鉴补》一书。

此书价值极高，但长时间未被重视，乾隆朝修《四库全书》时，此书也没有被收入。清代学者钱大昕深识其价值，曾为严衍立传，并高度评价。由于钱大昕的推崇，此书渐渐有抄本传世，虽然流传不广，但也进入一些史学家的法眼。王伯祥便非常重视此书，70 岁之后用三四年的时间将此书通篇点读了一遍。

翻阅王伯祥点读过的《资治通鉴补》会发现，除全书文字予以断句外，王伯祥还在文内空白处用毛笔写有文字。例如卷第一百三末尾，有朱笔题字："今日凌晨会友，书两通，身自投邮，遂过王府，物色毛颖，遍走所售，诸家咸云无有。近来提倡书道，而浩浩都门竟无卖笔处。……废然而归，犹闷损难任。午后奋旧笔点读此卷，一气而下，四时遂毕。其不愤不启、不悱不发之谓乎。壬寅三月廿一日。"显然，王伯祥将自己点读某卷的时间以及当时发生的一些事情与感受也记在书中了。

此书全部点读完毕后，王伯祥还郑重地在首册封面做了题记，介绍了《资治通鉴补》的情况，又在书后记录："一九六四年一月十七日午点毕。返顾始读自一九六〇年十一月十三日，凡阅点三年两月有四日，乃克完二百九十四卷之书，其间亦尝点阅《四库提要》二百卷，阮氏《揅经室外集》五卷，并尝翻读王氏《水经注合校本》四十卷，三载以还，以目渐眊，不能视细字，所得仅此，自愧多矣！伯祥记于京寓小雅一廛之南荣，癸卯岁十二月初三日也。时年七十又四，甲辰在望，八秩开五矣。"①

1972 年初，王伯祥认为有必要将此书再次点读，于是从头再读。

点读完第一卷后，王伯祥见末页有半张空白，于是执笔题记，称："一九七二年一月廿五日，实辛亥岁十二月初十日乙卯，开卷重读，上距初读之时，已隔十有一载。幸左目尚可辨字，将逐日展阅，以竟厥终云。翌日下午五时乃毕。"

从题记可知，王伯祥主要靠尚可辨字的左眼阅读。不仅如此，在继续点读的过程中，王伯祥还得了一场大病，但他仍坚持于 1973 年

---

① 王伯祥、王湜华：《庋榢偶识 旧学辨笺述》，华艺出版社 2014 年版，第 68、69 页。

1月23日第二次点读完毕，而且颇感欣慰地称："壬子十二月二十日午，全部重读毕。经始于辛亥十二月初十日，其间大病一场，耽搁稍久，然一年仅逾一旬，居然犹获周览，较前读缩短时间三分之二，不可谓非速进矣！"

然而，悲喜总是相随，王伯祥欣慰之余，想到自己的记忆力及视力，不由得感慨："虽然，记忆之力不逮前十年十之三，耄及之感益增，恐难得三复斯编已！……心悦悦而视茫茫，殆将绝笔乎?!"[①] 此后，已经84岁高龄的王伯祥果然未能第三次点读《资治通鉴补》，但他没有想到，自己的这番辛苦为后来的出版界与文化界又留下一笔宝贵的财富。

为了与第一次有所区别，王伯祥以墨笔书写文中题记。例如"卷一百一终"的那一页，空白处的最右侧有用朱笔竖写的文字"壬寅三月十九日午后五时半点读毕"，这显然是第一次点读时所写。而这些文字的左侧又有数行墨笔所写的文字，显然是第二次点读时所写："壬子秋八月初三日上午九时一刻，径阅毕。午后三时韵启来，是日骤热，室内坐不住。夜饮后又设坐中庭纳凉。晚九时，韵启始去。得章氏外孙心农书，知自元孙去伊厂觅得一徒工位置，元孙遂用长途电话与之联系，约日内即赶回。不知有成否耳?"这些题记与该书已没有直接联系了，倒有点像日记。确实，在特殊时代，写日记难保不出事，所以很多人便不再写了。王伯祥却有此嗜好，不便直接去写，便夹在古书中写，这样便隐蔽起来，留下自己的一份史料。

2013年，由王伯祥批注的达30厚册的《资治通鉴补》由中华书

---

① 王湜华：《王伯祥传》，中华书局2008年版，第294页。

局正式出版，该书出版说明中有这样的文字：

> 近代学者王伯祥先生亦重视《资治通鉴补》，曾于1960—
> 1963年及1972年两次校读此书，不仅对全书文字施以句读，还
> 对书中之缺漏、讹误等进行补正。由于盛氏思补楼本印制较粗，
> 补文所加"〔　〕"符号亦多有缺漏或模糊，在本书影印制版之前，
> 王伯祥先生之子湜华先生将之与我局标点本《资治通鉴》核校一
> 过，对缺漏或模糊处予以补正或描修。

三、《书目答问补正（批注本）》

2008年，由张之洞著、范希曾补正、王伯祥批注的《书目答问
补正（批注本）》由国家图书馆出版社出版。

出版社介绍该书时也介绍了王伯祥本人："《书目答问补正（批注
本）》是《书目答问补正》的批注本，《书目答问补正》是清末张之洞
撰写的目录学名著，后来经范希曾补正，是介绍治学门径的重要工具
书。王伯祥是近代著名的出版家和目录学家，极为重视《书目答问补
正》，将当代学者的论述和自己的心得一一批注在此书的天头、地角
和行间，具有重要的学术价值。"目录中，我们也可看到此影印书正
文前面即有两篇"王伯祥题记"，正文最后一页，也可以看到王伯祥
所写的题记，跋后面还有其子王湜华所写后记。

正文前的第一篇题记为："淮阴范来研（希曾）本，龙蟠里盋上
精舍印行。予再度致此，既并装为一册，随手繙翻，亦已荏苒八稔，

偶启朱砚，遂补署此检。时庚辰冬至后八九消寒之夕。春宣未邕，积霾犹殷，把酒之余，依然感冷也。"

第二篇题记为："是书方出，予即购而得之，盖久歆江人度笺补本而未获，有此《补正》，自当亟取厌望耳。辛壬乱作，旧藏成烟，此书亦同付劫灰。癸酉初夏补买于来青阁，归而并装为一，取便检览，且所以稍弥前憾也。初七日，伯祥记于沪东寄庐。"

正文末页的题记分为两个部分，为两次所题。第一部分为："乙亥春初，过乃乾，其案头置有光绪初写定本《书目答问》两大册，为周星诒、叶德辉、伦明、孙人和、余嘉锡五人所校注，分别以色笔为识。余既用朱笔迻录乡先辈胡玉缙注于此册，又随记所见闻于眉端及行间。今后获观五家评注之本，欣快若狂，遂假以归。谛读之，凡可补订之处，随手迻录，以只用墨笔难别家数，乃各著姓名于其上，庶不泯各人之用心。惟叶、伦二氏俱用朱笔（周用灰笔，孙用蓝笔，余用绿笔），无由辨认其谁属，每以后来居上之意逆之，辄题伦氏云。册后五家各有小跋，著彼此传视之迹无阙，书本良觏竟割爱舍旃。四月十二日清晨录毕，记此以志因缘。小雅一廛病中容叟识，时年整七十。"第二部分为："原评本中当有墨笔题识，署名俊华，未及姓氏，或旗下人乎？然则此评本当称六家矣。壬寅仲冬，又自乃乾所假得江阴缪子彬《书目答问增补汇编》后，通校一过，凡前有所缺辄补之，叶、伦二家识语更得重厘正焉。初九日午后通录毕，喜记。"

这些题记当中，不难看出王伯祥在其中所下的功夫，也不难看出他是何等严谨地治学，又在这本《书目答问》的批注中获得了多少辛苦和喜乐！

王湜华先生还在此书《后记》中补充道："家父一生治学，要不出中国的文史哲之范畴。所以《四库提要》、《书目答问》等基本目录书是几乎不离座右的。范希曾的《书目答问补正》问世后，家父即以它为底本，将他所见的版本又一一增补其上。积年累月，朱墨纵横，增补得几乎已无隙地。尤其从陈乃乾先生处，借得《五色评本书目答问》，又一次大量增补后，更是琳琅满目。此时家父虽已年等耄耋，依然勤学不辍。所以又请人重装此书，即所谓'金镶玉'，天地又都接长一块，以便再陆续增补。这种学到老、学不了的精神，是世代学人都应该学习的。"

《书目答问》对王伯祥的影响极深，少年时即开始阅读，一生多次批注，并多次在不同版本的《书目答问》上作"题记"。1973年他又特写《再跋线装湘本〈辅轩语书目答问〉》，介绍自己与此书的因缘：

> 予生平从师不少，最不能忘者为同邑程凯笙先生（瑛）、程仰苏先生（镳）、孙伯南先生（宗弼）三师。予执笔学文，凯师实导之，虽所讲熟课，必穷源竟委，彻解明白而后已。昔之所谓虚字者，更着力剖析，译为今语，之乎者也，一处不放过。并无今之所谓语法、词类、标点云云，亦复怡然理顺，容易成诵。数十年来，捉笔不致词不达意者，凯师之遗泽也。至于涉历典籍，稍加门径，则仰、南两师之诱导为最真切。两师之行谊为最典型：仰师深究许学，诏予先读《段注说文》及《四库简明目录》；南师家世传经，示余先读《经典释文叙录》及《书目答问》。益以年幼先大父培植之根柢（除塾课不废温习外，又坚令抄读《爵秩便览》之省府厅州县名兼注古称，及点阅《纲鉴易知录》），于

是向学之心日炽。每出嬉游，尊长所给饼饵之资，悉以易书。在草桥学舍时，同志益多，而以顾君颉刚好之尤笃。每散学归，必同过玄妙观旧书摊，各搜访所欲得，则《书目答问》乃唯一之顾问也。有所获，欣然挟归。灯下纵览，竟至忘寝。先母中岁失明，入晚稍久，闻予犹未释卷，每呵令就寝，嘱以弗致过倦，乃能葆爱精力，至老弗衰。予当时心颇不然，迫缅思往迹，真乃罔极之恩。童騃无知，今虽时悔，嗟何及矣！

壮岁以还，庸书南朔，所见益廓，所获较夥。虽沪寓藏书悉毁于倭燹，而事后随时添补，有久随行箧从未再遇者，亦竟有素不知见而获得经眼者，积久累增，溢于被毁之数。迄今京寓蓄书，犹盈两屋。然则此"顾问"实无忝所司矣！又奔走庸书之暇，曾两度点阅《四库提要》，且以其断句之本由中华书局影印出版。以足益惠流略之学。

居沪时，在西谛所得见同邑先辈胡绥之先生（玉缙）《补注书目答问》，即过录于范希曾《补正》本中。居京时，在乃乾所见有周季贶（星诒）、叶奂彬（德辉）、余季豫（嘉锡）、伦哲如（明）、孙蜀丞（人和）及不知姓氏之俊华诸家用各色笔评补之本，亦假归逐一细书于原有范本之眉端行间，合之前后两钞，遂致书无隙地，因付书友补裱，分装两册，袭以青布之帙，以谓予辛苦所得，乃庋之椟中，转见疏阔。经常缮帮者仍用此湘刻本。以触手过频，线亦屡断屡续。今日偶从架上抽阅，实将片片作蝴蝶飞矣！遂嘱彩英为予穿线，别寻去年月历厚纸（光滑殆胜蜡纸，惜乎其为洋纸耳），裁作封底，费半日之功，重加装治，虽拙劣之状可掬，究系亲手造作，弥见可珍。

爰信笔书诸卷尾，以志治学所用。抑有言者，此本原为南皮张孝达（之洞）督学四川时对诸生之发落语。上取子云嘉名，易雅称为辅轩。《答问》乃其附录。末大于本，后多单刻《答问》者。附属蔚为大国，固执有所必至。况科举既废，谁复道及《辅轩语》者？实则张之发落语，闳大精实，洵足以树范士林，垂诸方来。去其科场用语，不皆昭示为学之方耶?! 予以素所服膺，仍以原装冠于首，并申予说以尊之。癸丑元月五日，八十四畴叟吴县王伯祥书于京寓小雅一廛。是日为芳孙揽揆之辰，生二十三年矣。予犹能健书如此，不更大可欣慰也乎! ①

写到这儿时，王伯祥还想再写下去，却突然发现竟写到底封而不能再写了。为此，他又气又恼，差点将此书撕毁！好在王湜华正好下班回家，为弥补父亲的遗憾，特为原书补添新页，重新装订。儿子的孝心使得王伯祥怒气顿消，第二天将全文续完：

昨日写此跋及半，始觉误书在底页上，自嗟耄及，十分恼怒。遂掷笔辍书，几动手撕毁矣！湜儿适下班归，遂将原钉新线拆去，补添新页于后，俾延长所写地位，重为装治，为予弥憾，嘉其盛意，乃续书竟。已人日矣。②

① 王伯祥：《庋椽偶识》，中华书局 2008 年版，第 143—145 页。原文无分段，本书引用时作了分段。
② 王伯祥：《庋椽偶识》，中华书局 2008 年版，第 145 页。

四、承载着历史与友情的图书

1974 年冬十月，85 岁的王伯祥编完了书信集《翩若惊鸿集》，了了一桩心愿，遂写长篇题记，介绍与朋友们书信往来的情况：

予自就傅涉世，颇知问学，谈故说艺，朋翰渐夥。择其可存，每多黏集。倭扰我华，乃致两度罹劫。

其一被毁，即"一·二八"淞沪之役，与寓庐书籍同归于尽者。就中顾君颉刚诸札最可痛惜。尔时君居燕郊，我处海滨，月必数书，事无中辍，且多论学辩难之作。

又其一为自焚，自倭寇全面入侵，当时政府虚与抗战，江海河淮，闽峤岭表，一时俱陷，交好诸友，多避敌内徙，予则以累重难迁，不能尽室以行，依然羁沪。顾湘、桂、滇、蜀，邮途仍通，予与叶君圣陶往复尤勤，君虽身随兵转，由鄂入川，而每周必具一札，旅程艰辛，生活琐屑，靡弗详及，盖欲互致煦沫，遥相慰藉而已。岁月暗增，积存亦颇可观。乃寇氛渐深，风声益紧，匪特渝申两地不敢通信，即沪上踞寇亦凶焰日扇，几将逐户搜检，酷施迫害，于是举凡各地亲友往还信札，悉索以付一炬。圣陶贻翰遂不免焉。及今思之，良深毁史之痛已！

自兹以降，友朋来翰，每多忽置。盖失伍之感既深，竟振不起此雅兴矣！

迨中华人民共和国肇建，我家北迁来京，一住又且二十四五年。甲寅初秋，偶理敝笥，则朋俦翰札，又复鳞集，因惩前辙，巫图衮存。适同时检得昔在开明编书时获得皮脊烫金《太平御览》样本一巨册，颇合粘贴之用，遂稍稍排比，登之此册。雅欲托太平于久恒，夷御览于凡庸，庶几藉彼鸿名，存我鸿影耳。爰署曰"惊鸿集"。或曰鸿雪留踪，已感萧索，翩若惊鸿，不且惋其速逝乎。予曰：来函皆珠玉鸿文，予以惊才绝艳遇之，袭子建之语以为名，似不为过。掠影即逝固可伤，曩哲不先有影不徙之说乎?! 引以解嘲，兼用自慰云尔。是为序。

抑又有说焉，此样册之归予，亦大有足述之因缘也。予于役开明，方编竟《二十五史》及《补编》时，正谋所以继续出版之计划，予建议取鲍刻《太平御览》，仿《廿五史》制版影印，缩成一巨册。获得当事同意，爰属出版部设计书型，乃核算印页，配置开本，即取用印刷所印余《廿五史补编》之废片，制成斯册，将以备发行所橱窗陈列之需。乃《补编》方取次出齐，而倭寇扩大侵略，太平之局竟破，此书之印当然作罢。样本昙花未现，即归幻灭。当事者举以增予，谓可留一无聊之纪念。讵料四十年后竟收其用，三宿桑下之感，不禁又浮现目前矣。

附识序抄，藉明颠末。一九七四年十一月，甲寅岁冬十月也，八十五畸叟炉边书[1]

1975 年 4 月，已经 86 岁高龄的王伯祥突然收到一份特殊的礼物：1949 年前自己在开明书店时期编辑校对过的《乾隆以来系年要录》三卷校样。这是当年主持开明书店出版业务的徐调孚特地邮寄给在中

---

[1] 王伯祥、王湜华：《庋榢偶识 旧学辨笺述》，华艺出版社 2014 年版，第 267—270 页。

华书局工作的周振甫，请其转交王伯祥的。这本校样经历过抗日战争、解放战争，又经过新中国成立后 26 年的岁月洗礼，可谓老开明人的珍贵历史文物，也让王伯祥忆起了一段尘封已久的出版史事，特在校样的白页上加了长跋：

> 乙卯三月十七日（1975 年 4 月 28 日），振甫自中华书局下班来访，出此册见示，谓调孚方自江油邮来特嘱转致予者。视之，乃四十年前予从事编辑时未竟之业绩也。岁深时迈，已浑忘之。骤睹及此，恍如梦悟矣！
>
> 盖其时《二十五史补编》方葳事，正谋所以续撰述者，适开明图书馆购得南京国学馆影印之八千卷楼抄本《明实录》及东北影印之库存《清实录》(并《宣统政纪》) 各全帙，夥颐沈沈快心骇目。当时手摩不忍释，乃就《清实录》中摘辑《四库》修书原委，欲贯穿要领，获一全貌。草稿略具，而故人卢冀野以吴向之《乾隆以来系年要录》稿本来介，予喜其所包较广而词无支蔓，遂辍己作，转治吴稿。吴稿别有所本，而大概出自《东华录》。予以《实录》校之，参其异同，而一以《实录》为归。稿草随成随付排校，究具若干，不复记忆。乃倭寇肆毒侵我神州，仓皇播迁，遂尔中辍。调孚时方主出版部，有心收拾，捡此清样，储彼行箧。几十年来，人事佹倜，行李杂沓，无意中随身流转，幸获保存。近岁以还，调孚退老，就养其少子于川北。年前其夫人物化，鳏居无俚，乃发箧陈书，得此残册，过承厚谊，邮转致予。其为郑重难得何可限量！爰命润、浞两儿切齐线装，俾能久存。调孚原题之签，仍附缀扉页，用识铭感。

此清样只存卷一至卷三，其后究有若干，转滋疑惑。寇难深重，事后追思，痛切胸膈矣！

是册版口不齐，以排字房打样匆促，不暇顾及之。故其开首四页皆有边框，而后则缺如。亦有说焉：盖初排带框，用以取准。其后不复重沓，俟全书完成，付印制版时再加框，则工费可以大节。是乃出版技术之可记者，顺志以告后昆。

一九七五年五月五日，叟记于京寓。时年八十六，目眊几不能下笔，强持以竟之，掷笔茫茫，真如堕入五里雾中矣！明日立夏，更感岁存之催人耳。[①]

这段史事，参阅《王伯祥日记》可知：1943 年 4 月 27 日，王伯祥开始正式校订《乾隆以来系年要录》，以《清实录》、《清史稿》、《东华录》等书参校。6 月 3 日，已校订完第三卷。8 月 14 日，校签第三卷清样。5 天后，第三卷复样也已校毕。8 月 27 日，第四卷也已校订完毕，并发排。10 月 2 日，第五卷校订完毕，发排。10 月 9 日，开明"老板"章锡琛觉得一个人校订，进度太慢，于是提出增加人合作校订。王伯祥很好说话，马上与周予同、陈乃乾商谈，嘱咐周予同校订道光朝的内容，嘱咐陈乃乾校订咸丰、同治朝的内容，王伯祥本人则补订完光绪、宣统两朝的内容。如此一来，进度自然加快。到第二年 6 月 15 日，第 14 卷已校订完毕。按照章锡琛的安排，王伯祥只在家里校订《乾隆以来系年要录》第 15 卷及剩余内容，而在开明书店，则接着撰写《辞综》地名条。《辞综》是像《辞源》一样的工具书，

---

① 王伯祥：《庋榢偶识》，中华书局 2008 年版，第 173 页。

由王伯祥来写地名条，自然是最佳人选。可惜的是，由于时局变动，《乾隆以来系年要录》与《辞综》都未能公开问世，留给出版界、文化界的只能是巨大的遗憾了。

徐调孚是王伯祥在开明时的同事，也是一位著名的出版家，曾参校他书、主持排印汲古阁本《六十种曲》，对古籍整理颇有贡献。他不仅为王伯祥保存了《乾隆以来系年要录》校样，而且还在战火中保存了很多宝贵的文稿。所谓同气相求、同声相应，从徐调孚的身上，也能看到王伯祥的一些精神，能看到当年老出版家的那种与生命相连的敬业精神。

五、《庋榢偶识》与《庋榢偶识续编》

王伯祥一生喜欢购书、藏书，朋友们也多有此爱好，相互间赠书之事也常有，便有了不少故事。王伯祥喜欢在书的封面或扉页上写题记，或介绍得到此书的过程，或品评该书的内容，或说明版本的优劣，或阐述书籍背后的佳话，如此不一而足，随兴而作，皆用毛笔行草写之，积年累月记载下来，实为可观。

一次，好友陈乃乾见到这些题记，觉得很有意思，便建议王伯祥将题记集中起来保存下来，必将为书林添彩，有益于后人。王伯祥听后，便兴致盎然地行动起来，他让王湜华逐橱逐架，把历年写有题记的书都翻检出来，然后有所选择，一一亲自抄录。抄好之后，又命王湜华编目录，自己题写书名，分别为《庋榢偶识》、《庋榢偶识续编》。

题记与辑录，均是古籍整理的重要方式。而《庋榢偶识》、《庋榢偶识续编》则是王伯祥依《四库全书目录提要》、《书目答问》等传统方式编写的一份独特的书目提要，理应得到古籍出版者的关注。

这些题记在王伯祥生前都未能公开出版。好在王伯祥幼子王湜华继承了父亲的事业。他先在未完的《庋㰡偶识续编》第三卷后面，补录了父亲写的数则题跋。这些题跋是王伯祥写在朋友们所藏图书及扇面之上的，王湜华特从长辈手中借回抄录。例如，从顾颉刚处借回《顾氏纯熙堂藏〈书林扬觯〉》，又从陈友琴处借回扇面、《唐明州阿育王寺常住田碑》，从谢刚主处借回《悔馀存稿》。

2007年，王湜华在山西大学李星元、陈春香教授帮助下，将《庋㰡偶识》（三卷）、《庋㰡偶识续编》（三卷）的文字全部录入电脑。2008年，中华书局以印刷简体字方式，并配若干手写稿照片正式出版。2014年，华艺出版社出版《庋㰡偶识　旧学辨笺述》一书，与中华书局版本不同的是，这本书全部以王伯祥手写稿的方式呈现，给世人留下一笔原汁原味的精神财富。

六、晚年抄书录

就像终身喜爱读书一样，王伯祥从幼时就养成的抄书习惯也一直延续到晚年，留下了很多手抄本。单是《庋㰡偶识续编》中就提到30多种图书，这些图书都由80多岁的王伯祥用毛笔抄成，令人叹为观止。

手抄本是古籍整理的一项重要内容。唐代和唐代以前的书籍，由于雕版印刷术还没有发明或应用不广，主要靠手写流传。即便雕版印刷术普及以后，无论是官方还是私人，仍常常将抄写作为获得书籍的手段之一，于是便有了旧抄本、宋抄本、元抄本、明抄本、清抄本等等。而到了民国以后，由于印刷业的快速发展，手抄本渐渐式微。到王伯祥晚年，用毛笔所写的手抄本则非常罕见了。王伯祥的手抄本客观上做了一件了不起的古籍整理工作，尽管当时的他并不是以此为目的。

《临池管见》题记中，王伯祥称："时年八十二，无所事事，只以钞书为乐，眼花缭乱，如在烟雾中摸索耳。"①

《湘管斋寓赏编六卷》题记中称："老去送日，一寄于钞书，为乐正不减寻水玩山也。"②

《图画精意识》题记中又称："老去无憀，以钞书自遣，数年以还，亦钞书不少。辛壬之交，一病几殆，此事竟废。癸丑春钞，偶抽架见是册，如觏故人，为之依依，爰把笔漫识之。虽老眼昏眊，行款犹不致欹侧失格，亦足自幸矣。"③

《遣兴丛钞》题记则称："病废以还，百事莫能为，而钞书自遣，遂为常课，积久又复衰然，顾随手阁置，任其尘封，淡忘经年矣。"④

《桐桥倚棹录十二卷》题记中仍旧称："予少壮多故，蹙蹙靡宁，虽亦从事撰述，实乃稀遇此境，八十以还，始复移录，积年所得，不下二三十种，分缀成册，偶一抚摩，自谓此我山中白云也。"⑤

由上可见，王伯祥把抄书当作晚年最大的乐趣，此种乐趣，可谓

---

① 王伯祥：《庋榰偶识》，中华书局 2008 年版，第 130 页。
② 王伯祥：《庋榰偶识》，中华书局 2008 年版，第 142 页。
③ 王伯祥：《庋榰偶识》，中华书局 2008 年版，第 149 页。
④ 王伯祥：《庋榰偶识》，中华书局 2008 年版，第 165 页。
⑤ 王伯祥：《庋榰偶识》，中华书局 2008 年版，第 155 页。

深入骨髓，虽老眼昏花，虽病痛在身，均挡不住他抄书的热情。

他不仅自己抄，而且将这种乐趣传给了儿女。《桐桥倚棹录十二卷》便是由王伯祥儿子王湜华、儿媳王文修所抄。王伯祥特在题记中称："三儿湜华业余亦喜钞书，遂承其诸父执之谬奖，每出所储珍籍，属为录副，此《桐桥倚棹录》两册，即湜儿与修媳同钞之一斑，其经过详湜自为跋，可弗赘。爰特抒平日所蓄念者，以为儿辈勖，湜、修其共勉之，毋徒以玩物丧志为。"[①] 王伯祥的题记后是王湜华所写的跋，叙述了手抄此书的过程。

《桐桥倚棹录》是清朝时期吴县顾铁卿所著，王伯祥、顾颉刚、叶圣陶、俞平伯幼时便读过，等他们晚年聚到北京后，长相过从，谈话中常提起故乡苏州的掌故，于是知道顾颉刚有《桐桥倚棹录》孤本。俞平伯读后，特写《题桐桥倚棹录绝句》十八章，订成一册，送给王伯祥看。如此一来，王湜华也看到了，非常喜欢，于是在长辈们的支持和鼓励下，先手抄俞平伯的绝句，然后又将《桐桥倚棹录》借回，与夫人王文修一起日夜赶抄，深得抄书之乐。

而且，此事并未就此终止。王湜华抄完俞平伯的十八绝句后，特请顾颉刚、俞平伯在上面题字。顾颉刚乘兴追述了中学时代与王伯祥、叶圣陶三少年经常到玄妙观觅书，以及购得《桐桥倚棹录》的经过，一气写满了五页。而俞平伯题则回忆了作此十八首诗的经过。等王湜华又找到叶圣陶题字时，叶圣陶有感于顾颉刚、俞平伯的文字，往事历历在目，颇有感慨，遂作诗《题〈桐桥倚棹录〉》：

---

① 王伯祥：《庋稼偶识》，中华书局 2008 年版，第 155 页。

玄妙观中三年少，老寓京华东城道。

重讽俞公题叙诗，缅想幼倚桐桥棹。

俞公怀古忆儿时，酝酿性情铸雅辞。

七里山塘宛在目，故乡清嘉系人思。

故乡自昔几桑海，解放到今彻底改。

游惰蠲除百业兴，消费城市那复在。

龙桥亩产双千斤，观者偕来纷如云。

绸缎日出三万米，未敷五洲需求殷。

不须备叙农轻重，出工上班看群众。

欣欣跃跃古来无，但凡有才胥致用。

顾公题语衡迁樵，于传货殖判卑高。

故乡货殖今若此，公傥书之迁可超。①

就这样，王湜华的一个抄书举动，引发了王伯祥及好友们浓厚的怀旧情绪，并因此谱写新章，留诸后世，成就文史界的一段佳话。

此后，王伯祥父子的抄书之乐更加浓厚了。他们的抄书乐趣也感染着身边的人。叶圣陶、顾颉刚、俞平伯、谢刚主、周振甫等人均抄书不少，且从抄书中得到快乐、得到健康。叶圣陶还以"抄书"为提，在 1971 年 10 月 3 日写诗一首：

一目十行下，或吞囫囵枣；一字莫遁逃，还是抄书好。

陶不求甚解，岂谓竟草草？何由毋草草，抄书径可蹈。

---

① 王湜华：《音谷谈往录》，中华书局 2007 年版，第 20 页。

提笔意始凝，并驱手共脑；徐徐抄写之，徐徐事究讨。

细嚼得真味，精鉴乃了了；瑾瑜故惬心，瑕亦辨微小。

此际神完固，外物归冥邈；闶觉渐移晷，不闻当窗鸟。

佳境良难状，其甘只自晓；同好且过我，诗成寄伯老。①

叶圣陶此诗道出了抄书的妙处，而临末则不忘提醒读者：对于抄书，我已经这样了，但我的同好还有超过我的，那显然就是王伯祥了。所以，叶圣陶诗成后，第一个想到的便是寄给王伯老。

七、"苏州五老"的交往

"苏州五老"，是指在苏州长大的五位文化界老人，按年龄大小排序，分别为王伯祥、章元善、顾颉刚、叶圣陶、俞平伯。他们相知相交数十年，情谊深厚。

晚年的王伯祥因白内障严重，不方便出门，所以只能等着老友前来。起初，叶圣陶每周必来一次。由一位家人陪伴，从东四八条出门，五分钱便能买一张公共汽车票，四站路后到了王伯祥家。二老相见，总是非常高兴。王伯祥关心国家大事，眼睛不好后，每天必听新闻广播，以此代替看报。只是，别的报可以不看，《参考消息》却不能割爱，小字版看不清楚，便想看大字版，大字版一时订不到，叶圣陶那儿有，于是便由叶圣陶每周将报送来。对此，叶圣陶的孙儿叶兆

---

① 王湜华：《王伯祥传》，中华书局 2008 年版，第 297 页。

言曾在《王伯祥》一文中回忆："'文化大革命'中后期，祖父每周都去看望王伯祥。当时订阅大字《参考消息》是一种行政待遇，祖父必带上最近一周的报纸，在王家坐两小时，谈天说地，然后带着一周的旧报纸回家。我在北京，曾经好几次陪祖父去，一位八十岁的老翁，去看望另一位八十多岁，而且挤公交车，如今回想起来，实在值得品味。"①

叶兆言还称王伯祥、叶圣陶、顾颉刚的友谊历史悠久，从中学时代的结社，直到生命最后时刻，几乎可比桃园三结义。不过，晚年的王伯祥、叶圣陶二人，与顾颉刚的来往相对要少很多。为什么如此？叶兆言在另一篇文章《顾颉刚》中称："他（顾颉刚）的国学研究，代表着过去一个世纪的最高学术水准。考察他的学术生涯，不能不佩服他的治学态度。我祖父屡屡提到老友，但是晚年同居北京东城，总不忍心去打扰他，因为只要有一点时间，他总是在苦做学问，即使是住院，躺在病床上，也绝不会放松。王伯祥便说他'自恃聪强，劬学力任，每不让人，看书则夜以继日，写文则万言不休'。"②

"苏州五老"中，俞平伯比王伯祥小十岁，二人并不因年岁相差大而有丝毫隔阂。俞平伯不会忘记，当举国上下都在批判他的时候，是王伯祥第一个去他门可罗雀的家里看望，并请他一起出去赏菊花，在什刹海北岸的烤肉季饭馆吃饭。这种友情，实为珍贵。俞平伯境况好一点后，便常来王伯祥家中看望。他总是十分性急，长按一声门铃，里面的人还没有回音，他便用脚踢到了门上。王伯祥耳朵非常好使，马上高兴地吩咐："快开门，俞先生来了！"

---

① 叶兆言：《陈旧人物》，上海书店出版社 2007 年版，第 80 页。

② 叶兆言：《陈旧人物》，上海书店出版社 2007 年版，第 87 页。

　　章元善本来不是搞文史、出版工作的，他早年曾在草桥小学学习，19岁时赴美留学，后长期担任中国华洋义赈救灾总会的实际负责人，新中国成立后担任过多届全国政协委员和民建中央常委。晚年时，章元善对文史与古诗产生浓厚的兴趣，与叶圣陶、王伯祥等人的交往也就多了。1975年4月19日，叶圣陶特地邀请王伯祥、顾颉刚、章元善、俞平伯同到他家赏花，并一起留影。这张合影就是著名的"苏州五老图"。章元善特以"五老图"为名，题诗一首云：

> 五老首推伯祥翁，
> 于思于思意从容，
> 颉刚危坐风采佳，
> 浓眉挺立乃陶兄。
> 平伯今朝权作幼，
> 四代翰墨光吴中，
> 愧然居次年八四，
> 犹是颛顸问字童。

　　诗后自注："五老中伯祥翁年最高；四代翰墨是从俞樾到俞平伯四代；颛顸糊涂、不明事理"。①

---

① 薛毅、章鼎：《章元善与华洋义赈会》，中国文史出版社2002年版，第81页。

八、终身学习者

王伯祥知识渊博，举凡历史、地理、文学、考古乃至哲学、伦理，无一不通。许多人遇到难题时，就不免想到王先生，都愿意来请教。这些前来请教的人，有文学研究所的同事。例如，1959 年调入文学研究所的唐弢便有这样的经历：

> 何其芳同志多次约我同去小雅宝胡同伯翁寓所请教，我不改二十年前的习惯，见面便叫"伯翁"，这同何其芳同志正经地称呼"王先生"相比，未免有托熟之嫌。不过王伯祥先生不以为忤，旧雨重逢，格外亲切。他告诉我他有糖尿病（与我同病）。且已形成白内障，视力衰退，颇以为苦。伯祥先生遍读典籍，娴熟掌故，搜藏笔记说部极为丰富，叶圣陶先生每次来访，总要借回一大包，定期再来换取；记得其芳同志几次造访，也都是为了请教一些典故的出处。他确是一部活词典。[①]

也有出版社的人前来请教，既有像周振甫之类的老朋友，也有新编辑。有时，他们会问到特别生僻的问题，王伯祥总能为之解答，或者便指着家中的书架，告诉对方，从第几层第几本书中可以找到答案。对方总能得到满意的结果。王伯祥因此被誉为"活图书馆"。

---

① 唐弢：《忆伯翁》，载《追思集》，王伯祥家人 2000 年自印，第 203 页。

王伯祥也非常乐意倾听外界的新事物，每有亲朋好友来访，他总乐意静听对方讲一些新的见闻，每当听到任何一种从未接触的新事物时，他总是欣喜地说："哎！真是学到老学不了啊！"①

王伯祥家人众多，作为长者，他免不了会把自己的心得与体会告诉后代，而其中经常谈到的，就是告诫他们要认真笃实地做学问，"不要不懂装懂，更不应对不懂的事物不去求知"②，要树立终身学习的人生态度。

王湜华回忆："父亲直到望九高龄，还始终保持着一颗好学不倦之心，接受新事物的愿望始终没有减退。……鼓励我们晚辈要不断地学习，努力努力再努力，告诫我们学无止境的道理，人生在世必须不断追求上进。至于'三人行必有吾师焉'、'十步之内必有芳草'、'不耻下问'这一类的古训，则更是几乎每遇到新知识，特别是意外有所获时，都要结合着训诫我们后辈的，所以这些千古不磨十分有益的古训在我们晚辈心中都不是死教条，而是有血有肉有机有灵的座右铭。"③

王润华也回忆："父亲一贯主张的：求学不一定要进学堂。父亲所走过的道路也正好说明了这一点，而且是一个出色的典范。但关键是要不断地学、刻苦地自学，要如饥似渴地求。……遗训的再一重意义是'学无止境'。新技术、新知识的进展颇有爆炸之势，不进

---

① 王湜华：《忆庭训之点滴效治学之精神——纪念父亲伯祥公百年诞辰之二》，载《追思集》，王伯祥家人 2000 年自印，第 77 页。

② 刘宗锟：《哲人永生——纪念岳父诞生一百年》，载《追思集》，王伯祥家人 2000 年自印，第 36 页。

③ 王湜华：《忆庭训之点滴效治学之精神——纪念父亲伯祥公百年诞辰之二》，载《追思集》，王伯祥家人 2000 年自印，第 77 页。

则退，落伍甚至被淘汰将是无情的。这也是父亲生前不断地谆谆敦
促过我们的。"①

外孙卢元锴也始终认为王伯祥是他人生道路上的楷模和导师，
他不无自豪地介绍："我的外公确实做到了活到老，学到老。他常对
我讲，一个人可能没有施展才能的机会，但不允许当用你的时候，
却拿不出本领来。一个人必须不断地充实自己，壮大自己，才能成
为一个有用的人。他的这些教诲我一直铭记在心。""我的外公被人
们誉为'活图书馆'，他的知识渊博，记忆惊人，是所有认识他的
人为之折服的。无论是同他结交五六十年的老朋友，还是后来结识
的忘年之交的小朋友，都愿意同他谈天，向他请教。不管在古籍版
本、地理沿革、历史考证、语言变迁方面，还是在诗词戏曲、篆刻
书法、风土人情、文化古迹、山川名胜方面，以至在人伦道德、世
道哲理方面，职业不同、文化背景不同、年龄不同的朋友们，都会
在自己感兴趣的领域内有所收益。""博学、谦逊、严谨、认真、诚
恳、达观，就是外公的为人风格，正是这样的风格才吸引着众多的
朋友，正是这样的为人才在家族中保持了巨大的凝聚力。""他每天
要听广播，看报纸，从未中断。八十岁后，眼疾加重，视力大退，
就用放大镜看报。到最后的日子里，就让儿孙们给他读报，一直到
临终前。"②

---

① 王润华：《怀念与思索》，载《追思集》，王伯祥家人 2000 年自印，第 47、48 页。
② 卢元锴：《深深怀念我的外公》，载《追思集》，王伯祥家人 2000 年自印，第 103、104 页。

九、最后的心声——《旧学辨》

"我们父亲一生最恨的就是焚书，毁书，查禁好书，滥印坏书。他常常用人们对待书的态度，来评定一个人的品德，来判断一个社会制度的优劣。"这是王伯祥之子王润华在纪念王伯祥先生诞辰一百周年纪念座谈会上的家属答辞中所说。

不幸的是，王伯祥晚年亲眼见到了盛行数年之久的"破四旧"。在这一旗号下，传统文化遭到毁灭性的践踏。中国几千年积淀的精神财富，数不尽的古书，被不分青红皂白地当作"旧"来毁坏，这是王伯祥难以忍受的。他骨鲠在喉，不能不说出长期压抑内心的想法。他不仅私下里对儿女们说："什么事物最旧？吃饭最旧。他们能废止吃饭吗？"而且，在生命即将走到终点时，他迫切地想要写一篇文章，来讲讲"旧学"。

1975 年 8 月 27 日，王伯祥在日记中写道："前数日，昏然默度，但有两三事可追记。一、忽然想起生活态度应如何，得一概念如次：已往的事不要怀念它，未来的事不必猜想它，当前的事必须正确对待它。坚持取舍。取，是积极的要接受什么或争取什么；舍，是消极的要放弃什么拒绝什么，都须有个精当的抉择，不可含糊。此一想法，可以演成一表，奈目力无济，不克写出。二、是对中国旧学的范围亦有较成熟的概念：凡文字、训诂、历象、声韵、历代章制因革、地理沿变，以至学术流别、艺林掌故、图籍聚散、金石存佚、目录版本之属，均需浅涉藩篱，粗举要略，始能择一专精，左右逢源，即所谓积厚流光，触类旁通也。往日谈此者，约举之曰：国故。侈言之曰：国粹。固非所宜而盲然不肯深思者，概以其‘旧’而鄙弃之，则不免病狂矣。每思作一《旧学辨》，以数陈之，力不逮也，今则已矣，姑留志于此。三、默坐中偶思尝见一旧联云‘旧学商量加邃密，新知涵养转深沉’，深契于心，惜忘之出于谁氏矣，亦值得一记。”

日记中所说的“力不逮也”，是指王伯祥此时的身体已非常虚弱，白内障更加严重了，仅左眼能见一线光明，整日如在梦中度日。所以他虽然很想写《旧学辨》，但只靠自己的力量是完不成了，不得不在日记中无奈地写“今则已矣，姑留志于此”。

然而，撰写《旧学辨》的愿望是如此强烈，以至于王伯祥一定要写此文留于世间。

最后，王伯祥决定自己口述，由幼子王湜华笔录之。写完之后，王伯祥又一再斟酌，几番修改，最终定稿：

　　祖国历史悠久，积累深厚。上世以来，无数劳动哲匠及一切无名英雄所精心创造之业绩，反映于见存文物者，如此其美富。而先秦以逮挽近，又复学人辈出，接武连踵，各展其精力，殚心究讨。或揭橥思想，倡导学说；或整齐旧闻，发为文章。咸有述造，垂诸竹帛。其后随时演进，衍为书册，沾盖弥广，化被日深。所谓“载籍极博”者，又如此其浩繁。综此浩繁美富之载籍与文物，所谓积厚流光，庶绩咸熙者，非耶！谥之为文化之结晶，其谁曰不然！以此之故，岂止邻邦钦慕，抑且举世交誉，宜其为国人所自珍矣。故每诵言之曰国故、曰国粹。前者固得浑括之要，后者则不免矜侈。其实既非文、史、哲三字所可包举，亦非理、工、商诸科所能强配。万汇千绪，诸侯绅绎，其老氏所谓

"无名之朴"乎？近人有以"朴学"相加者，差为近是。高明之流，厌其烦碎，惮其艰辛，猥称之为旧学。予曰：旧则旧已，其为学，固未容一概抹煞也。汉晋唐宋，时代不同，学术恒流，其绪固未尝中绝也。况学乃百代之公器，唯"是"是求，无间新旧，安得爱恶任情，轩轾随心哉！

或曰：然则为学之道奈何？曰：必先认定对象之至赜，与范围之至广，不厌烦，不畏难，博观而约收，取精而用宏，乃克有所成。言其赜，言其广，非河汉无极之谓也。盖湃列之对象，揭研究之资料，多有其客观存在之事物，且多有具体内容可推寻。今试错举其略：

凡文字训诂之源流，历象声韵之概要，文辞歌赋之异同，诗格词律之宽严，全国山川脉络之分布（包括边疆、厄塞、腹地、交通），物产盈缩之情状（包括农田、水利、工矿、企业），历朝设施之得失，社会人物之臧否，典章制度之因革，郡县建置之沿变（包括名胜、古迹、风俗、习惯），姓氏名讳之别，地望爵谥之辨，学术教宗之流派，文坛艺林之掌故，书籍图谱之聚散，彝器碑碣之存佚，战阵攻守、赈灾救荒之策，畜牧种植、工艺制造之书，建筑营造之式、园林点缀之宜，变文、话本、小说、传奇之流布，管弦、乐曲、舞蹈、戏剧之演进，乃至法书名画之鉴赏，金石篆刻之玩索，目录版本之学，校勘编订之法，鸟兽草木之名，食疗养生之方……皆为致力学问之对象，丰富多彩之资料，均当浅涉其藩篱，粗举其大纲。

尤要者，在此进程之中，必先掌握历史唯物观点，应用辩证唯物方法，分析批判，反复印验，始能专择致精，触类旁通，而左右逢源，信所当信，疑所可疑，不为模糊影响之谈，不使穿凿附会之巧，排除困惑，孟晋弗懈，对祖国文化之本末表里获一真切之认识，然后发为精确明允之解释，为当代收"古为今用"之效。必如此，理论乃与资料相结合，以红领专，又红又专，庶几名实乃相副。夫然后谓之"通方"，谓之"成学"。

旧云何哉！旧云何哉！

文后还有附记，称：

十年以还，右目为白青所翳，茫然无睹。得稍逞秉烛余光者，端赖左目一隙之明。今岁献春，左目亦突发内障，浸淫滋甚，几于失视。终日枯坐，如堕云雾，其为苦闷，难可言宣。乃客有谬许予为盲目不盲心者，辄以学问之事相质，予尝私谓，硁硁之愚，夙以不苟不欺自勉者，亦不当以多病见疏于故人，而甘自暴弃也。爰就涉想所及，强缀此篇。以不能躬亲笔砚，乃口授少子湜华笔之，留以待叩，或不无涓埃之助乎！

一九七五年九月，吴县王伯祥述于京寓小雅一廛。时乙卯岁中秋，年八十六。①

这是王伯祥生平最后一篇文章，虽仅千余字，但包罗万象，尤其针对性地对"破四旧"予以否定，这样的文章，在当时写出，是需要很大的勇气的，当然也无法公开发表。于是，王伯祥嘱咐王湜华，以

---

① 王伯祥、王湜华：《庋榢偶识　旧学辨笺述》，华艺出版社 2014 年版，第 301—304 页。

毛笔将全文工整地抄写十余份，分送给当时还常有联系的极少数最亲近的好友颉刚、圣陶、平伯、元善、刚主、元白等先生。诸先生读后甚为惊喜。俞平伯写信给叶圣陶，问："伯翁近作《旧学辨》想已得读。"叶圣陶回信，称："伯翁之《旧学辨》已获读，列举旧学所包之广，恐将令问津者却步。"当然，这样的话只能在私人书信中一笔带过，并不敢大肆地宣传。

启功看过《旧学辨》，称道不已，私下给王湜华一个提议："老爷子开了这么个单子，将来你应该再诠释一下。"

《旧学辨》所言虽是治旧学之道，但换个角度，也可视为王伯祥这位终身从事中国传统文化研究的老出版家，临终前为中国古籍整理和古籍出版奉献的一份纲领性文件。

前面部分可视为古籍整理和古籍出版的价值、意义以及应有的态度。就是要："必先认定对象之至赜，与范围之至广，不厌烦，不畏难，博观而约收，取精而用宏，乃克有所成。"这是优秀的古籍整理者和出版者应有的态度。

中间部分可视为 28 条古籍整理和古籍出版纲目。

后面部分可视为古籍整理和古籍出版应掌握的原则、方法以及应达到的目的和效果，即运用历史唯物主义与辩证唯物主义，最终达到"古为今用"的目的和效果。这些文字虽少，但确是一位老专家一辈子心得的精华，有心人当细细琢磨。

《旧学辨》是在 1975 年中秋完成的。三个多月后的 12 月 29 日夜，王伯祥病逝于北京协和医院。

令人遗憾的是，由于当时的政治环境，王伯祥的儿孙竟不能都赶来为老人送行。而令人欣慰的是，王伯祥的后人不仅写了许多纪念文章，合编成《追思集》和《忆旧集》，而且从 2003 年开始，这个家族内部出现了一份电子家报——《霞雅家报》，以此缅怀和发扬王伯祥的学问道德，促使王家子孙后代都能健康地做人，快乐地成长。

2008 年 1 月，王湜华为父亲所写的《王伯祥传》在中华书局出版，此书是第一本关于王伯祥的传记图书，运用大量珍贵的第一手资料，丰富翔实地讲述了王伯祥的一生，对推动王伯祥研究起到非常积极的作用。

2011 年 8 月，国家图书馆出版社隆重推出 44 厚册的《王伯祥日记》，完整影印了王伯祥从 1924 年到 1975 年半个多世纪 140 余本日记，"内容极其丰富，涉及家国大事、社会生活、学术活动、亲朋往来、家庭细事等等。其中尤以抗日战争时期最为详尽。整部日记书写之精美，行款之得当，笔墨之流利，也堪称书法之佳作"。这件事，不只是王家的一件大事，也成为中国出版界、史学界的一件幸事。阅读此书，如入宝藏，处处珍宝，还待后来人不断挖掘。

王伯祥编辑出版大事年表

1890 年

2 月 27 日，生于苏州城内。

1894 年　5 岁

祖父教王伯祥《爵秩便览》，让他一边抄一边背。王伯祥熟背《爵秩便览》，为他日后的文史、地理编辑出版工作打下了牢靠的根基。

1907 年　18 岁

考入苏州草桥中学，就读二年级。与顾颉刚、叶圣陶等同学组织国学研究会，创办《学艺日刊》。喜欢到书肆买书，常翻《四库总目》、《书目答问》等书，打下了很好的古籍整理底子。

1908 年　19 岁

与叶圣陶、顾颉刚等人组织学生诗社"放社"。

1914 年　25 岁

11 月 14 日，与叶圣陶、张剑秋一起成立读书会，并邀请远在北京的顾颉刚参与。

1917 年　28 岁

与吴若宾、叶圣陶一起，任教于苏州甪直镇吴县县立第五高等小学，自编课本，开办新书店，进行教育改革。任教期间，还担任北京大学研究所国学门通讯研究员，这些活动为王伯祥日后在出版社编写教科书打下基础。

1919 年　30 岁

1 月，王伯祥、叶圣陶在北大《新潮》月刊创刊号上发表《对于小学作文教授之意见》。

5 月，王伯祥、叶圣陶、顾颉刚等 12 人发起创办《自觉》周报，每人每月储洋 2 元。后终因经费困难，没有成功。

10 月，王伯祥的《拟编高等小学史地教材大纲》由顾颉刚、叶圣陶题跋，在《新潮》第二卷第一号发表。此文堪称中国关于现代高等小学史地教材改革的最早文章，也是王伯祥后来进入出版社编写史地教材的先声。

同年，王伯祥、叶圣陶、吴宾若创办《直声》文艺周刊，但不久因吴宾若意外死亡而停刊。

1921 年　32 岁

应厦门集美学校聘请，前往福建任教。

1 月，加入文学研究会。

1922 年　33 岁

年初北上，担任北京大学预科国文讲师，课余也参与文研会的研究编辑工作。

9 月举家南迁，担任上海商务印书馆编译馆史地部编辑。

从 1922 年到 1932 年，王伯祥在商务印书馆工作 10 年，主要工作是编中学本国史教科书、本国地理教科书。先后完成《三国史略》、《太平天国革命史》、《中日战争》、《郑成功》、《晋初史略》、《我国三千年来地方制度的演变》、《古史辨与经今文学》、《四库全书述略》、《辛弃疾的生平》等论著，获得学界认可。王伯祥还选注了《三国志》、《文心雕龙》等古典名著，成为颇有实力和影响的学者型编辑。

1923 年　34 岁

3 月，郑振铎倡议组织朴社，王伯祥、叶圣陶、顾颉刚、俞平伯等人积极响应。为解决新文化书籍出版问题，入社者每月集资 10 元。

5 月 12 日，文学研究会刊物《文学周报》决定从第 73 期开始，由王伯祥、沈雁冰、周予同、俞平伯、胡愈之、叶圣陶、郑振铎、谢六逸、顾颉刚等 12 人轮流主编。

7 月，所编《现代初中教科书·本国地理》（二册）在商务印书馆出版。

9 月起到次年 6 月，与顾颉刚合编的《现代初中教科书·本国史》（上、中、下册）由商务印书馆陆续出版。

1924 年　35 岁

2 月 5 日与郑振铎等人讨论朴社事，决定先把《浮生六记》刊行，又拟就重要古籍中选注辑印为《中国文学选本》陆续刊行，作中等学校教本或补充课本。此后利用业余时间标点《孟子》。

当年，朴社出版了王伯祥、叶圣陶校阅的《戴氏三种》。

1925 年　36 岁

1 月 6 日，将《现代初中教科书·世界地理》（上册）编完，次日开始即赶编《现代初中教科书·世界历史》。

2 月，所编《现代初中教科书·世界地理》（上册）、《现代初中教科书·世界历史》在商务印书馆出版。

3 月，北京朴社成立，上海朴社解散。王伯祥、叶圣陶仍为朴社成员。

5 月 4 日，被推为《文学周报》发行干事。

6 月 3 日，与郑振铎、胡愈之、叶圣陶等一起创办《公理日报》，揭露"五卅惨案"真相。

1926 年　37 岁

1 月 20 日，与叶圣陶、丁晓先、王芝九等人自筹经费创办的《苏州评论》创刊号诞生，为革新弊病丛生的苏州鼓与呼。后在第四期《苏州评论》上发表《消毒运动》一文，遭到顽固派的诬蔑。

3 月 25 日，加入立达学会。

4 月 27 日，与叶圣陶、郑振铎、章雪村等人被认定为立达学园委员。

5 月 22 日，立达学园开第三次导师会，与郑振铎、章雪村、周建人、丰子恺、夏丏尊、叶圣陶等人被推选为文学专门部筹备委员。6 月 12 日，立达学园文艺院中国文学系成立，筹备委员会由此解散。

6 月，所编《现代初中教科书·本国史参考书》在商务印书馆出版。

8 月 1 日，开明书店创办。王伯祥、叶圣陶与开明同人交往密切。31 日，《苏州评论》第 6 期发行，然后便因故停办。

9 月 5 日，发表《读〈经今古文学〉和〈古史辨〉》一文，评析周予同的《经今古文学》和顾颉刚的《古史辨》。

1927 年　38 岁

被任命为吴县行政委员会秘书长，与叶圣陶等人到苏州，试图实现书生救国的梦想。"四一二"反革命政变后，梦想破灭，重回商务印书馆编书。

与周予同、叶圣陶、郑振铎一起，计划主编大型选本"中国文选"，因故未能成书。

瞿秋白就义后，鲁迅、郑振铎、茅盾、胡愈之、叶圣陶等决定编辑他的《海上述林》，王伯祥参与集资出版工作。

1929 年　40 岁

2 月，所编《新时代初中本国史》以及与顾颉刚合编的《现代初中本国史教科书》，均被国民政府禁止发行，引起一段风波。

12 月 18 日写完《中日战争》一书，特请老友叶圣陶过目，并请作序。

当年，所著《太平天国革命史》首次出版。

1930 年　41 岁

9 月，《中日战争》作为商务印书馆"新时代史地丛书"中的一本出版。

1931 年　42 岁

2 月 1 日，叶圣陶进入开明书店。王伯祥与开明的联系更加密切。

9 月，所编《初级中学中国史教科书》出版发行。

1932 年　43 岁

1 月，叶圣陶、夏丏尊、章雪村等发起创办开明书店函授学校、成立开明中学讲义社。讲师中第一位便是王伯祥。

1 月 29 日晚，日本飞机轰炸商务印书馆，王伯祥因此遭遇了国难、馆难和家难。

11 月，所编《开明国文读本》开始在开明书店出版发行。

1933 年　44 岁

1 月 4 日，正式到开明书店工作，从事编辑、研究工作，兼管经理室的文翰事务，参与整个书店的出版规划。

12 月，担任主任室秘书，兼编纂部编纂、编审委员会一般书组主任委员、活页文选组主任委员、中学书组委员、图书馆主任。

1934 年　45 岁

提出以殿版《二十四史》为基础，再加上柯劭忞编纂的《新元史》，形成《二十五史》。此后，在其主持下，3516 卷的《二十五史》最终以影印的方式，缩印为精装 9 册出版发行。王伯祥还为《二十五史》中每一史后编一"参考书目"。

为便于读者、学者阅读和研究，让周振甫、卢芷芬在《史姓编韵》的基础上增补改编为《二十五史人名索引》。

与宋云彬合著的《开明中国历史讲义》出版发行。

与周振甫合著的《中国学术思想演进史》出版。

所著《三国史略》、《晋初史略》、《郑成功》在商务印书馆出版。《中日战争》、《太平天国革命史》在商务印书馆再版发行。

1937 年　48 岁

3 月，主持编辑的《二十五史补编》正式出版。此书汇编了 240 多种稿本，其中包括很多家藏稿本，其搜集之广、用力之勤、贡献之大，为史学界所盛赞。新中国成立后，中华书局曾用开明书店原纸型重印出版。

8 月，"八一三"战火中，因开明书店遭受毁灭性打击等事，备受煎熬。

1938年　49岁

3月3日，上班处理开明书店秘书事务之余，开始阅读《左传》，备选注。

1940年　51岁

3月，《春秋左传读本》出版，这是继《二十五史补编》之后，王伯祥对史学界和教育界的又一贡献。新中国成立后，中华书局曾用开明书店原纸型重印出版。

8月1日，商务时代的老同事何炳松等人倡议，发起编辑出版《学林》学术刊物，由开明书店出版发行。王伯祥出任《学林》编辑委员会常务委员。《学林》共出版十辑，所有文章均经王伯祥之手编排校对，加标点的任务也基本落在王伯祥肩上。

1941年　52岁

吕思勉的《中国通史》、《先秦史》、《秦汉史》，钱穆的《史记地名考》，容肇祖的《明代思想史》，郭绍虞的《学文示例》、《语文通论》等著作在开明书店出版发行，王伯祥均参与审定、校阅。

1946年　57岁

5月，着手筹办《文汇·史地周刊》。

8月，写《且等翻过这一页历史》。

9月27日，书写《开明二十周年纪念献辞》。

11月，因故辞去《文汇·史地周刊》编辑事务。

1947年　58岁

9月，校雠《闻一多全集》。

9月26日，决定编辑出版钱钟书《谈艺录》书稿。

1949 年　60 岁

2 月，筹划出版《二十五史外编》，因故未能完成。

1951 年　62 岁

开明书店的日常事务由王伯祥、顾均正、唐锡光处理。在开明书店的公私合营和中国青年出版社的合并工作中，王伯祥起了很好的作用。

1953 年　64 岁

应郑振铎邀请，到北京大学文学研究所，担任研究员。开始选注《史记》。

1955 年　66 岁

8 月，《史记选》定稿完成，此书融入王伯祥一生研究文史、《史记》的重要成果。完成《史记选》之后，参加《唐诗选》的选注工作。

1956 年　67 岁

由王伯祥校点的清王夫之的《黄书》、《噩梦》、《思问录》、《俟解》由中华书局出版。

1957 年　68 岁

2 月，完成《增订李太白年谱》初稿。

4 月，《史记选》由人民文学出版社出版发行。到 1973 年 1 月，此书已是竖排第 1 版第 5 次印刷；1982 年，此书发行横排第 2 版。

1958 年　69 岁

10 月，得知挚友郑振铎因飞机失事遇难，悲痛不已，写下了 1949 年后唯一公开发表的文章《悼念铎兄》。

1961 年　72 岁

3 月，开始审读注释《不怕鬼的故事》。

1963 年　74 岁

7 月 11 日，《书林蠡勺》全部完工。此书将《四库全书总目提要》中的重要论述辑录出来，尤其详于集部的评论。

1965 年　76 岁

6 月，由王伯祥断句的《四库全书总目》在中华书局出版。

1970 年　81 岁

1 月 5 日，写《再跋线装湘本〈輶轩语书目答问〉》，介绍自己与此书的因缘。

1972 年　83 岁

1 月 25 日，开始复点严衍的《资治通鉴补》，每点完一卷，在原来的卷尾朱笔题记后再加墨笔题记。

1974 年　85 岁

10 月，编完书信集《翩若惊鸿集》。

1975 年　86 岁

4 月，收到 1949 年前自己在开明书店时期编辑校对过的《乾隆以来系年要录》三卷校样，特写长跋。

8 月 27 日，在日记中写道："每思作一《旧学辨》。"最终，由自己口述，幼子王湜华笔录，写完之后，又一再斟酌，几番修改，《旧学辨》最终定稿。

这是王伯祥生平最后一篇文章。

12 月 29 日夜，病逝于北京协和医院。①

---

① 本年表参考了王湜华《王伯祥先生传略》、吴庚舜《王伯祥》等文章。

参考文献

王伯祥：《王伯祥日记（1924—1975)》（全44册），国家图书馆出版社2011年版。

王钟麒：《现代初中教科书·本国地理》，商务印书馆1923年版。

王钟麒：《现代初中教科书·世界地理》，商务印书馆1925年版。

王伯祥：《现代初中教科书·本国史参考书》，商务印书馆1926年版。

王钟麒：《太平天国革命史》，商务印书馆1929年版。

王钟麒：《中国史》，商务印书馆1931年版。

王伯祥：《开明国文读本参考书》，开明书店1932年版。

王伯祥：《郑成功》，商务印书馆1934年版。

王伯祥编：《开明国文读本参考书》（第一册），开明书店1932年版。

王伯祥主持：《二十五史补编》，开明书店1937年版。

（清）王夫之著，王伯祥校点：《黄书》、《噩梦》，中华书局1956年版。

王伯祥译注：《春秋左传读本》，中华书局1957年版。

王伯祥：《史记选》，人民文学出版社1957年版。

（清）永瑢等撰，王伯祥断句：《四库全书总目》，中华书局1965年版。

顾颉刚、王伯祥:《中国史读本》,中国工人出版社 2007 年版。

王伯祥:《庋榢偶识》,中华书局 2008 年版。

(清)张之洞著,范希曾补正,王伯祥批注:《书目答问补正(批注本)》,国家图书出版社 2008 年版。

王钟麒:《中日战争》,岳麓书社 2011 年版。

王钟麒:《三国晋初史略》,知识产权出版社 2012 年版。

(宋)司马光编辑,(元)胡三省音注,(明)严衍补,王伯祥断句:《资治通鉴补》,中华书局 2013 年版。

王伯祥、王湜华:《庋榢偶识　旧学辨笺述》,华艺出版社 2014 年版。

王伯祥、宋云彬:《开明中国历史讲义》,新星出版社 2015 年版。

王伯祥、周振甫:《中国学术思想演进史》,河南人民出版社 2016 年版。

王湜华:《王伯祥传》,中华书局 2008 年版。

《追思集》,王伯祥家人 2000 年自印。

王湜华:《音谷谈往录》,中华书局 2007 年版。

王湜华:《玄妙观中三年少》,华艺出版社 2013 年版。

王湜华:《弘一法师与夏丏尊:淡如水的君子交》,华艺出版社 2015 年版。

商务印书馆编:《商务印书馆九十五年——我和商务印书馆》,商务印书馆 1992 年版。

商务印书馆编:《商务印书馆一百年》,商务印书馆 1998 年版。

汪耀华编:《商务印书馆史料选编(1897—1950)》,上海书店出版社 2017 年版。

中国出版工作者协会编:《我与开明》,中国青年出版社 1985 年版。

叶圣陶:《我与四川》,四川人民出版社 1984 年版。

商金林撰著:《叶圣陶年谱长编》(四卷本),人民教育出版社 2004—2005 年版。

叶至善:《父亲长长的一生》,四川文艺出版社 2015 年版。

叶至善、俞润民、陈煦:《暮年上娱——叶圣陶、俞平伯通信录》,花山文艺出版社 2002 年版。

叶兆言:《陈旧人物》,上海书店出版社 2007 年版。

朱永新编:《叶圣陶教育名篇选》,人民出版社 2014 年版。

商金林:《中国出版家·叶圣陶》,人民出版社 2017 年版。

顾颉刚编著:《古史辨》,上海古籍出版社 1982 年版。

顾颉刚:《顾颉刚日记》,台北联经出版事业股份有限公司 2007 年版。

顾颉刚:《顾颉刚书信集》,中华书局 2011 年版。

顾颉刚:《走在历史的路上——顾颉刚自述》,江苏教育出版社 2005 年版。

顾潮:《我的父亲顾颉刚》,人民文学出版社 2010 年版。

顾潮编著:《顾颉刚年谱》(增订本),中华书局 2011 年版。

商金林编注:《夏丏尊集》,花城出版社 2012 年版。

上海鲁迅纪念馆编:《郑振铎纪念集》,上海社会科学院出版社 2008 年版。

郑振铎著,文明国编:《郑振铎自述》,安徽文艺出版社 2013 年版。

郑振铎著,陈福康整理:《郑振铎日记》,商务印书馆 2017 年版。

陈福康编注:《追念郑振铎》,上海交通大学出版社 2016 年版。

向敏:《中国出版家·郑振铎》,人民出版社 2017 年版。

章雪峰:《中国出版家·章锡琛》,人民出版社 2016 年版。

茅盾、韦韬:《茅盾回忆录》,华文出版社 2013 版。

陈翰笙:《四个时代的我·陈翰笙回忆录》,中国文史出版社 2011 年版。

海宁档案局(馆)整理:《宋云彬日记》(全三册),中华书局 2016 年版。

于友:《胡愈之》,群言出版社 2013 年版。

陈江、陈达文:《谢六逸年谱》,商务印书馆 2009 年版。

孙玉蓉编纂:《俞平伯年谱》,天津人民出版社 2001 年版。

张世林主编：《想念周振甫》，新世界出版社 2011 年版。

贺昌群：《贺昌群文集》，商务印书馆 2003 年版。

李永圻、张耕华编撰：《吕思勉先生年谱长编》，上海古籍出版社 2012 年版。

薛毅、章鼎：《章元善与华洋义赈会》，中国文史出版社 2002 年版。

钱钟书：《谈艺录》，商务印书馆 2011 年版。

张人凤、柳和城编著：《张元济年谱长编》（上下卷），上海交通大学出版社 2011 年版。

王云五：《谈往事》，中华书局 2015 年版。

王建辉：《文化的商务——王云五专题研究》，商务印书馆 2000 年版。

曹伯言整理：《胡适日记全编（3）》，安徽教育出版社 2001 年版。

俞晓群：《前辈：从张元济到陈原》，上海书店出版社 2012 年版。

陈明远：《文化人的经济生活》，文汇出版社 2005 年版。

吴小鸥：《文化拯救：近现代名人与教科书》，商务印书馆 2015 年版。

张建安：《文化名人的最后时光》（修订本），商务印书馆 2010 年版。

周有光口述，张建安采写：《百岁忆往》，生活·读书·新知三联书店 2012 年版。

林家有：《重读孙中山遗嘱》，广东人民出版社 2011 年版。

时永乐：《古籍整理教程》，人民出版社 2016 年版。

中国社会科学院文学研究所编：《唐诗选》，人民文学出版社 2003 年版。

中国人民政治协商会议全国委员会文史资料研究委员会编：《文史资料选辑合订本》（46 卷本：第 1 辑至第 136 辑），中国文史出版社 1999 年版。

江苏省政协文史资料委员会编：《江苏文史资料集粹·文化卷》，1995 年。

江苏省政协文史资料委员会编：《江苏文史资料集粹·教育卷》，1995 年。

王昆江、徐凤文、李家璘选编：《老新闻——民国旧事》，天津人民出版社 1998 年版。

《新潮》（1919—1920）。

《出版史料》（1982 年创刊）。

后　记

说起来，早在 12 年前，笔者便开始写本书的传主王伯祥先生了。那时候，我正在《纵横》杂志当编辑，业余时间写《文化名人的最后时光》，其中便涉及王先生，还因此去采访王先生的幼子王湜华老师。承蒙王湜华老师厚爱，不仅接受了我的采访，还提供了不少资料，其中便包括他们家人为纪念王伯祥先生、秦珏人夫人诞辰一百周年结集自印的《追思集》，这本书在写作本书时仍是一本重要的参考资料。此后，我与王湜华、王文修老师便有了较多的往来，有时候向王湜华老师约稿，有时候向他请教。而王老师每有新书出版，基本上都会赠我一本，于是，我的书架上便增加了《玄妙观中三年少——追述王伯祥、顾颉刚、叶圣陶三人之友谊》、《弘一法师与夏丏尊》、《俞平伯的后半生》、《王湜华书法篆刻集》、《皮桠偶识　旧学辨笺述》等书，这些书都直接或间接地与王伯祥先生有关，于是，我便也与王先生一直保持着"隔世的交流"，总是受益匪浅。

记得 2010 年的一天，我们夫妇带着出生不久的孩子，与来京看我们的父母，还有我的一位朋友，一起到香山脚下的北京植物园游览。参观了曹雪芹纪念馆之后，朋友发现外面一块石头上刻着几个俊美的大字，很是喜欢。我过去一看，这幅书法作品竟是我熟识的王湜华老师所写，自然更是欢欣，免不了向朋友、家人隆重介绍一番。此次旅行因此更加圆满。更没想到的是，就在下午正要走出植物园大门的时候，我的手机响了，与我通话的正是久未联系的王老师，他说有本新书要送我，那本新书正是《王湜华书法篆刻集》。

还有一件事，是发生在我为商务印书馆效力的时候。有一天，我与好友丁波一起去王湜华老师处约稿。临别前，王老师各送我们一本书，送我的是他的著作《王伯祥传》。我因为此前已买此书，就说我已经有了，给丁波吧。这样，这本《王伯祥传》便放到了丁波的书架上。没想到的是，2017年上半年，人民出版社的贺畅主任在丁波处看到了这本书，相谈之后，便有了约我写《中国出版家·王伯祥》的念头。如此，这些前因后果好像一直是层层铺垫的。

写作本书的时候，自然更是要请教王湜华老师。对此，他与夫人王文修老师给予我很大的支持。除了《王伯祥传》是我的重要参考书外，王老师还提醒我要多从《王伯祥日记》中找资料，这是非常重要的。王文修老师则对我说："你随时都可以过来，只要我们没有特殊的事情外出，都欢迎你来。"于是，我在翻阅《王伯祥日记》时遇到看不懂的草书，便不免向王老师请教，王老师虽大病初愈，但仍然热情而认真地回答我的问题。所以，此书之所以能顺利完成，与王老师的支持有关，真是非常感谢他们夫妇！而成书之后，王湜华老师通读全稿并加以指正，还称此书为"扛鼎之作"，这是对我的莫大鼓励，深感荣幸！

　　另外需要感谢的，当然是贺畅主任。她是那么的认真、敬业，如果没有她的提醒、督促，我恐怕很难在一年的时间完成此作。

　　此书写来颇不容易，我的家人、朋友都提供了直接和间接的帮助。好友王山泉、李凤丽夫妇，同学晋建英，好友刘其武等人都是我很感谢的。

　　如果我的母亲杜彩凤能见到此书，也该会感到欣慰的。

　　最后想说的是，王伯祥先生留下的文字作品，称得上一个无尽的可以不断挖掘的宝藏，他所撰写和编辑的众多作品，能为了解商务印书馆、开明书店乃至中国现代出版的发展历程，提供无法替代的作用。他一辈子从事的古籍整理，长期从事的文史出版、教材编写工作，更能为古籍出版者、文史出版者、教科出版者提供丰富而宝贵的营养。尤其值得一提的是，作为史学家的王伯祥，他用毛笔一天天认真书写下来的一百多本日记，不仅记下了自己和家人的日常琐事，更记录下众多出版界、文化界同人间的交往细节，记录了很多历史事件，能为我们提供大量的第一手资料，需要更多的人来研究。

张建安　于北京通州晴暖阁

2018 年 3 月 13 日晨 7 : 26

责任编辑：任　益

封面设计：肖　辉　姚　菲

版式设计：汪　莹

责任校对：吕　飞

图书在版编目（CIP）数据

中国出版家．王伯祥／张建安 著 ．—北京：人民出版社，2018.10

（中国出版家丛书／柳斌杰主编）

ISBN 978－7－01－019643－5

I.①中… Ⅱ.①张… Ⅲ.①王伯祥（1890~1975）－生平事迹 Ⅳ.① K825.42

中国版本图书馆 CIP 数据核字（2018）第 180341 号

中国出版家·王伯祥

ZHONGGUO CHUBANJIA WANG BOXIANG

张建安　著

人民出版社 出版发行

（100706　北京市东城区隆福寺街 99 号）

北京盛通印刷股份有限公司印刷　新华书店经销

2018 年 10 月第 1 版　2018 年 10 月北京第 1 次印刷

开本：710 毫米 ×1000 毫米 1/16　印张：20.5　插页：8

字数：250 千字

ISBN 978－7－01－019643－5　定价：81.00 元

邮购地址 100706　北京市东城区隆福寺街 99 号

人民东方图书销售中心　电话：（010）65250042　65289539

版权所有·侵权必究

凡购买本社图书，如有印制质量问题，我社负责调换。

服务电话：（010）65250042